互联网+高等教育精品课程

"十三五"规划教材（财经类）

JICHU KUAIJI

基础会计

王　超　翟　铮　杨道洪　主编

西安交通大学出版社
XI'AN JIAOTONG UNIVERSITY PRESS

内容简介

本书以会计工作流程为依据,以最新会计准则和相关法规为标准,以任务为驱动,以易学易教为准绳,以课证融合为目标,按照职业认知、凭证、账簿、报表、档案管理的结构进行序化安排内容。全书分为会计职业基础知识、会计日常工作和会计期末工作三个部分,共八个学习单元。在体例设计上,每个单元均在明确学习目标的基础上,以任务为驱动,介绍会计工作不同环节的业务处理方法,配套习题和实训,强化实践教学,培养学生会计岗位的基本工作能力和从业资格证的考取能力。

本书可作为高职院校财经类专业教学用书,也可作为会计从业资格考试辅导用书。

图书在版编目(CIP)数据

基础会计 /王超,翟铮,杨道洪主编. — 西安 ：西安交通大学出版社,2017.6(2018.8 重印)

ISBN 978-7-5605-9893-2

Ⅰ.①基… Ⅱ.①王…②翟…③杨… Ⅲ.①会计学-教材 Ⅳ.①F230

中国版本图书馆 CIP 数据核字(2017)第 170905 号

书 名	基础会计
主 编	王超 翟铮 杨道洪
责任编辑	王建洪

出版发行	西安交通大学出版社
	(西安市兴庆南路 10 号 邮政编码 710049)
网 址	http://www.xjtupress.com
电 话	(029)82668357 82667874(发行中心)
	(029)82668315(总编办)
传 真	(029)82668280
印 刷	陕西金德佳印务有限公司

开 本	787mm×1092mm 1/16 印张 17.25 字数 420 千字
版次印次	2017 年 8 月第 1 版 2018 年 8 月第 3 次印刷
书 号	ISBN 978-7-5605-9893-2
定 价	39.80 元

编审说明

　　"基础会计"是高等教育(含高职高专、成人高校和应用型本科)会计类专业的核心课程,也是经济、管理类专业的主干课程之一。

　　本书根据国家财政部管理会计人才培养规划,参照《企业会计准则》和营改增的最新规定编写而成。主要特点如下:

　　(一)内容选择上体现以职业为导向。依据工业企业会计岗位工作内容和工作流程调研结果,遵循以工作过程为导向,以学生为主体的教育教学理念,按照会计工作流程进行结构设计。每个学习单元和任务均是模拟真实企业的实际业务设计的学习内容,使学生的学习过程与岗位工作内容完全一致,课后能力训练项目与岗位工作内容完全一致。

　　(二)结构安排上体现以工作为导向。全书共分为"会计职业基础知识"、"会计日常工作"和"会计期末工作"三编内容,按照"认知会计职业,掌握会计核算方法,填制与审核会计凭证,登记会计账簿,核算企业基本业务,财产清查,编制财务报表,管理会计档案"的递进模式设置了八个学习单元。每个学习单元对应财务工作的不同环节,层层递进,环环相扣。

　　(三)体例设计上体现学生主体。遵循学生的认知规律和会计工作流程,每个学习单元均包含知识目标、能力目标、单元描述、任务布置、知识准备、任务实施、单元小结、复习思考题等模块,在知识准备中适当穿插与课程内容、工作环境相关的拓展思考题、相关链接,以及配套相关二维码资源等栏目,使学生的学习目标更加明确,教学活动目的更加清晰。

　　(四)目标设计上强调素质教育。本书充分体现了强化素质教育的教育理念,在以培养学生会计岗位的基本工作能力为目标的基础上,更加注重学生综合素质的培养,能力训练项目设计上实现了职业素养、创新创业与专业教育的深度融合。

　　(五)教材形式上充分体现了互联网+的教改理念。全套教材定位于互联网+立体化教材,编写团队全面整合了数媒与纸媒的教材资源,使教材独具数字化、网络化和媒介化特色。主要表现在:

　　1.在每个任务标题后配置二维码。用手机扫码,会出现需要通行证才能登录的界面,刮开本书封底的账号密码输入,登录成功即可呈现数字化教学资源的四大模块。一是学习资料:一些概念和准则等文本;二是视频讲解:flash视频直观讲解教师不易表达的难点、晦涩点;三是课后习题:针对知识点进行题库练习,交卷评卷看解析,二次巩固;四是随堂实训:针对教材的案例动手实训,体会和掌握实操技能。通过这四个维度的展示,足以满足学生对相应知识的认知掌握。

　　2.在线建立行政班级进行管理。教师可通过手机APP建立一个行政班级,通过后台对学生进行实时管理,检查学生观看视频的情况、做题多少、准确率等,还可以根据需要制定实训内容,以满足教师个性化教学需要。

　　3.配套数字化辅助学习资源。教材各章节或各单元均有相当翔实的延伸阅读内容(或案例分析或习题参考答案或政策法规)上传"会计专业学习指导"微信公众号(kjzy2016),通过扫描二维码即可实现手机阅读,快捷方便。

　　上述立体化教材不仅改变了学与教的传统方式,而且拓展了学习者的学习时空,折射出整个教育资源建设理念的升级,使教师从传统的教材"消费者"转变为积极的教材开发者,同时也改善了教材与教学、学习的内在关系,最终通过数字化教材资源建设来推动教育教学方式的升级与转型。教学形式也由传统的讲授式课堂转变为翻转式课堂、混合式与互动式课堂等新形式。学习者在课堂中不仅可以与学科专家、教学名师等进行对话,而且也可以与学习工具进行互动。

　　经审定,本书可以用作各类高等院校会计类专业及相关专业教材,也可作为广大财会人员岗位培训教材。

　　本书由黑龙江农垦职业学院王超、哈尔滨职业技术学院翟铮、聊城高级财经职业学校杨道洪主编,由黑龙江农垦职业学院咸苏娜、襄阳市襄城区职业高级中学彭永军、黑龙江农垦职业学院张海鹰、哈尔滨职业技术学院李卉担任副主编。本书由河南财经职业学院王金台教授主审。由于编者知识水平有限,书中不当或错漏之处在所难免,恳请广大读者不吝批评指正,以便不断修订完善。

互联网＋高等教育"十三五"精品课程规划教材编审指导委员会

2017 年 7 月

目　录

第一编　会计职业基础知识

第二编　会计日常工作

第三编　会计期末工作

第一编 会计职业基础知识

单元一 认知会计职业

知识目标

- ●掌握会计的概念；
- ●熟悉会计的基本职能和会计基本假设；
- ●了解会计工作目标；
- ●了解会计的工作流程和会计准则体系。

能力目标

- ●能够描述会计工作的基本流程、会计的职能和会计准则体系；
- ●能够描述会计假设的内涵和会计核算基础。

单元描述

会计在中国有着悠久的历史。据史籍记载，早在西周时代就设有专门核算官方财赋收支的官职——司会，并对财物收支采取了"月计岁会"（零星算之为计，总合算之为会）的方法。宋代官厅中，办理钱粮报销或移交，要编造"四柱清册"，通过"旧管（期初结存）＋新收（本期收入）＝开除（本期支出）＋见在（期末结存）"的平衡公式进行结账，结算本期财产物资增减变化及其结果。这是中国会计学科发展过程中的一个重大成就。现代会计是商品经济的产物。14、15世纪，由于欧洲资本主义商品货币经济的迅速发展，促进了会计的发展。其主要标志：一是利用货币计量进行价值核算；二是广泛采用复式记账法，从而形成现代会计的基本特征和发展基石。会计学科在20世纪30年代成本会计的基础上，紧密配合现代管理理论和实践的需要，逐步形成了为企业内部经营管理提供信息的管理会计体系，从而使会计工作从传统的事后记账、算账、报账，转为事前的预测与决策、事中的监督与控制、事后的核算与分析。管理会计的产生与发展，是会计发展史上的一次伟大变革，从此，现代会计形成了财务会计和管理会计两大分支。

作为会计专业的大学生，我们的目标是既要学会会计的基本核算方法，还要掌握管理会计系列方法，让自己成为一名高级管理会计人才。本单元是我们从事会计工作必须熟悉的基本理论知识和会计法规体系。

任务　会计基础知识认知

【任务布置】

作为一名会计专业的大学生,除了要具备良好的会计岗位工作技能外,还要掌握扎实的理论知识。学习会计,必须知道什么是会计,会计的职能是什么,会计是按照什么样的流程开展工作的。只有了解和熟悉了这些知识才能更好地学习会计的其他知识。

你能否从你所理解的角度谈一谈这几个问题?

【知识准备】

会计作为一种社会现象,作为一项记录、计算和汇总工作,它产生于管理的需要,并且一开始就以管理的形式出现。会计的产生和发展离不开人们对生产活动进行管理的客观需要,经济愈发展,会计愈重要。随着商品货币经济的发展,生产日益社会化,生产规模日趋扩大,更需要会计从价值量上来全面、完整、系统的反映和监督生产经营的全过程。人类发展到现在,全球信息化、经济全球化使作为"国际商业公共语言"的会计内涵及外延不断丰富发展。

一、会计

会计是以货币为主要计量单位,以凭证为依据,用一系列专门的技术方法,对一定主体的经济活动进行全面、综合、连续、系统的核算和监督,并向有关方面提供会计信息的一种经济管理活动。

？从会计的定义中,你能了解什么信息?请谈谈你的体会。

二、会计职能与会计工作目标

(一)会计职能

会计的基本职能是核算职能和监督职能。

会计在企业管理工作中所具有的功能或能够发挥的作用,包括进行核算、实施监督、预测经济前景、参与经济决策、评价经营业绩等。随着经济的发展和管理要求的提高,会计职能是不断变化的并且彼此联系。

1.会计核算

会计核算是会计的首要职能,它是以货币为主要计量单位,对各种单位经济业务活动或者预算执行情况及其结果进行连续、系统、全面的记录和计量,并据以编制会计报表。它要求各单位必须根据实际发生的经济业务事项进行会计核算。其特点表现在如下的三个方面:

(1)会计核算主要是从价值量上反映各经济主体的经济活动状况。会计核算是对各单位的一切经济业务,以货币计量为主,进行记录、计算,以保证会计记录和反映的完整性。

(2)会计核算具有连续性、系统性和完整性。各单位必须对客观发生的所有经济业务,即涉及资金运动或资金增减变化的事项,采用系统的核算方法体系,按时间顺序,无一遗漏地进行记录。

（3）会计核算应对各单位经济活动的全过程进行反映。随着商品经济的发展,市场竞争日趋激烈,会计在对已经发生的经济活动进行事中、事后的记录、核算、分析,反映经济活动的现实状况及历史状况的同时,发展到事前核算、分析和预测经济前景。

2. 会计监督

会计监督职能,是指会计具有按照一定的目的和要求,利用会计反映职能所提供的经济信息,对企业和行政事业单位的经济活动进行控制,使之达到预期目标的功能。会计监督同样包括事前、事中和事后的全过程的监督。会计监督的依据是国家的各项法令、法规及企业自身在经营管理方面的要求。

会计核算与会计监督是相互作用、相辅相成的。核算是监督的基础,没有核算,监督就无从谈起;而监督是会计核算质量的保证。

（二）会计工作目标

财务部门在整个企业中处于核心地位。财务管理是整个企业管理的重要组成部分,在将提高经济效益作为会计终极目标的前提下,我们还需要研究会计核算的目标,即向谁提供信息、为何提供信息和提供何种信息。

根据会计定义,我们可以得知会计核算的目标是向有关各方提供会计信息,以帮助决策。会计的目标,决定于会计资料使用者的要求,也受到会计对象、会计职能的制约。我国《企业会计准则》中对于会计核算的目标做了明确规定:会计的目标是向财务会计报告使用者提供与企业财务状况、经营成果和现金流量等有关的会计信息,反映企业管理层受托责任履行情况,有助于财务会计报告使用者做出经济决策。

上述会计核算的目标,实质上是对会计信息质量提出的要求。它可以划分为两个方面:

第一方面是满足于对企业管理层的监管需要。如资金委托人对受托管理层是否很好管理其资金进行评价和监督;工会组织对管理层是否保障工人基本权益的评价;政府及有关部门对企业绩效评价和税收的监管;社会公众对企业履行社会职能的监督等。

第二方面是满足于相关团体的决策需要。如满足潜在投资者投资决策需要;满足债权人是否进行借贷决策需要等。

❓结合你将来要从事的会计工作,请谈一谈你对会计职能与工作目标的理解。

三、会计基本假设

会计基本假设又称会计基本前提,是对会计核算所处的时间、空间环境所作的合理设定。会计核算的基本假设,是为了保证会计工作的正常进行和会计信息的质量,对会计核算的范围、内容、基本程序和方法所作的假定,并在此基础上建立会计原则。

❓假设 A 公司销售一批原材料给 B 公司,A 公司已经把货物发送给 B 公司仓库,B 公司尚未支付货款。请问,你如何反映这笔经济业务? 反映应收账款,还是应付账款?

（一）会计主体

会计主体是指会计信息所反映的特定单位,也称为会计实体、会计个体。会计所要反映的总是特定的对象,只有明确规定会计核算的对象,将会计所要反映的对象与其他经济实体区别开来,才能保证会计核算工作的正常开展,实现会计的目标。

会计主体作为会计工作的基本前提之一,为日常的会计处理提供了空间依据。

第一,明确会计主体,才能划定会计所要处理的经济业务事项的范围和立场。上述业务涉及两个会计主体,即 A 公司和 B 公司。站在 A 公司的角度(A 公司作为会计主体)进行记账,对于 A 公司来说,一方面由于销售了一批原材料,因此,应增加一笔收入;由于 B 公司尚未支付货款,因此,还应还增加一笔应收账款资产。站在 B 公司的角度(B 公司作为会计主体)进行记账,对于 B 公司来说,由于采购了一批原材料,应记录原材料资产增加;由于欠 A 公司的货款未付,因此,还应记录应付账款负债的增加。

第二,明确会计主体,将会计主体的经济活动与会计主体所有者的经济活动区分开来。无论是会计主体的经济活动,还是会计主体所有者的经济活动,都最终影响所有者的经济利益,但是,为了真实反映会计主体的财务状况、经营成果和现金流量,必须将会计主体的经济活动与会计主体所有者的经济活动区别开来。

会计主体不同于法律主体。一般来说,法律主体往往是一个会计主体,例如,一个企业作为一个法律主体,应当建立会计核算体系,独立反映其财务状况、经营成果和现金流量。但是,会计主体不一定是法律主体,比如在企业集团里,一个母公司拥有若干个子公司,在企业集团母公司的统一领导下开展经营活动。为了全面反映这个企业集团的财务状况、经营成果和现金流量,就有必要将这个企业集团的财务状况、经营成果和现金流量予以综合反映。有时,为了内部管理需要,也对企业内部的部门单独加以核算,并编制出内部会计报表,企业内部划出的核算单位也可以视为一个会计主体,但它不是一个法律主体。

❓一个制造企业,花 10 万元购买一台生产机器的目的是什么? 如果改变用途,把全新的机器用于破产抵债,还能值 10 万元吗?

(二)持续经营

持续经营是指会计主体的生产经营活动将无限期地延续下去,在可以预见的将来,企业不会面临清算、解散、倒闭而不复存在。

企业是否持续经营对会计政策的选择、正确确定和计量财产计价、收益影响很大。例如,采用历史成本计价,是设定企业在正常的情况下运用它所拥有的各种经济资源和依照原来的偿还条件偿付其所负担的各种债务,否则,就不能继续采用历史成本计价。引用上例,在持续经营的前提下,企业取得机器设备时候,能够确定这项资产在未来的生产加工活动中可以给企业带来经济利益,因此可以按支付的所有价款 10 万元作为固定资产的账面成本,其磨损的价值,在 5 年内按一定折旧方法计提折旧,并将其磨损的价值计入成本费用。如果企业面临清算,这时固定资产只能按当时的公允价值进行抵偿债务了。

由于持续经营是根据企业发展的一般情况所作的设定,企业在生产经营过程中缩减经营规模乃至停业的可能性总是存在的。为此,往往要求定期对企业持续经营这一前提作出分析和判断。一旦判定企业不符合持续经营前提,就应当改变会计核算的方法。

❓如果你是某企业的相关利益人,你想了解企业的财务状况和经营成果,那你希望 A 企业在整个持续经营期间,是关门营业前提供一次相关会计信息给你,还是每年一次,或每月一次,或每旬,或每日提供一次相关会计信息? 哪一种方式,更容易让你及时做出相关决策?

(三)会计分期

会计分期这一前提是从第二个基本前提引申出来的,可以说是持续经营的客观要求。会计分期是指将一个企业持续经营的生产经营活动划分为连续、相等的期间,又称为会计期间。

会计分期的目的是将持续经营的生产活动划分为连续、相等的期间,据以结算盈亏,按期编报财务报告,从而及时地向各方面提供有关企业财务状况、经营成果和现金流量的信息。

根据持续经营前提,一个企业将要按当前的规模和状况继续经营下去。要最终确定企业的经营成果,只能等到一个企业在若干年后歇业的时候核算一次盈亏。但是,经营活动和财务经营决策要求及时得到有关信息,不能等到歇业时一次性地核算盈亏。为此,就要将持续不断的经营活动划分为一个个相等的期间,分期核算和反映。会计分期对会计原则和会计政策的选择有着重要影响。由于会计分期,产生了当期与其他期间的差别,从而出现权责发生制和收付实现制的区别,进而出现了应收、应付、递延、预提、待摊这样的会计方法。

会计期间一般可以按照日历时间划分,分为年、季、月。最常见的会计期间是一年,按年度编制的财务会计报表也称为年报。在我国,会计准则明确规定,采取公历年度,自每年 1 月 1日起至 12 月 31 日止。会计期间划分的长短会影响损益的确定,一般来说,会计期间划分得越短,反映经济活动的会计信息质量就越不可靠,当然,会计期间的划分也不可能太长,太长了会影响会计信息使用者及时使用会计信息的需要的满足程度,因此必须恰当地划分会计期间。

❓ 在会计报表中,如果资产有两种反映方式:A 方式是 500 根灯管,2 台机器设备,3 项专利,3 项长期投资;B 方式是灯管 3 000 元,机器设备 200 000 元,专利 100 000 元,长期投资60 000 元。你认为哪种计量方式更有利于综合反映企业财务状况,更有利于满足企业间对比?

(四)货币计量

货币计量是指采用货币作为计量单位,记录和反映企业的生产经营活动。

企业资产、负债和所有者权益,尤其是资产可以采取不同的计量属性,如数量计量(个、张、根等)、人工计量(工时等)、货币计量。而会计是对企业财务状况和经营成果全面系统的反映,为此,需要货币这样一个统一的量度。企业经济活动中凡是能够用货币这一尺度计量的,就可以进行会计反映,凡是不能用这一尺度计量的,则不必进行会计反映。当然,统一采用货币尺度,也有不利之处,许多影响企业财务状况和经营成果的一些因素,并不是都能用货币计量的,比如,企业经营战略、在消费者当中的信誉度、企业的地理位置、企业的技术开发能力等。为了弥补货币量度的局限性,要求企业采用一些非货币指标作为会计报表的补充。

在我国,要求采用人民币作为记账本位币,是对货币计量这一会计前提的具体化。考虑到一些企业的经营活动更多地涉及外币,因此规定业务收支以人民币以外的货币为主的单位,可以选定其中一种货币为记账本位币。当然,提供给境内的财务会计报告使用者的应当折算为人民币。

❓ 你是否真正理解了会计核算的四个基本假设? 请谈一谈吧!

四、会计核算基础

❓ A 企业 12 月 20 日销售商品 25 万元,货款在第二年的 1 月 10 日收到,请问应确认为

12 月收入? 还是 1 月份收入? 哪种更能准确反映企业当月的经营成果? 如果 11 月 5 日预收了货款,12 月 20 日才发货,那应什么时候确认收入?

会计核算基础是指会计确认、计量和报告的基础,包括权责发生制和收付实现制。

（一）权责发生制

权责发生制,也称应计制或应收应付制,是指收入、费用的确认应当以收入和费用的实际发生作为确认的标准,合理确认当期损益的一种会计基础。在我国,企业会计核算采用权责发生制。

在权责发生制下,收入和费用是否计入某会计期间,不是以是否在该期间内收到或付出现金为标志,而是依据收入是否归属该期间的成果、费用是否由该期负担来确定。具体来说,凡在当期取得的收入或者应当负担的费用,不论款项是否已经收付,都应当作为当期的收入或费用;凡不属于当期的收入或费用,即使款项已经在当期收到或已经当期支付,都不能作为当期的收入或费用。因此,权责发生制原则,也称为应收应付原则。如在此原则下,上面问题的销售行为是在 12 月发生,收入应由 12 月份取得的,即使没有收到,也是属于 12 月份的收入。而 11 月或 1 月即使收到款项,由于没有发生销售行为,也不能作为当月收入确认。

（二）收付实现制

收付实现制,也称现收现付制、现金制,是以实际收到或付出款项作为确认收入或费用的依据,是与权责发生制相对应的一种会计基础。如在此原则下,上面的问题只要是在 1 月 10 日收到货款,不论这款项,是不是由本月业务实际发生的,都作为 1 月份收入。

事业单位会计核算一般采用收付实现制;事业单位部分经济业务或者事项,以及部分行业事业单位的会计核算采用权责发生制核算的,由财政部在相关会计制度中具体规定。

权责发生制与收付实现制都是会计核算的记账基础,是由于会计分期前提,产生了本期与非本期的区别,因此在确认收入或费用时,就产生了上述两种不同的记账基础,而采用不同的记账基础会影响各期的损益。建立在权责发生制基础之上的会计处理可以正确地将收入与费用相配合,正确计算损益。因此,企业即营利组织一般采用责权发生制为记账基础,而预算单位等常采用收付实现制。

?请你描述一下权责发生制的基本原理。

五、会计工作流程

会计工作流程是指会计人员对企事业单位的经济业务进行会计核算的过程。不同会计岗位的工作内容不同,但进行会计核算的工作流程基本相同,即填制或审核会计凭证、编制记账凭证、登记会计账簿、期末对账和结账、编制会计报表。基本的工作流程如下:

（1）填制或审核原始凭证。企业经济业务发生时需要取得或填制有关票据,例如,采购商品需要索取发票,商品入库时需要填写入库单,销售商品需要开据发票,等等,这些票据就是原始凭证。会计核算的起点就是填制或审核这些原始凭证,确保或验证其是否真实、准确、完整等。

（2）编制记账凭证。大家对会计的理解是记账,而记账的依据是什么呢? 就是上述原始凭证,但在会计记账时,不能直接将原始凭证上的信息填到账簿上,需要一个中间环节,就是填制记账凭证,原始凭证作为附件附在记账凭证后,二者所反映的经济信息、金额要一致。

（3）登记会计账簿。有关人员对记账凭证审核无误后，会计就可以将记账凭证上的信息抄写到相应的账簿上。

（4）期末结账。每个会计期末（包括月末、季度末、半年末和年末），会计要对自己负责的账簿进行结账，结出本期发生额、累计发生额或期末余额，为编制报表提供信息。

（5）编制会计报表。会计工作的目标之一是为管理者提供财务信息，这些信息主要反映在会计报表上，会计报表包括资产负债表、利润表、现金流量表和所有者权益变动表，这些报表分别反映了企业的财务状况、经营成果、现金流量和所有者权益构成及变动情况。会计期末，会计人员要根据账簿信息编制上述会计报表，为报表使用者提供有关信息。

上述流程可用图 1-1 进行表示。

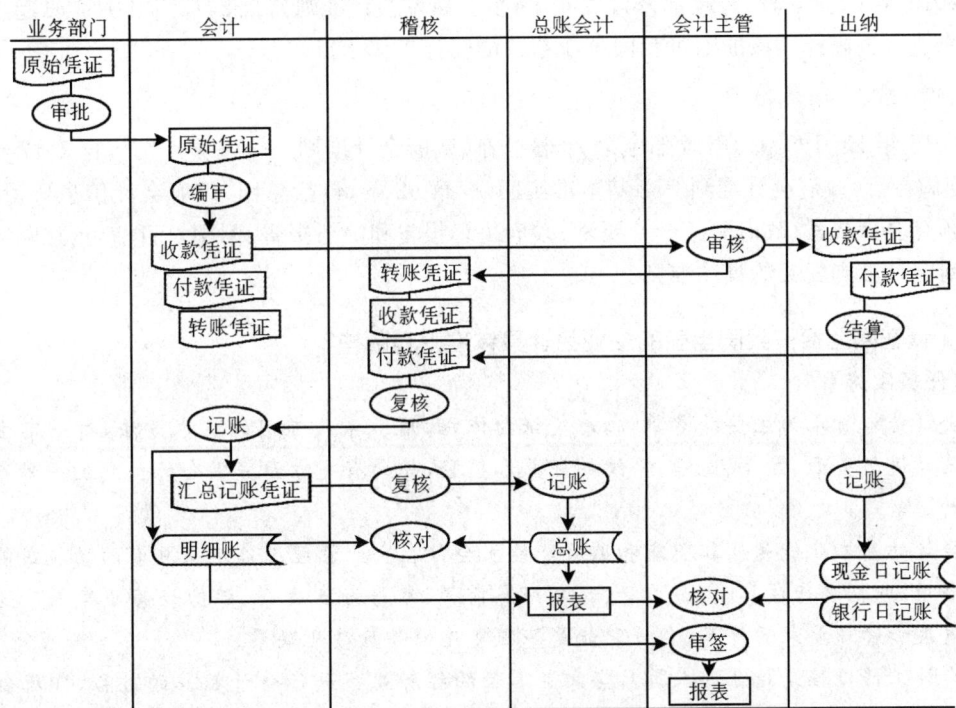

图 1-1　会计工作流程图

📖 通过老师的讲解后，你能用通俗的语言描述一下会计工作流程吗？

六、会计准则体系

会计准则是反映经济活动、确认产权关系、规范收益分配的会计技术标准，是生成和提供会计信息的重要依据，也是政府调控经济活动、规范经济秩序和开展国际经济交往等的重要手段。会计准则具有严密和完整的体系。我国已颁布的会计准则有《企业会计准则》《小企业会计准则》《事业单位会计准则》《政府会计准则》。

（一）企业会计准则

我国的企业会计准则体系包括基本准则、具体准则、应用指南和解释公告等。2006 年 2

月 15 日,财政部发布了《企业会计准则》,自 2007 年 1 月 1 日起在上市公司范围内施行,并鼓励其他企业执行。2014 年 7 月进行了修订,具体会计准则共有 42 个,目前,有关具体准则仍在进一步的修订中。

(二)小企业会计准则

2011 年 10 月 18 日,财政部发布了《小企业会计准则》,要求符合适用条件的小企业自 2013 年 1 月 1 日起执行,并鼓励提前执行。《小企业会计准则》一般适用于在我国境内依法设立、经济规模较小的企业,具体标准参见《小企业会计准则》和《中小企业划型标准规定》。

(三)事业单位会计准则

2012 年 12 月 6 日,财政部修订发布了《事业单位会计准则》,自 2013 年 1 月 1 日起在各级各类事业单位施行。该准则对我国事业单位的会计工作予以规范。

(四)政府会计准则

2015 年 10 月 23 日,财政部令第 78 号公布《政府会计准则——基本准则》,自 2017 年 1 月 1 日起施行。《政府会计准则——基本准则》共 6 章 62 条,包括总则、政府会计信息质量要求、政府预算会计要素、政府财务会计要素、政府决算报告和财务报告、附则。目前,正在陆续出台与政府会计准则配套的具体准则。

请在网上搜集我国当前的企业会计具体准则有哪些?

【任务实施】

会计是以货币为主要计量单位,以凭证为依据,用一系列专门的技术方法,对一定主体的经济活动进行全面、综合、连续、系统的核算和监督,并向有关方面提供会计信息的一种经济管理活动。

会计的基本职能是核算职能和监督职能。会计在企业管理工作中所具有的功能或能够发挥的作用,包括进行核算、实施监督、预测经济前景、参与经济决策、评价经营业绩等。随着经济的发展和管理要求的提高,会计职能是不断变化的并且彼此联系。

会计工作流程是指会计人员对企事业单位的经济业务进行会计核算的过程,即填制或审核会计凭证、编制记账凭证、登记会计账簿、期末对账和结账、编制会计报表。

单元小结

- 会计是以货币为主要计量单位,以凭证为依据,用一系列专门的技术方法,对一定主体的经济活动进行全面、综合、连续、系统的核算和监督,并向有关方面提供会计信息的一种经济管理活动。

- 会计所具有的功能包括进行核算、实施监督、预测经济前景、参与经济决策、评价经营业绩等。会计的基本职能是核算职能和监督职能。

- 会计的目标是向财务会计报告使用者提供与企业财务状况、经营成果和现金流量等有关的会计信息,反映企业管理层受托责任履行情况,有助于财务会计报告使用者做出经济决策。

• 会计基本假设又称会计基本前提,是对会计核算所处的时间、空间环境所作的合理设定。会计核算的基本假设包括会计主体、持续经营、会计分期、货币计量。

• 会计核算基础是指会计确认、计量和报告的基础,包括权责发生制和收付实现制。

• 会计工作流程是指会计人员对企事业单位的经济业务进行会计核算的过程,即填制或审核会计凭证、编制记账凭证、登记会计账簿、期末对账和结账、编制会计报表。

• 我国已颁布的会计准则有《企业会计准则》《小企业会计准则》《事业单位会计准则》《政府会计准则》。

复习思考题

一、思考题

1. 什么是会计?

2. 会计的职能有哪些?

3. 会计的基本假设包括哪些?

4. 会计核算基础是什么?

5. 会计的工作流程是什么?

6. 我国的会计准则体系包括哪些内容?

二、练习题

某企业 5 月份发生如下经济业务:

1. 销售产品 56 000 元,其中 36 000 元已收到并存入银行;另外 20 000 元货款尚未收到(假定不考虑应交税金)。

2. 收到上月提供劳务收入 560 元,已存入银行。

3. 用银行存款支付本月管理部门用水电费 680 元。

4. 用银行存款预付下半年行政管理部门办公用房屋租赁费 1 800 元。

5. 用银行存款支付上季度银行借款利息 340 元。

6. 提供劳务产生应收劳务收入 890 元,款项未收到(假定不考虑应交税金)。

7. 预收购货款 24 000 元,已存入银行,将于 6 月初发货。

8. 负担年初已支付的保险费 210 元。

9. 上月预收的货款本月提供产品 18 900 元(假定不考虑应交税金)。

10. 预提应于下月支付的借款利息 150 元。

要求:请运用权责发生制原理计算该企业 5 月份的收入、费用和利润。

三、理论测试题

(一)单选题

1. 会计主要是利用(　　　),从数量方面综合反映各单位的经济活动情况。

A. 货币计量　　　　　　　　　　　　　　B. 实物计量

C. 劳动量度　　　　　　　　　　　　　　D. 货币、实物和劳动量度

2. 会计是对生产过程"控制和观念总结"。这表明会计的基本技能是（　　）。

A. 生产职能　　　　　　　　　　　　　　B. 核算监督职能

C. 生产职能和管理职能的统一　　　　　D. 主要是管理职能兼生产职能

3.（　　）前提明确了会计工作的空间范围。

A. 会计主体　　　　B. 持续经营　　　　C. 会计客体　　　　D. 会计分期

4.（　　）前提，明确了会计工作的时间范围。

A. 会计主体　　　　B. 分期会计　　　　C. 持续经营　　　　D. 货币计量

5. 会计主体是（　　）。

A. 对其进行核算的一个特定单位　　　　B. 一个企业

C. 企业法人　　　　　　　　　　　　　　D. 法人主体

6. 会计的职能是（　　）。

A. 永恒不变的　　　　　　　　　　　　　B. 随着生产关系的变更而变更

C. 随着经济的发展而发展　　　　　　　D. 只有在社会主义制度下才能发展

7. 在我国，会计年度自（　　）。

A. 公历 1 月 1 日起至 12 月 31 日止　　B. 公历每年 4 月 1 日起至次年 3 月 31 日止

C. 公历每年 9 月 1 日起至次年 8 月 31 日止　　D. 公历每年 7 月 1 日起至次年 6 月 30 日止

8. 外部信息使用者了解单位会计信息最主要的途径是（　　）。

A. 财务报告　　　　B. 账簿　　　　　　C. 财产清查　　　　D. 会计凭证

9. 我国企业会计核算的基础是（　　）。

A. 权责发生制　　　　B. 收付实现制　　　C. 历史成本　　　　D. 重置成本

10. 以下不是我国已颁布的会计准则的是（　　）。

A.《企业会计准则》　　　　　　　　　　B.《小企业会计准则》

C.《事业单位会计》　　　　　　　　　　D.《企业内部控制基本规范》

（二）多选题

1. 会计中期一般是指（　　）。

A. 月度　　　　　　　B. 季度　　　　　　C. 半年度　　　　　D. 年度

2. 会计核算的基本前提包括（　　）。

A. 会计主体　　　　　B. 持续经营　　　　C. 会计分期

D. 货币计量　　　　　E. 充分揭晓

3. 会计从数量方面反映经济活动可以有多种量度，有（　　）。

A. 实物量度　　　　　B. 劳动量度　　　　C. 货币量度　　　　D. 以上都对

4. 工业企业的资金运动包括（　　）。

A. 资金循环与周转　　　　　　　　　　B. 资金的投入

C. 资金的耗用　　　　　　　　　　　　D. 资金的退出

5. 下列各项属于资金退出的有（　　）。

A. 向所有者权益分配　　　　　　　　　B. 偿还各项债务

C. 上交各项税费　　　　　　　　　　　D. 购买材料

6. 会计所具有的功能有（　　）。

A.核算职能　　　　　B.监督职能　　　　　C.预测经济前景　　　D.参与经济决策

7.会计的目标是向财务会计报告使用者提供与企业（　　）等有关的会计信息,反映企业管理层受托责任履行情况,有助于财务会计报告使用者做出经济决策。

A.财务状况　　　　　B.经营成果　　　　　C.现金流量　　　　　D.生产技术

8.会计工作流程是指会计人员对企事业单位的经济业务进行会计核算的过程,包括（　　）。

A.填制或审核会计凭证　　　　　　　　B.登记会计账簿

C.期末对账和结账　　　　　　　　　　D.编制会计报表

9.我国已颁布的会计准则有（　　）。

A.《企业会计准则》　　　　　　　　　B.《小企业会计准则》

C.《事业单位会计准则》　　　　　　　D.《成本会计准则》

10.会计核算的基础有（　　）。

A.权责发生制　　　　B.收付实现制　　　　C.历史成本　　　　　D.重置成本

（三）判断题

1.会计只能用货币量度进行核算和监督。　　　　　　　　　　　　　　（　　）

2.会计主体是指企业法人。　　　　　　　　　　　　　　　　　　　　（　　）

3.会计分期不同,对利润总额不会产生影响。　　　　　　　　　　　　（　　）

4.会计主体假定的意义,在于规定了会计核算工作的空间范围。　　　　（　　）

5.会计目的就是多赚利润,即多赚钱。　　　　　　　　　　　　　　　（　　）

6.对外提供会计信息的重要手段是账本。　　　　　　　　　　　　　　（　　）

7.会计监督有事前监督、事中监督、事后监督。　　　　　　　　　　　（　　）

8.会计的主要特点之一是只以货币为计量单位。　　　　　　　　　　　（　　）

9.凡是特定对象能够以货币形式表现的经济活动,都是会计核算与监督的内容。（　　）

10.我国企业会计核算的基础是收付实现制。　　　　　　　　　　　　（　　）

延伸阅读:
《中华人民共和国会计法》

单元二　会计核算方法

知识目标

● 了解会计核算方法体系；

● 掌握会计要素的内涵；

● 掌握会计恒等式，理解经济业务类型对会计等式的影响；

● 了解会计科目设置原理，熟悉会计科目的内涵，掌握会计科目级次；

● 熟悉会计账户的内涵，掌握会计账户结构的基本原理，了解会计账户级次；

● 熟悉会计分录的内涵，掌握借贷记账法的基本原理，理解发生的经济业务对应会计要素借贷方向，熟悉试算平衡的原理。

能力目标

● 能运用会计核算方法体系解析企业业务核算流程；

● 能够正确划分会计要素；

● 会正确进行会计科目归类；

● 会设置会计账户；

● 能够判断经济业务类型对会计等式的影响；

● 能够运用借贷记账法正确编制会计分录；

● 会进行账户试算平衡。

单元描述

　　会计核算方法是指用何种手段去实现会计的任务，完成会计核算和监督的职能。运用会计核算方法进行企业经济业务核算是一名合格会计的基本职责。企业经济业务种类繁杂多样，必须形成一个统一的标准来计量记录企业的经济业务，为了便于会计核算，把企业的资金、厂房、债务、获得的收入、投资者投入的资金等分成了六大类会计要素，即资产、负债、所有者权益、收入、费用和利润。由于每一类会计要素中又包括很多具体项目，为此，又将每一类会计要素进行具体化，即会计科目，例如，资产类会计要素下的"银行存款""应收账款""固定资产"等等。会计账户就是按会计科目设置的。现代会计采用复式记账方法，会计恒等式是复式记账的理论基础。企业的各项经济业务发生后，采用借贷记账法进行凭证填制和审核，登记账簿，生产性企业进行产品成本计算，期末进行财产清查，最后编制会计报表。上述即是这个单元我们要学习的会计核算方法的相关知识点。

任务一　认知会计核算方法体系

【任务布置】

宇辰有限责任公司是一家新成立的从事手表生产的制造企业,该公司设立时投资者投入现金 100 万元存入了银行,办公楼 1 幢、生产车间 1 幢、生产设备 10 套、汽车 5 辆、仓库 1 座。公司开始运营后采购材料过程中欠供应商 200 万元,销售手表业务中,某商场欠该厂货款 100 万元。公司每月末进行一次资产盘点,核对账目。

请你结合该公司实际情况,运用会计核算方法体系的基本原理描述一下公司运营期间的主要业务会计核算流程。

【知识准备】

会计核算的方法,是对会计对象进行连续、系统、全面的核算和监督所应用的方法。主要包括以下七种专门方法:设置会计科目及账户、复式记账、填制和审核凭证、登记账簿、成本计算、财产清查、编制会计报表。这七种方法相互联系共同组成会计核算的方法体系。

一、设置会计科目及账户

设置会计科目及账户,是对会计对象具体内容进行的分类反映和监督方法。会计对象包含的内容纷繁复杂,设置会计科目及账户就是根据会计对象具体内容的不同特点和经济管理的不同要求,选择一定的标准进行分类,并事先规定分类核算项目,在账簿中开设相应的账户,以取得所需要的核算指标。

正确、科学地设置会计科目及账户,细化会计对象,提供会计核算的具体内容,是满足经营管理需要,完成会计核算任务的基础。

二、复式记账

复式记账是指对每一项经济业务都要在两个或两个以上的相互联系的账户中进行登记的一种方法。复式记账一方面能全面地、系统地反映经济业务引起资金运动增减变化的来龙去脉;另一方面通过账户之间的一种平衡关系,检查会计记录的正确性。例如,用银行存款 6 000 元购买材料,采用复式记账法就要同时在"原材料"账户和"银行存款"账户分别反映材料增加了 6 000 元,银行存款减少了 6 000 元。这样就能在账户中全面核算并监督会计对象。

三、填制和审核凭证

各单位发生的任何会计事项都必须取得原始凭证,证明其经济业务的发生或完成。原始凭证要送交会计进行审核,审核其填制内容是否完备、手续是否齐全、业务的发生是否合理合法等,经审核无误后,才能编制记账凭证。记账凭证是记账的依据,原始凭证和记账凭证统称为会计凭证。审核和填制会计凭证是会计核算的一种专门方法,它能保证会计记录的完整、可靠,提高会计核算质量。

四、登记账簿

账簿是具有一定格式,用来记账的簿籍。登记账簿就是根据会计凭证,采用复式记账法,把经济业务分门别类、内容连续地在有关账簿中进行登记的方法。借助于账簿,就能将分散的经济业务进行分类汇总,系统地提供每一类经济活动的完整资料,了解一类或全部经济活动发展变化的全过程,更加适应经济管理的需要。账簿记录的各种数据资料,也是编制财务报表的重要依据。所以,登记账簿是会计核算的主要方法。

五、成本计算

成本计算是按照一定对象归集和分配生产经营过程中发生的各种费用,以便确定该对象的总成本和单位成本的一种专门方法。例如工业企业要计算所生产产品的成本,就要把企业进行生产活动所耗用的材料、支付的工资,以及发生的其他费用加以归集,并计算产品的总成本和单位成本。产品成本是综合反映企业生产经营活动的一项重要指标。正确地进行成本计算,可以考核生产经营过程的费用支出水平,同时又是确定企业盈亏和制定产品价格的基础,并为企业进行经营决策,提供重要数据。

六、财产清查

财产清查就是通过对各项财产物资、货币资金进行实物盘点,对往来款项进行核对,以查明实存数同账存数是否相符的一种专门方法。在财产清查中发现有财产、资金账面数额与实存数额不符的情况,应该及时调整账簿记录,使账存数与实存数一致,并查明账实不符的原因,明确责任。通过财产清查,可以查明各项财产物资、债权债务、所有者权益的情况,可以促进企业加强物资管理,保证财产的完整,并能为编制会计报表提供真实、准确的资料。

七、编制会计报表

编制会计报表是根据账簿记录的数据资料,采用一定的表格形式,概括、综合地反映各单位在一定时期内经济活动过程和结果的一种方法。编制会计报表是对日常核算工作的总结,是在账簿记录基础上对会计核算资料的进一步加工整理。会计报表提供的资料是进行会计分析、会计检查的重要依据。

从填制会计凭证到登记账簿、编制出会计报表,一个会计期间(一般指一个月)的会计核算工作即告结束,然后按照上述程序进入新的会计期间,如此循环往复,持续不断地进行下去,这个过程也称为会计循环。

上述会计核算的方法相互联系、密切配合,构成了一个完整的核算方法体系。这些方法相互配合运用的程序是:

(1)经济业务发生后,取得和填制会计凭证;

(2)按会计科目对经济业务进行分类核算,并运用复式记账法在有关会计账簿中进行登记;

(3)对生产经营过程中各种费用进行成本计算;

(4)对账簿记录通过财产清查加以核实,保证账实相符;

（5）期末，根据账簿记录资料和其他资料，进行必要的加工计算，编制会计报表。

它们之间的联系如图2-1所示。

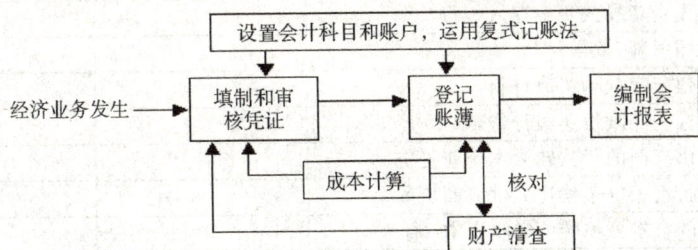

图2-1　会计核算的方法体系

上述资金运用的三阶段是相互支持、相互制约的统一体，没有资金的投入，就没有资金的循环与周转，就不会有债务的偿还、税金的上缴和利润的分配等；没有资金的退出，就不会有新一轮的资金投入，就不会有企业的进步发展。

由于企业经济业务种类繁多，对应的会计核算对象比较复杂，需要将会计对象进行分类核算，从而使整个资金运动过程的核算清晰直观。

? 上述会计核算的七种方法实际上是一个制造企业完整的会计核算流程，你认为在开篇任务描述中的数据要登记到账薄中，应首先使用哪种方法？

【任务实施】

1.公司设立后，要首先根据企业经济业务类型，选择会计科目设置会计账簿。

2.投资者投入资金、采购材料，要取得存入银行的存款单据和采购发票；销售商品要填制出库单和销售发票等原始凭证。

3.对这些原始凭证审核无误后，确定经济业务所涉及的会计科目，运用复式记账法编制记账凭证，并在有关会计账簿中进行登记。

4.该公司是生产性企业，因此，对生产过程中发生的有关费用还要进行归集，计算手表的成本。

5.每月末，公司进行资产清查，核对账目，保证账实相符。

6.期末，根据账簿记录资料和其他资料，进行必要的加工计算，编制会计报表。

任务二　掌握会计要素与会计等式

【任务布置】

宇辰有限责任公司经营过程中发生了如下业务，见表2-1。

表 2-1 宇辰有限责任公司经营过程中发生的业务

序　号	业　　务	会计要素	对会计恒等式的影响
1	收到投资者投入资金存入银行		
2	购买原材料，款未付		
3	使用银行存款购买原材料		
4	使用银行存款偿还银行贷款		
5	将欠供应商的货款转为本企业投资		
6	从银行借入资金偿还欠供应商货款		
7	企业的资本公积转为实收资本		

请你指出表中每项业务分别涉及了哪两个会计要素？并指出经济业务影响会计恒等式的方向。

【知识准备】

凡是能够以货币表现的企业经济业务的特定对象，都是会计所核算和监督的内容，称之为会计核算的对象。而以货币表现的经济活动，通常又称为价值运动或资金运用。以工业企业为例，企业经济活动对应的资金运动表现为资金投入、资金循环与周转、资金退出等过程。具体如图 2-2 所示。

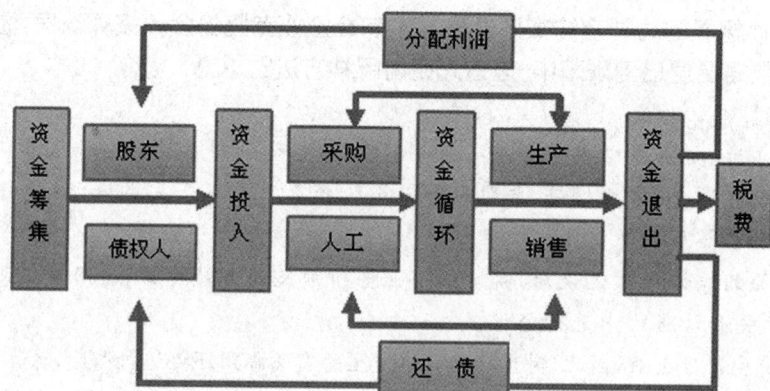

图 2-2 企业经济活动对应的资金运动

❓知道了会计核算对象，就能详细反映不同经济业务给企业带来的影响吗？

一、会计要素

会计要素是会计核算对象的基本分类，是设定会计报表结构和内容，也是进行确认和计量的依据。对会计要素加以严格定义，就能为会计核算奠定坚实的基础。会计要素包括资产、负债、所有者权益、收入、费用和利润等。

1. 资产

资产是指企业过去的交易或事项形成的、由企业拥有或控制的、预期会给企业带来经济利益的资源。

一个企业从事生产经营活动，必须具备一定的物质条件。这些必须的物质条件表现为货币资金、厂房场地、机器设备、原料、材料等,统称为资产,它们是企业从事生产经营活动的物质基础。除以上的货币资金以及具有物质形态的资产以外,资产还包括那些不具备物质形态,但有助于生产经营活动的专利、商标等无形资产,也包括对其他单位的投资。

资产有如下特点:

第一,资产是过去的交易或事项形成的。这就是说,作为企业资产,必须是现实的而不是预期的资产,它是企业过去已经发生的交易或事项所产生的结果,包括购置、生产、建造等行为或其他交易或事项。预期在未来发生的交易或事项不形成资产,如计划购入的机器设备等。

第二,资产是由企业拥有或控制的。企业拥有资产,从而就能够从资源中获得经济利益;有些资产虽然不为企业所拥有,但在某些条件下,对一些由特殊方式形成的资源,企业虽然不享有所有权,但能够被企业所控制,而且能够从该资产的使用中获取经济利益,也可以作为企业资产(如融资性租入固定资产)。而企业没有买下使用权的矿藏、临时租入的机械设备(经营租赁)都不能作为企业的资产确认。

第三,资产能够给企业带来经济利益。如货币资金可以用于购买所需要的商品或用于利润分配,厂房机器、原材料等可以用于生产经营过程。制造商品或提供劳务,出售后回收货款,货款即为企业所获得的经济利益。

资产按流动性进行分类,可以分为流动资产和非流动资产。

流动资产是指那些在一年内变现的资产,如银行存款、应收账款、存货等。有些企业经营活动比较特殊,其经营周期可能长于一年,比如:造船、大型机械制造,从购料到销售商品直到收回货款,周期比较长,往往超过一年,在这种情况下,就不能把一年内变现作为划分流动资产的标志,而是将经营周期作为划分流动资产的标志。长期投资、固定资产、无形资产的变现周期往往在一年以上,所以称为非流动资产。

2.负债

负债是指过去的交易、事项形成的现时义务,履行该义务预期将会导致经济利益流出企业。如果把资产理解为企业的权利,那么负债就可以理解为企业所承担的义务。

负债具有如下特点:

第一,负债是由于过去的交易或事项形成的偿还义务。潜在的义务,或预期在将来要发生的交易、事项可能产生债务不能确认为负债。

第二,负债是现时义务。负债是企业目前实实在在的偿还义务,要由企业在未来某个时日加以偿还。

第三,为了偿还债务,与该义务有关的经济利益很可能流出企业,一般来说,企业履行偿还义务时,关系到企业会有经济利益的流出,如支付现金、提供劳务、转让其他财产等。同时,未来流出的经济利益的金额能够可靠计量。

按偿还期限的长短,一般将负债分为流动负债和非流动负债。预期在一年或一个经营周期内到期清偿的债务属于流动负债,如应付账款、短期借款、应付票据、应交税费、应付职工薪酬等。除以上情形以外的债务,即为非流动负债,一般包括长期借款、应付债券、长期应付款等。

3.所有者权益

所有者权益是指企业资产扣除负债后,由所有者享有的剩余权益。所有者权益是所有者在企业资产中享有的经济利益,其金额为资产减去负债后的余额,又称为净资产。

企业资产形成的资金来源,包括债权人借入和所有者直接投入两个方面。向债权人借入的资金,形成企业的负债;所有者投入的资金,形成所有者权益。

所有者权益相对于负债而言,具有以下特点:

第一,所有者权益不像负债那样需要偿还,除非发生减值、清算,企业不需要偿还所有者权益。

第二,企业清算时,负债往往优先清偿,而所有者权益只有在清偿所有的负债之后才返还给所有者。

第三,所有者权益能够分享利润,而负债则不能参与利润分配。所有者权益在性质上体现为所有者对企业资产的剩余收益,在数量上也就体现为资产减去负债后的余额。所有者权益包括实收资本、资本公积、盈余公积和未分配利润四个项目,其中,前两项属于投资者的初始投入资本,后两项属于企业留存收益。

4. 收入

收入是企业在日常活动中形成的、会导致所有者权益增加的、与所有者投入资本无关的经济利益的总流入。

根据收入的定义,收入的特点是:

(1)收入一般是在日常的商业活动中形成的。日常活动是指企业为完成其经营目标所从事的经常性活动以及与之相关的活动。如工业企业销售产品,流通企业销售商品,服务企业提供劳务、出租、出售原材料、对外投资(收取利息、现金股利)等日常活动。

(2)收入在会计中可能会引起所有者权益的增加。其可能表现为资产的增加或负债的减少,或两者兼而有之,即所有者权益的增加。与收入相关的经济利益的流入应当会导致所有者权益的增加,不会导致所有者权益增加的经济利益的流入不符合收入的定义,不应确认为收入。

(3)收入只包括本企业经济利益的流入。经济利益总流入是指本企业经济利益的流入,包括销售商品收入、劳务收入、使用费收入、租金收入、股利收入等主营业务和其他业务收入,不包括为第三方或客户代收的款项。

(4)收入是与所有者投入资本无关的经济利益的总流入。收入应当会导致经济利益的流入,从而导致资产的增加。

5. 费用

费用是指企业在日常活动中发生的、会导致所有者权益减少的、与向所有者分配利润无关的经济利益的总流出。费用与收入相配比,即为企业经营活动中取得的盈利。

根据费用的定义,费用的特点是:

(1)在日常活动中发生。企业在销售商品、提供劳务等日常活动中所发生的费用,可划分为两类:一类是企业为生产产品、提供劳务等发生的费用,应计入产品成本、劳务成本,包括直接材料、直接人工和制造费用;另一类是不应计入成本而直接计入当期损益的相关费用,包括管理费用、财务费用、销售费用、资产减值损失。计入产品成本、劳务成本等费用,应当在确认产品销售收入、劳务收入等时将已销售产品、已提供劳务的成本计入当期损益。

(2)费用与收入相反,收入是资金流入企业形成的,会增加企业所有者权益;而费用则是企业资金的付出,会减少企业的所有者权益,其实质就是一种资产流出,最终导致减少企业资源。

费用只有在经济利益很可能流出从而导致企业资产减少或负债增加，而且经济利益的流出额能够可靠计量时才能予以确认。

费用是企业生产经营过程中发生的各项耗费。企业直接为生产商品和提供劳务等发生的直接材料、直接人工、商品进价和其他直接费用，直接计入生产经营成本；企业为生产商品和提供劳务而发生的各项间接费用，应当按一定标准分配计入生产经营成本。企业行政管理部门为组织和管理生产经营活动而发生的管理费用和财务费用，为销售和提供劳务而发生的进货费用、销售费用等，应当作为期间费用，直接计入当期损益。

6. 利润

利润是企业在一定会计期间的经营成果。利润包括收入减去费用后的净额、直接计入当期利润的利得和损失等。直接计入当期利润的利得和损失是指应当计入当期损益，会导致所有者权益发生增减变化的、与所有者投入资本或向所有者分配利润无关的利得和损失。

利润为营业利润和营业外收支净额等两个项目的总额减去所得税费用之后的余额。营业利润是企业在销售商品、提供劳务等日常活动中产生的利润；营业外收支是与企业的日常经营活动没有直接关系的各项收入和支出，其中，营业外收入项目主要有捐赠收入、固定资产盘盈、处置固定资产净收益、罚款收入等，营业外支出项目主要有固定资产盘亏、处置固定资产净损失等。其有关公式表示如下：

营业利润＝营业收入－营业成本－税金及附加－销售费用－管理费用－财务费用－资产减值损失＋公允价值变动净收益＋投资净收益

营业收入＝主营业务收入＋其他业务收入

营业成本＝主营业务成本＋其他业务成本

投资净收益＝投资收益－投资损失

公允价值变动净收益＝公允价值变动收益－公允价值变动损失

利润总额＝营业利润＋营业外收支净额

净利润＝利润总额－所得税费用

以上各要素，资产、负债及所有者权益能够反映企业在某一个时点的财务状况，如能明确在 2016 年 12 月 31 日这一天，企业有 120 万元的资产，50 万元的负债，所有者的剩余权益 70 万元，因此这三个要素属于静态要素，在资产负债表中予以列示；收入、费用及利润能够反映企业在某一个期间经营成果，如在 2016 年企业实现了 100 万元的收入，扣除 60 万元的成本费用，因此在 2016 年这一年内，企业实现了 40 万元的利润，因此这三个要素属于动态要素，在利润表中列示。

❓请你将任务描述中宇辰有限责任公司的有关数据按会计要素进行分类。

二、会计等式

1. 资产、负债及所有者权益间的关系

由上文可知，资金运动在静态情况下，资产、负债及所有者权益三个要素之间存在平衡关系。资产主要包括两部分：

(1)向外部借的债，即负债；

(2)投资人的投入及其增值部分，即所有者权益。

由此我们可以认为债权人和投资者将其拥有的资本供给企业使用,对企业运用这些资本所获得的各项资产就相应享有一种权益,即为"相应的权益"。由此可见,资产与权益是相互依存的,有一定数额的资产,必然有相应数额的权益;反之亦然。由此可以推出:

$$资产 = 权益$$
$$资产 = 负债 + 所有者权益 \qquad (等式1)$$

该等式反映了资产的归属关系,是会计对象的公式化,其经济内容和数学上的等量关系,即是资金平衡的理论依据,也是设置账户、复式记账和编制资产负债表的理论依据。因此,会计上又称为基本会计等式。

2. 收入、费用与利润间的关系

资金运动在动态情况下,其循环周转过程中发生的收入、费用和利润,也存在着平衡关系,其平衡公式如下:

$$收入 - 费用 = 利润 \qquad (等式2)$$

若利润为正,则企业盈利;若利润为负,则企业亏损。

3. 综合等式

企业在经营过程中,或盈利,或亏损。在某一时点,"收入-费用=利润",利润为正,这个利润就表明经济利益流入大于经济利益流出,即企业资产增多。由此可见:

$$新的所有者权益 = 旧的所有者权益 + 利润 = 旧的所有者权益 + 收入 - 费用$$
$$新资产 = 负债 + 新的所有者权益$$
$$新资产 = 负债 + 旧所有者权益 + 收入 - 费用 \qquad (等式3)$$

4. 会计恒等式

由上面分析可以看出,第1个会计等式是反映资金运动的整体情况,也就是企业经营中的某一天,一般是开始日或结算日。而第2个等式反映的是企业资金运动状况,资产加以运用取得收入后,资产便转化为费用,收入减去费用后即为利润,该利润作为资产用到下一轮经营,于是便产生等式3,当利润分配后,等式3便消失,又回到等式1。所以不管六大要素如何相互转变,最终均要回到"资产=负债+所有者权益"。会计上此等式称为会计恒等式。

下面举例说明该等式的恒等性。

【例2-1】 宇辰有限责任公司2016年12月31日拥有2 000万元资产,其中现金0.4万元,银行存款57.6万元,应收账款282万元,存货960万元,固定资产700万元。该工厂接受投资形成实收资本1 100万元,银行借款400万元,应付账款400万元,尚未支付的职工薪酬100万元。可用表2-2反映资产、负债、所有者权益间的平衡关系。

表2-2　资产负债表 　　　　　　　　　　　　　　　　　单位:万元

资产		负债及所有者权益	
现金	0.4	银行借款	400
银行存款	57.6	应付账款	400
应收账款	282	应付职工薪酬	100
存货	960	实收资本	1 100
固定资产	700		
合计	2 000	合计	2 000

上例子中,资产总额(2 000万元)＝负债及所有者权益(2 000万元),反映某一时点上企业会计要素之间的平衡关系,这是一种静态关系。

当企业在继续经营时,发生的经济业务会引起各个会计要素额上增减变化,这些变化总不外乎以下四种类型:

(1)资金进入企业:资产和权益等额增加,即资产增加,负债及所有者权益增加,会计等式保持平衡。

如宇辰有限责任公司2017年1月份从银行取得贷款800万元,现已办妥手续,款项已划入本企业存款账户。这项经济业务对会计恒等式的影响为:

资产＋银行存款增加＝(负债＋所有者权益)＋银行借款增加

⇒2 000万元＋800万元＝2 000万元＋800万元

⇒资产(2 800万元)＝负债＋所有者权益(2 800万元)

可以看出,会计等式两方等额增加800万元,等式没有破坏。

(2)资金退出企业:资产和权益等额减少,即资产减少,负债及所有者权益减少,会计等式保持平衡。

如宇辰有限责任公司支付上年未还的应付货款,已从企业账户中开出转账支票300万元,该经济业务对会计等式的影响为:

资产－银行存款减少额＝(负债＋所有者权益)－应付账款减少额

⇒2 800万元－300万元＝2 800万元－300万元

⇒资产(2 500万元)＝负债＋所有者权益(2 500万元)

可以看出,会计等式两方等额减少300万元,等式没有破坏。

(3)资产形态变化:一种资产项目增加,另一种资产项目等额减少,会计等式保持平衡。

如宇辰有限责任公司开出现金支票2万元,以备日常开支使用。该项经济业务对会计等式的影响为:

资产－银行存款减少额＋现金增加额＝负债＋所有者权益

⇒2 500万元－2万元＋2万元＝2 500万元

⇒资产(2 500万元)＝负债＋所有者权益(2 500万元)

(4)权益类别转化:一种权益项目增加,另一种权益项目等额减少,即负债类内部项目之间、权益类内部项目之间或者负债类项目与权益类项目之间此增彼减,会计等式也保持平衡。

如宇辰有限责任公司应付给三洋公司的应付账款100万元,经协商同意转作三洋公司对宇辰有限责任公司的投资款。该项经济业务对会计等式影响为:

资产＝负债＋所有者权益－应付账款＋接受长期投资

⇒2 500万元＝2 500万元－100万元＋100万元

⇒资产(2 500万元)＝负债＋所有者权益(2 500万元)

可以看出,宇辰有限责任公司的负债类项目减少100万元,所有者权益项目增加100万元,等式右方总额没有变化,等式没有破坏。

经过上述变化后的资产负债如表2-3所示。

表 2-3　资产负债表　　　　　　　　　　单位:万元

资　　产		负债及所有者权益	
现　　金	0.4+2=2.4	银行借款	400+800=1 200
银行存款	57.6+800−300−2=555.6	应付账款	400−300−100=0
应收账款	282	应付职工薪酬	100
存　　货	960	实收资本	1 100+100=1 200
固定资产	700		
合　　计	2 500	合　　计	2 500

　　企业在继续经营时,发生的经济业务会引起各个会计要素额上的增减变化,具体有如下九类:

　　(1)资产内项目的一增一减;

　　(2)负债内项目的一增一减;

　　(3)所有者权益内项目的一增一减;

　　(4)负债项目增加,所有者权益项目减少;

　　(5)负债项目减少,所有者权益项目增加;

　　(6)资产项目增加,负债项目增加;

　　(7)资产项目增加,所有者权益项目增加;

　　(8)资产项目减少,负债项目减少;

　　(9)资产项目减少,所有者权益项目减少。

❓你能针对上述九种情况分别设计一个实例吗?

三、会计要素的计量

　　会计要素的计量是为了将符合确认条件的会计要素登记入账并列报于财务报表而确定其金额的过程。企业应当按照规定的会计计量属性进行计量,确定相关金额。

(一)会计计量属性及其构成

　　会计计量属性是指会计要素的数量特征或外在表现形式,反映了会计要素金额的确定基础,主要包括历史成本、重置成本、可变现净值、现值和公允价值等。

　　1.历史成本

　　历史成本,又称为实际成本,是指为取得或制造某项财产物资实际支付的现金或其他等价物。

　　2.重置成本

　　重置成本,又称现行成本,是指按照当前市场条件,重新取得同样一项资产所需要支付的现金或者现金等价物金额。

　　3.可变现净值

　　可变现净值是指在正常的生产经营过程中,以预计售价减去进一步加工成本和预计销售费用以及相关税费后的净值。

4.现值

现值是指对未来现金流量以恰当的折现率进行折现后的价值,是考虑货币时间价值的一种计量属性。

5.公允价值

公允价值是指市场参与者在计量日发生的有序交易中,出售一项资产所能收到或者转移一项负债所需支付的价格。

(二)计量属性的运用原则

企业在对会计要素进行计量时,一般应当采用历史成本。采用重置成本、可变现净值、现值、公允价值计量的,应当保证所确定的会计要素金额能够持续取得并可靠计量。

❓请你在网上搜集一个可变现净值的案例,深刻理解可变现净值!

【任务实施】

宇辰有限责任公司在经营过程中发生的业务所涉及的会计要素及对会计恒等式的影响方向见表2-4。

表 2-4　宇辰有限责任公司发生业务涉及的会计要素

序　号	业　务	会计要素	对会计恒等式的影响
1	收到投资者投入资金存入银行	资产,所有者权益	两方同时增加
2	购买原材料,款未付	资产,负债	两方同时增加
3	使用银行存款购买原材料	资产,资产	左方一增一减
4	使用银行存款偿还银行贷款	资产,负债	两方同时减少
5	将欠供应商的货款转为本企业投资	负债,所有者权益	右方一增一减
6	从银行借入资金偿还欠供应商货款	负债,负债	右方负债一增一减
7	企业的资本公积转为实收资本	所有者权益,所有者权益	右方所有者权益一增一减

任务三　熟悉会计科目

【任务布置】

宇辰有限责任公司经营过程中发生了表2-5中的业务

表 2-5　宇辰有限责任公司经营过程中发生的业务

序　号	业　务	会计科目
1	收到投资者投入资金存入银行	
2	购买原材料,款未付	
3	使用银行存款购买原材料	
4	使用银行存款偿还银行短期贷款	

序　号	业　务	会计科目
5	将欠供应商的货款转为本企业投资	
6	从银行借入长期资金偿还欠供应商货款	
7	企业的资本公积转为实收资本	

请你指出表中经济业务所涉及的会计科目名称。

【知识准备】

企业在经营过程中发生的各种各样的经济业务,会引起各项会计要素发生增减变化。由于企业的经营业务错综复杂,即使涉及同一种会计要素,也往往具有不同性质和内容。例如,固定资产和现金虽然都属于资产,但它们的经济内容以及在经济活动中的周转方式和所引起的作用各不相同。又如应付账款和长期借款,虽然都是负债,但它们的形成原因和偿付期限也是各不相同的。再如所有者投入的实收资本和企业的利润,虽然都是所有者权益,但它们的形成原因与用途不大一样。为了实现会计的基本职能,要从数量上反映各项会计要素的增减变化,就不但需要取得各项会计要素增减变化及其结果的总括数字,而且要取得一系列更加具体的分类和数量指标。因此为了满足所有者对利润构成及其分配情况、负债及构成情况了解的需要,为了满足债务人了解流动比率、速动比率等有关指标并判断其债权人的安全情况的需要,为了满足税务机关了解企业欠缴税金的详细情况的需要,还要对会计要素作进一步的分类。这种对会计要素对象的具体内容进行分类核算的项目称为会计科目。

会计科目是进行各项会计记录和提供各项会计信息的基础,设置会计科目是复式记账中编制、整理会计凭证和设置账簿的基础,并能提供全面、统一的会计信息,便于投资人、债权人以及其他会计信息使用者掌握和分析企业的财务情况、经营成果和现金流量。

一、会计科目设置的原则

会计科目作为反映会计要素的构成情况及其变化情况,为投资者、债权人、企业管理者等提供会计信息的重要手段,在其设置过程中应努力做到科学、合理、实用,因此在设计会计科目时应遵循下列基本原则:

(1)合法性原则,设置的会计科目应当符合国家统一的会计制度的规定。

(2)相关性原则,会计科目应当为提供有关各方所需要的会计信息服务,满足对外报告与对内管理的要求。

(3)实用性原则,会计科目的设置应符合单位自身特点,满足单位实际需要。

二、会计科目的内容和级别

1.会计科目的内容

目前,财政部颁布的《企业会计准则——应用指南》统一制定了企业实际工作中需要使用的会计科目。如表 2-6 所示。

表 2-6　《企业会计准则——应用指南》常用会计科目名称表

序号	编号	会计科目名称	序号	编号	会计科目名称	序号	编号	会计科目名称
		一、资产类	35	1605	工程物资			四、所有者权益类
1	1001	库存现金	36	1606	固定资产清理	66	4001	实收资本
2	1002	银行存款	37	1701	无形资产	67	4002	资本公积
3	1015	其他货币资金	38	1702	累计摊销	68	4101	盈余公积
4	1101	交易性金融资产	39	1703	无形资产减值准备	69	4103	本年利润
5	1121	应收票据	40	1711	商誉	70	4104	利润分配
6	1122	应收账款	41	1801	长期待摊费用	71	4105	其他综合收益
7	1123	预付账款	42	1811	递延所得税资产	72	4201	库存股
8	1131	应收股利	43	1901	待处理财产损溢			五、成本类
9	1132	应收利息			二、负债类	73	5001	生产成本
10	1231	其他应收款	44	2001	短期借款	74	5101	制造费用
11	1241	坏账准备	45	2101	交易性金融负债	75	5103	待摊进货费用
12	1321	代理业务资产	46	2201	应付票据	76	5201	劳务成本
13	1401	材料采购	47	2202	应付账款	77	5301	研发支出
15	1403	原材料	48	2205	预收账款			六、损益类
16	1404	材料成本差异	49	2211	应付职工薪酬	78	6001	主营业务收入
17	1406	库存商品	50	2221	应交税费	79	6051	其他业务收入
18	1407	发出商品	51	2231	应付利息	80	6101	公允价值变动损益
19	1410	商品进销差价	52	2232	应付股利	81	6111	投资损益
20	1411	委托加工物资	53	2241	其他应付款	82	6301	营业外收入
21	1412	包装物及低值易耗品	54	2314	代理业务负债	83	6401	主营业务成本
22	1461	存货跌价准备	55	2401	递延收益	84	6402	其他业务支出
23	1501	持有至到期投资	56	2501	长期借款	85	6403	税金及附加
24	1502	持有至到期投资减值准备	57	2502	应付债券	86	6601	销售费用
25	1503	可供出售金融资产	58	2701	长期应付款	87	6602	管理费用
26	1511	长期股权投资	59	2702	未确认融资费用	88	6603	财务费用
27	1512	长期股权投资减值准备	60	2711	专项应付款	89	6604	勘探费用
28	1521	投资性房地产	61	2801	预计负债	90	6701	资产减值损失
29	1531	长期应收款	62	2901	递延所得税负债	91	6711	营业外支出
30	1541	未实现融资收益			三、共同类	92	6801	所得税费用
31	1601	固定资产	63	3101	衍生工具	93	6901	以前年度损益调整
32	1602	累计折旧	64	3201	套期工具			
33	1603	固定资产减值准备	65	3202	被套期项目			
34	1604	在建工程						

注：

(1)共同类项目的特点是既可能是资产也可能是负债。在某些条件下是一项权益，形成经济利益的流入，就是资产；在某些条件下是一项义务，将导致经济利益流出企业，这时就是负债。

(2)损益类项目的特点是其项目是形成利润的要素。如反映收益类科目，例如主营业务收入；反映费用类科目，例如"主营业务成本"。

2.会计科目的级别

各个会计科目并不是彼此孤立的,而是相互联系、相互补充,组成一个完整的会计科目体系。通过这些会计科目,可以全面、系统、分类地反映和监督会计要素的增减变动情况及其结果,为经营管理提供所需要的一系列核算指标。在生产经营过程中,由于经济管理的要求不同,所需要的核算指标的详细程度也就不同。根据经营管理的要求,既需要设置提供总括核算指标的总账科目,又需要设置提供详细核算资料的二级明细科目和三级明细科目。

(1)总账科目。总账科目即一级科目,也称总分类会计科目,是对会计要素的具体内容进行总括分类的会计科目,是进行总分类核算的依据。为了满足会计信息使用者对信息质量的要求,总账科目是由财政部《企业会计准则——应用指南》统一规定的。

(2)明细科目。明细科目也称为明细分类会计科目、细目,是在总账科目的基础上,对总账科目所反映的经济内容进行进一步详细的分类的会计科目,以提供更详细、更具体会计信息的科目。如在"原材料"科目下,按材料类别开设"原料及主要材料""辅助材料""燃料"等二级科目。明细科目的设置,除了要符合财政部统一规定外,一般根据经营管理需要,由企业自行设置。对于明细科目较多的科目,可以在总账科目和明细科目设置二级或多级科目。如在"原料及主要材料"下,再根据材料规格、型号等开设三级明细科目。

实际工作中,并不是所有的总账科目都需要开设二级和三级明细科目,根据会计信息使用者所需不同信息的详细程度,有些只需设一级总账科目,有些只需要设一级总账科目和二级明细科目,不需要设置三级科目等。会计科目的级别如表 2-7 所示。

表 2-7　"原材料"总账和明细账会计科目

总账科目	明细科目	
(一级科目)	二级科目(子目)	三级科目(细目)
原材料	原料及主要材料	圆钢、角钢
	辅助材料	润滑剂、石炭酸
	燃　料	汽油、原煤

三、会计科目运用举例

【例 2-2】　从银行提取现金 300 元。

该项业务应设置"银行存款"和"库存现金"科目。

【例 2-3】　购买材料 7 000 元,料款尚未支付。

该项业务应设置"原材料"和"应付账款"科目。

【例 2-4】　某投资者投入设备一台,价值 300 000 元。

该项业务应设置"实收资本"和"固定资产"科目。

【例 2-5】　某企业销售产品一批,价值 3 000 元,货款尚未收到。

该项业务应设置"主营业务收入"和"应收账款"科目。

【任务实施】

宇辰有限责任公司发生的经济业务所涉及的会计科目见表 2-8。

表 2-8　宇辰有限责任公司发生的经济业务所涉及的会计科目

序　号	业　务	会计科目
1	收到投资者投入资金存入银行	银行存款,实收资本
2	购买原材料,款未付	原材料,应付账款
3	使用银行存款购买原材料	银行存款,原材料
4	使用银行存款偿还银行短期贷款	银行存款,短期借款
5	将欠供应商的货款转为本企业投资	应付账款,实收资本
6	从银行借入长期资金偿还欠供应商货款	长期借款,应付账款
7	企业的资本公积转为实收资本	资本公积,实收资本

任务四　熟悉会计账户

【任务布置】

会计科目只是对会计要素进行具体分类的项目,如何反映某一类经济项目变化情况及变化结果? 如"银行存款"反映企业存放在金融机构的款项,涉及"银行存款"的业务很多,如提取现金、存款和支付货款等,经过这些频繁、复杂的经济业务后,如何反映银行存款在一定会计期间,增加多少? 减少多少? 结余多少? 请用丁字账进行表述。

【知识准备】

会计科目只是对会计对象的具体内容(会计要素)进行分类的项目账户。为了能够分门别类地对各项经济业务的发生所引起会计要素的增减变动情况及其结果进行全面、连续、系统、准确的反映和监督,为经营管理提供需要的会计信息,必须设置一种方法或手段,能核算指标的具体数字资料。于是必须根据会计科目开设账户。

会计账户,是指具有一定格式,用来分类、连续地记录经济业务,反映会计要素增减变动及其结果的一种核算工具,其载体为账簿。所以设置会计科目以后,还要根据规定的会计科目开设一系列反映不同经济内容的账户。每个账户都有一个科学而简明的名称,账户的名称就是会计科目。会计账户是根据会计科目设置的。设置账户是会计核算的一种专门方法,运用账户,把各项经济业务的发生情况及由此引起的资产、负债、所有者权益、收入、费用和利润各要素的变化,系统地、分门别类到进行核算,以便提供所需要的各项指标。

会计账户是对会计要素的内容所作的科学再分类。会计科目与账户是两个既相区别,又有联系的不同概念。

它们的共同点是:会计科目是设置会计账户的依据,是会计账户的名称,会计账户是会计科目的具体运用,会计科目所反映的经济内容,就是会计账户所要登记的内容。

它们之间区别是:会计科目只是对会计要素具体内容的分类,本身没有结构;会计账户则有相应的结构,是一种核算方法,能具体反映资金运用状况。因此,会计账户比会计科目,分户更为明细,内容更为丰富。

一、账户的结构和内容

账户是用来记录经济业务的,必须具有一定的结构和内容。作为会计核算的会计对象,是随着经济业务的发生在数量上进行增减变化,并相应产生变化结果。因此,用来分类记录经济业务的账户必须确定账户的基本结构:增加的数额记在哪里,减少的数额记在哪里,增减变动后的结果记在哪里。

采用不同记账方法,账户的结构是不同的,即使采用同一种的记账方法,不同性质的账户结构也是不同的。但是,不管采用何种记账方法,也不论是何种性质的账户,其基本结构总是相同的。具体归纳如下:

(1)任何账户一般可以划分为左右两方。每一方再根据实际需要分成若干栏次,用来分类登记经济业务及其会计要素的增加与减少,以及增减变动的结果。账户的格式设计一般应包括以下内容:①账户的名称,即会计科目;②日期和摘要,即经济业务发生的时间和内容;③凭证号数,即账户记录的来源和依据;④增加和减少的金额;⑤余额。下面以借贷记账法下账户结构为例,说明账户结构,见表2-9。

表 2-9　会计科目(账户名称)

日　期	凭证号数	摘　要	借　方	贷　方	余　额

注:借贷记账法下,以借或贷来表示增加或减少方向。

(2)账户的左右两方是按相反方向来记录增加额和减少额。也就是说,如果规定在左方记录增加额,就应该在右方记录减少额;反之,如果在右方记录增加额,就应该在左方记录减少额。在具体账户的左、右两个方向中究竟哪一方记录增加额,哪一方记录减少额,取决于账户所记录的经济内容和所采用的记账方法。

(3)账户的余额一般与记录的增加额在同一方向。

(4)在账户所记录的主要内容满足这样一个恒等关系:

$$本期期末余额＝期初余额＋本期增加额－本期减少额$$

本期增加额和减少额是指在一定会计期间内(月、季或年),账户在左右两方分别登记的增加金额合计数和减少金额的合计数,又可以将其称为本期增加发生额和本期减少发生额。本期增加发生额和本期减少发生额相抵后的差额,就是本期期末余额。如果将本期的期末余额转入下一期,就是下一期的期初余额。

为了学习方便,在教科书中经常采用简化格式"丁字账"来说明账户结构。这时,账户就省略了有关栏次。丁字账的格式见表2-10及表2-11。

表 2-10　账户格式一

借方	账户名称(会计科目)	贷方
期初余额 A＝B－a－b＋c＋d		
增加额 a	减少额 c	
增加额 b	减少额 d	
本期增加发生额：a＋b	本期减少发生额：c＋d	
期末余额：B＝A＋a＋b－c－d		

表 2-11　账户格式二

借方	账户名称(会计科目)	贷方
	期初余额 A＝B－a－b＋c＋d	
减少额 c	增加额 a	
减少额 d	增加额 b	
本期减少发生额：c＋d	本期增加发生额：a＋b	
	期末余额：B＝A＋a＋b－c－d	

注：如果上表中的会计科目属费用、收入和利润账户，期末没有余额。

二、账户的分类

设置会计账户是会计核算的一种专门方法。会计账户的开设应与会计科目的设置相适应，会计科目按提供核算资料的详细程度分为总账科目、二级明细科目和三级明细科目，会计账户也相应地分为总分类账（一级账户）和明细分类账（二级、三级账户）。

企业生产经营管理所需的会计核算资料是多方面的，不仅要求会计核算能够提供总括的会计核算资料，而且要求会计核算能够提供详细的经济指标。因此，企业既要设置总分类账户，进行总分类核算，又要设置明细分类账户，进行明细分类核算。如"应付账款"的核算，如果只设"应付账款"，总分类账户就只能提供企业应付账款总额为多少，而并不能反映应该付给谁，即债主是谁，以及欠每个债主多少款项。因而在设"应付账款"总分类账户的同时，要按债主分设明细账户，具体核算所欠各债主的债务。同时在有关总分类账户下设置若干明细分类账户，可以减少总分类账户的数量，有利于会计人员分工记账和及时提供管理所需要的各种资料。

总分类账户简称总账账户，是根据总分类科目设置的，用来对会计要素具体内容进行总分类核算的账户，如应收账款、原材料、固定资产、预提费用等都可以设置为总分类账户。总分类账户提供总括核算指标。总分类核算只能用货币度量。

明细分类账户简称明细账户，是根据明细分类科目设置的，用来对会计要素的具体内容进行明细分类核算的账户。明细分类账户是企业会计部门根据本单位经济业务的具体内容、管理上的要求及方便会计核算等而自行设置的。通过明细分类账户对经济业务进行的核算称为明细分类核算。明细分类核算除了能用货币度量外,有些账户还要用实物度量,如存货账户。

如果某些总分类账户所属的明细分类账户较多,为了便于控制和核算,还可增设置二级账户。二级账户的核算口径比总分类账户的稍细,比明细分类账户稍粗,是介于总分类账户与明细分类账户之间的账户。二级账户也是由企业根据经营管理及会计核算的具体需要和经济业务内容繁简自行设置的。设置二级账户时,总分类账户又称一级账户。在日常工作中,人们有时习惯将二级账户也作为明细分类账户的一部分看待,这时明细分类账户实际上已经分为子目和细目即二级账户和三级账户两个层次。如根据某实际情况,"原材料"账户下可设置"原材料及主要材料"、"辅助材料"和"燃料"等二级账户,其中"原料及主要材料"下又设置"圆钢"和"角钢"两个明细账户;"辅助材料"下又设置"润滑剂"和"石炭酸"两个明细账户,"燃料"下又设置"汽油""原煤"等明细账户。用表2-12示例"原材料"总分类账与明细分类账户。

表 2-12　"原材料"总分类账户和明细分类账户

总账分类账户 （一级账户）	明细分类账户	
	二级明细分类账户	三级明细分类账户
原材料	原料及主要材料	圆钢、角钢
	辅助材料	润滑剂、石炭酸
	燃　　料	汽油、原煤

总分类账户与明细分类账户是对同一经济业务内容进行分层次核算而设置的账户,因而总分类账户与明细分类账户是相互联系、相互制约的关系。

(1)总分类账户是对所属明细分类账户的总括,对明细分类账户具有统驭控制作用。

(2)明细分类账户是对其总分类账户的细分,具有补充说明的作用。

(3)总分类账户登记的金额与它所属的明细分类账户中所登记的金额应当相等。若有不符,说明记录有误,就应查明更正。总分类账户与明细分类账户这种在金额上必然相等的关系,称为勾稽关系,通过勾稽关系可以进行账账核对,以保证提供数据资料的准确性。二者之间的关系,实质上是一种控制与被控制的关系,故有时人们也将总分类账户称为控制账户或统驭账户,而把明细分类账户称为被控制账户或被统驭账户。

❓谈谈你对总分类账户和明细分类账户的理解。

【任务实施】

某一类经济项目变化情况及变化结果是通过账户来反映的。银行存款账户可以详细地反映银行存款的增减变化和结存情况。用丁字账表示银行存款账户信息见表2-13。

表 2-13　丁字账表示银行存款账户信息

银行存款	
期初余额	
本期增加发生额	本期减少发生额
期末余额	

任务五 掌握借贷记账法

【任务布置】

宇辰有限责任公司经营期间发生了如下业务,见表 2-14。

表 2-14 宇辰有限责任公司发生的业务

序 号	业 务	会计科目	借或贷	会计科目	借或贷
1	收到投资者投入资金 1 000 万元存入银行	银行存款		实收资本	
2	购买原材料,货款 5 万元,款未付	原材料		应付账款	
3	使用银行存款 10 万元购买原材料	银行存款		原材料	
4	使用转账支票 10 万元偿还银行短期贷款	银行存款		短期借款	
5	将欠供应商的货款 100 万元转为本企业投资	应付账款		实收资本	
6	从银行借入长期资金 100 万元偿还欠供应商货款	长期借款		应付账款	
7	企业的资本公积 100 万元转为实收资本	资本公积		实收资本	

请指明上述业务应记入对应账户的借贷方向。

【知识准备】

一、记账基本方法

(一)单式记账法

单式记账法是指对发生的每一项经济业务,只在一个账户中加以登记的记账方法。我国不允许采用该种方法。

(二)复式记账法

复式记账法是指对于每一笔经济业务,都必须用相等的金额在两个或两个以上相互联系的账户中进行登记,全面系统地反映会计要素增减变化的一种记账方法。如"以银行存款 1 000 元购买原材料",这笔业务在记账时,不仅记"银行存款"减少 1 000 元,同时还要记"原材料"增加 1 000 元。

与单式记账法相比,复式记账法的优点主要有:①能够全面反映经济业务内容和资金运动的来龙去脉;②能够进行试算平衡,便于查账和对账。

复式记账法包括借贷记账法、增减记账法和收付记账法。借贷记账法是目前国际上通用的记账方法,我国《企业会计准则》规定企业应当采用借贷记账法记账。我国的企业和行政、事业单位所采用的记账方法,都属于复式记账法。

二、借贷记账法

借贷记账法是以"借""贷"二字作为记账符号,记录会计要素增减变动情况的一种复式记账法。"借""贷"是记账符号,表示会计要素的增加或是减少,有的账户借方表示增加,有的账户贷方表示增加。

(一)理论基础

借贷记账法的对象是会计要素的增减变动过程及其结果。这个过程及结果可用公式表示:资产=负债+所有者权益。这一恒等式揭示了三个方面的内容:

第一,会计主体各要素之间的数字平衡关系。有一定数量的资产,就必然有相应数量的权益(负债和所有者权益)与之相对应,任何经济业务所引起的要素增减变动,都不会影响这个等式的平衡。如果把等式的"左""右"两方,用"借""贷"两方来表示的话,就是说每一次记账的借方和贷方是平衡的;一定时期账户的借方、贷方的金额是平衡的;所有账户的借方、贷方余额的合计数是平衡的。

第二,各会计要素增减变化的相互联系。从上一任务可以看出,任何经济业务(四类经济业务)都会引起两个或两个以上相关会计项目发生金额变动,因此当经济业务发生后,在一个账户中记录的同时必然要有另一个或两个以上账户的记录与之对应。

第三,等式有关因素之间是对立统一的。资产在等式的左边,当想移到等式右边时,就要以"一"表示,负债和所有者权益也具有同样情况。也就是说,当我们用左边(借方)表示资产类项目增加时,就要用右边(贷方)来记录资产类项目减少。与之相反,当我们用右方(贷方)记录负债和所有者权益增加额时,我们就需要通过左方(借方)来记录负债和所有者权益的减少额。

这三个方面的内容贯穿了借贷记账法的始终。会计等式对记账方法的要求决定了借贷记账法的账户结构、记账规则、试算平衡的基本理论,因此说会计恒等式是借贷记账法的理论基础。

(二)账户结构

在借贷记账法中,账户的基本结构是:左方为借方,右方为贷方。但哪一方登记增加,哪一方登记减少,则可以从会计要素的静态恒等式:资产=负债+所有者权益,以及动态平衡方程:资产+费用=负债+所有者权益+收入来分析。

(1)资产类账户。

由于借贷记账法"借"在左方,"贷"在右方,因此可确定会计要素平衡等式的左边借方记录资产增加,反之其减少就一律登记在贷方。其形式如表 2-15 所示。

表 2-15　资产类账户格式

借方	资产类账户名称	贷方
期初余额:QC		
增加额 a	减少额 c	
增加额 b	减少额 d	
本期增加发生额:a+b	本期减少发生额:c+d	
期末余额:QM=QC+a+b−c−d		

该账户的发生额和余额之间的关系表示为:

　　资产类账户期末余额＝借方期初余额＋本期借方发生额－本期贷方减少额

（2）负债及所有者权益类账户。

　　由于负债及所有者权益，与资产分别处于等式的两边，为了保持会计恒等式的平衡，等式右边贷方记录负债、所有者权益和收入的增加，反之其减少一律登记在借方。其形式如表2-16所示。

表 2-16　负债及所有者权益类账户格式

借方	负债及所有者权益账户名称	贷方
	期初余额：QC	
减少额 c	增加额 a	
减少额 d	增加额 b	
本期减少发生额：c＋d	本期增加发生额：a＋b	
	期末余额：QM＝QC＋a＋b－c－d	

　　该账户的发生额和余额之间的关系表示为：

　　负债及所有者类账户期末余额＝贷方期初余额＋本期贷方发生额－本期借方减少额

（3）费用成本类账户。

　　企业在生产经营过程中有各种耗费，有成本费用发生，在费用成本抵消收入以前，可以将其看做一种资产。如"生产成本"归集在生产过程中某产品所发生的所有耗费，但尚未完工结转入库，其反映企业在产品这项资产的金额。同时费用成本与资产同处于等式的左方，因此其结构与资产类账户的结构基本相同，只是由于借方记录的费用成本的增加额一般都要通过贷方转出，所以账户通常没有期末余额。如果因某种情况有余额，也表现为借方余额。其形式如表 2-17 所示。

表 2-17　成本费用类账户格式

借方	成本费用类账户名称	贷方
增加额 a	减少额 c	
增加额 b	转出额 a＋b－c	
本期增加发生额：a＋b	本期减少发生额：a＋b	

（4）收入类账户。

　　收入类账户的结构则与负债及所有者权益的结构一样，收入的增加额记入账户的贷方，收入转出（减少额）则应记入账户的借方，由于贷方记录的收入增加额一般要通过借方转出，所以该类账户通常也没有期末余额。其形式如表 2-18 所示。

表 2-18　收入类账户格式

借方	收入类账户名称	贷方
减少额 c	增加额 a	
转出额 a+b−c	增加额 b	
本期减少发生额:a+b	本期增加发生额:a+b	

综上所述可以看出,"借""贷"二字作为记账符号所表示的经济含义是不一样的,如表2-19所示。

表 2-19　借贷方向的内涵

借方	贷方
资产增加	资产减少
负债及所有者权益减少	负债及所有者权益增加
费用成本增加	费用成本转出
收入类转出	收入类增加

人们总结记账规则之歌:借贷规则记一句,资产增加借方记;成本费用同资产,其他全部靠推理。资产权益背道驰,收入增加贷方记。

(三)记账规则

记账规则是进行会计记录和检查账簿登记是否正确的依据和规律。不同的记账方法,具有不同的记账规则。借贷记账法的记账规则可以用一句化概括:"有借必有贷,借贷必相等。"这一记账规则要求对每项经济业务都要以相等的金额,相反的方向,登记在两个或两个以上的账户中去。

? 学习了借货记账法的原理后你的体会是什么,请总结一下借贷记账法的要点有哪些吧?

三、运用借贷记账法登记账户示例

以丁字账户为例,说明经济业务发生后是如何采用借贷记账法登记账户的。

【例 2-6】 从银行提取现金 300 元。

此项业务会导致企业现金资产增加,银行存款资产减少,见表2-20 和表 2-21。

表 2-20　库存现金　　　　　　　　表 2-21　银行存款

库存现金	
借	贷
300	

银行存款	
借	贷
	300

【例 2-7】 购买材料 7 000 元，料款尚未支付。

此项业务会导致企业原材料资产增加，同时增加一笔应付账款负债，见表 2-22 和表 2-23。

表 2-22 原材料

原材料	
借	贷
7 000	

表 2-23 应付账款

应付账款	
借	贷
	7 000

【例 2-8】 某投资者投入设备一台，价值 300 000 元。

此项业务会导致设备资产增加，同时增加一笔所有者权益，即实收资本，见表 2-24 和表 2-25。

表 2-24 固定资产

固定资产	
借	贷
300 000	

表 2-25 实收资本

实收资本	
借	贷
	300 000

【例 2-9】 某企业销售产品一批，价值 3 000 元，货款尚未收到。产品成本 2 000 元。

此项业务会导致应收账款资产增加，同时增加一笔收入；同时导致产品资产减少，对应增加一笔销售成本。见表 2-26 至表 2-29。

表 2-26 应收账款

应收账款	
借	贷
3 000	

表 2-27 主营业务收入

主营业务收入	
借	贷
	3 000

表 2-28 库存商品

库存商品	
借	贷
	2 000

表 2-29 主营业务成本

主营业务成本	
借	贷
2 000	

四、借贷记账法下账户的对应关系与会计分录

1. 账户的对应关系和对应账户

在运用借贷记账法进行核算时，在有关账户之间存在着应借、应贷的相互关系，账户之间的这种相互关系称为账户的对应关系。存在对应关系的账户称为对应账户。上述运用借贷记账法登记账户示例反映了一笔经济业务所反映的各账户之间的对应关系，两个账户也就成了对应账户。

2. 会计分录

会计分录，简称分录，是对每项经济业务列示出应借、应贷的账户名称及其金额的一种记录。会计分录由应借应贷方向、相互对应的科目及其金额三个要素构成。会计分录记载在记账凭证上。

按照所涉及账户的多少，会计分录分为简单会计分录和复合会计分录。简单会计分录指只涉及一个账户借方和另一个账户贷方的会计分录，即一借一贷的会计分录，即只涉及两个账户的会计分录就是简单会计分录。复合会计分录指由两个以上(不含两个)对应账户组成的会计分录，即一借多贷、多借一贷或多借多贷的会计分录。

五、借贷记账法的运用

1. 运用方法

我们在实际运用借贷记账法的记账规则登记经济业务时，一般要按五个步骤进行：

(1)根据发生的经济业务判断涉及的会计科目(账户)。

(2)分析确定它所涉及的账户的性质，是资产要素的变化，还是负债或所有者权益的变化；哪些要素增加，哪些要素减少，或都是增加，都是减少，等等。

(3)确定相应账户应记录的方向是借方还是贷方以及各账户应计金额。凡涉及资产及费用成本的增加，负债及所有者权益的减少，收入的减少转出，都应记入该账户的借方；凡是涉及资产及费用成本的减少，负债及所有者权益的增加，收入的增加，都应记入该账户的贷方。

(4)编制会计分录。

(5)登记账簿。各项经济业务编制会计分录以后，即应记入有关账户，这个记账步骤通常称为"过账"。过账以后，一般要在月末进行结账，即结算出各账户的本期发生额合计和期末余额。

2. 案例运用

【例 2-10】 宇辰有限责任公司 2016 年 12 月 31 日资产、负债及所有者权益各账户的期末余额见表 2-30(金额单位：元)。

表 2-30　账户余额表

资产类账户	金　额	负债及所有者权益类账户	金　额
库存现金	1 000	短期借款	150 000
银行存款	49 000	应付账款	100 000
应收账款	80 000	应付职工薪酬	30 000

资产类账户	金额	负债及所有者权益类账户	金额
原材料	220 000	应付利润	40 000
固定资产	230 000	实收资本	180 000
		资本公积	80 000
总计	580 000	总计	580 000

从上表中,我们可以看到资产 580 000＝负债 320 000＋所有者权益 260 000。

年末结束后,需要将各账户结账,资产、负债和所有者权益账户需要结出期末余额。上表中各项数据均为各账户 2016 年 12 月 31 日余额。在 2017 年建立新账时,将上述账户余额过入 2017 年初的对应账户中,作为期初余额。登记方法见下述业务 8 和业务 9。

下列业务 1 到业务 7 对应账户中未登记期初余额和结出期末余额,主要目的是为了说明本期新发生业务账户中登记方法,业务 8 和业务 9 进行了完整登记。

宇辰有限责任公司 2017 年 1 月份,发生以下业务:

(1)宇辰有限责任公司 2017 年 1 月接受投资者继续投入货币资金 200 000 元,手续已办妥,款项已转入本公司的银行存款账户。

分析如下:

该项业务的发生说明:宇辰有限责任公司在拥有 260 000 元资本金的前提下,继续扩大规模,投入货币资金 200 000 元。这样对于宇辰有限责任公司来讲,一方面使公司"银行存款"增加,另一方面公司"实收资本"的规模也扩大。经进一步分析,"银行存款"属于资产类账户,"实收资本"属于所有者权益账户。根据借贷记账法下的账户,资产的增加,记入账户的借方,所有者权益的增加,记入账户的贷方。最后确定,借记银行存款 200 000 元,贷记实收资本 200 000 元。该业务属于等式两边资产与所有者权益等额增加业务。

①编制会计分录:

借:银行存款 200 000

　　贷:实收资本 200 000

②根据会计分录登记账簿,见表 2-31。

表 2-31 登记账簿(一)

借	银行存款	贷	借	实收资本	贷
(1)200 000					(1)200 000

(2)宇辰有限责任公司向新乐公司购买所需原材料,但由于资金周转紧张,料款 70 000 元尚未支付。

该项业务的发生说明:由于购料款未付,一方面使公司"原材料"增加,另一方面使公司欠款"应付账款"增加。经分析,"原材料"属于资产类账户,"应付账款"属于负债类账户。根据借贷记账法下的账户结构,资产的增加,通过账户的借方反映,负债的增加,通过账户的贷方反映。最后确定,借记原材料 70 000 元,贷记应付账款 70 000 元。该业务属于等式两边资产与负债等额增加业务。

①编制会计分录:

借:原材料 70 000

贷:应付账款 70 000

②根据会计分录登记账簿,见表 2-32。

表 2-32　登记账簿(二)

借	原材料	贷		借	应付账款	贷
(2)70 000					(2)70 000	

(3)宇辰有限责任公司通过银行转账支付给银行于本月到期的银行短期借款 80 000 元。

该项业务的发生说明,由于归还以前的银行贷款,一方面使公司属于资产项目的银行存款减少 80 000 元,另一方面使属于负债项目的短期借款减少 80 000 元。银行存款属于资产类账户,短期借款属于负债类账户。根据借贷记账法下的账户结构,资产的减少,通过账户的贷方反映,负债的减少,通过账户的借方反映。最后确定,借记短期借款 80 000 元,贷记银行存款 80 000 元。该业务属于等式两边的资产与负债同时等额减少业务。

①编制会计分录:

借:短期借款 80 000

贷:银行存款 80 000

②根据会计分录登记账簿,见表 2-33。

表 2-33　登记账簿(三)

借	短期借款	贷		借	银行存款	贷
(3)80 000					(3)80 000	

(4)上级主管部门按法定程序将 1 台价值 100 000 元的设备调出,以抽回国家对宇辰有限责任公司的投资。

该项业务的发生说明:由于国家调出设备,抽回投资,一方面使公司属于固定资产减少 100 000 元,另一方面使属于所有者权益项目的实收资本减少 100 000 元。固定资产属于公司的资产账户,实收资本属于所有者权益账户。根据借贷记账法下的账户结构,资产的减少,通过账户的贷方反映,所有者权益的减少,通过账户的借方反映。最后确定,借记实收资本 100 000 元,贷记固定资产 100 000 元。该业务属于等式两边的资产与所有者权益同时等额减少业务。

①编制会计分录：

借:实收资本　　　　　　　　　　　　　　　　　　　　　　100 000

　贷:固定资产　　　　　　　　　　　　　　　　　　　　　　　　　100 000

②根据会计分录登记账簿,见表 2-34。

表 2-34　登记账簿(四)

借	实收资本	贷		借	固定资产	贷
(4)100 000					(4)100 000	

(5)宇辰有限责任公司开出转账支票 40 000 元,购买 1 台电子仪器。

该项业务的发生说明:由于购买仪器款设备已付,一方面使公司新的电子仪器固定资产增加 40 000 元,另一方面使银行存款减少 40 000 元。固定资产和银行存款都属于公司的资产账户。根据借贷记账法下的账户结构,资产的增加通过账户的借方反映,资产的减少通过账户的贷方反映。最后确定,借记固定资产 40 000 元,贷记银行存款 40 000 元。该业务属于等式左边的资产内一增一减业务。

①编制会计分录：

借:固定资产　　　　　　　　　　　　　　　　　　　　　　40 000

　贷:银行存款　　　　　　　　　　　　　　　　　　　　　　　　40 000

②根据会计分录登记账簿,见表 2-35。

表 2-35　登记账簿(五)

借	固定资产	贷		借	银行存款	贷
(5)40 000					(5)40 000	

(6)宇辰有限责任公司开出一张面值为 50 000 元的商业汇票,以抵偿原欠新乐公司的料款。

该项经济业务说明:由于商业汇票抵偿原欠料款,一方面使公司的应付票据增加了 50 000 元的金额,另一方面属于企业的债务应付账款减少 50 000 元。应付票据和应付账款都属于公司的负债账户。根据借贷记账法下的账户结构,负债的增加通过账户的贷方反映,负债的减少通过账户的借方反映。最后确定,借记应付账款 50 000 元,贷记应付票据 50 000 元。该业务属于等式右边的负债内一增一减业务。

①编制会计分录：

借:应付账款　　　　　　　　　　　　　　　　　　　　　　50 000

　贷:应付票据　　　　　　　　　　　　　　　　　　　　　　　　50 000

②根据会计分录登记账簿,见表2-36。

表 2-36　登记账簿(六)

借	应付账款	贷		借	应付票据	贷
(6)50 000						(6)50 000

(7)宇辰有限责任公司按法定程序将资本公积 60 000 元转增注册资本。

该业务的发生说明:由于将资本公积 60 000 元转增资本金,一方面使公司的实收资本增加 60 000 元,另一方面使资本公积减少 60 000 元。资本公积和实收资本都属于所有者权益类账户。根据借贷记账法下的账户结构,所有者权益的增加通过账户的贷方反映,所有者权益的减少通过账户的借方反映。最后确定,借记资本公积 60 000 元,贷记实收资本 60 000 元。该业务属于等式右边的所有者权益内一增一减业务。

①编制会计分录:

借:资本公积　　　　　　　　　　　　　　　　　　　　　　　　　　60 000

　　贷:实收资本　　　　　　　　　　　　　　　　　　　　　　　　　　　60 000

②根据会计分录登记账簿,见表2-37。

表 2-37　登记账簿(七)

借	资本公积	贷		借	实收资本	贷
(7)60 000						(7)60 000

(8)宇辰有限责任公司与债权人协商将欠 A 企业的货款 20 000 元转为对本企业的投资。

该业务的发生说明:由于将欠款转增资本金,一方面使公司实收资本增加 20 000 元,另一方面使应付账款减少 20 000 元。实收资本属于所有者权益类账户,应付账款属于负债类账户。根据借贷记账法下的账户结构,所有者权益的增加通过账户的贷方反映,负债的减少通过账户的借方反映。最后确定,借记应付账款 20 000 元,贷记实收资本 20 000 元。该业务属于等式右边的所有者权益增加与债权人权益等额减少的业务。

①编制会计分录:

借:应付账款　　　　　　　　　　　　　　　　　　　　　　　　　　20 000

　　贷:实收资本　　　　　　　　　　　　　　　　　　　　　　　　　　　20 000

②根据会计分录登记账簿,见表2-38。

表 2-38 登记账簿(八)

借	实收资本	贷	借	应付账款	贷
		期初余额 180 000			期初余额 100 000
(4)100 000		(1)200 000	(6)50 000		(2)70 000
		(7)60 000	(8)20 000		
		(8)20 000			

(9)宇辰有限责任公司以承诺代甲公司偿还甲公司所欠乙公司的货款 90 000 元,但款项尚未支付。与此同时,办妥相关手续,冲减甲公司在宇辰有限责任公司的投资。

该业务的发生说明:一方面由于宇辰有限责任公司已承诺但未支付一笔欠款,使公司的应付账款增加 90 000 元,另一方面由于代甲公司支付此项欠款的同时减少甲公司在本公司的投资,使本公司的实收资本减少 90 000 元。实收资本属于所有者权益类账户,应付账款属于负债类账户。根据借贷记账法下的账户结构,负债的增加通过账户的贷方反映,所有者权益的减少通过账户的借方反映。最后确定,借记实收资本 90 000 元,贷记应付账款 90 000 元。该业务属于等式右边的负债及所有者权益类项目之间有增有减的业务。

①编制会计分录:

借:实收资本   90 000

 贷:应付账款   90 000

②根据会计分录登记账簿,见表 2-39。

表 2-39 登记账簿(九)

借	实收资本	贷	借	应付账款	贷
		期初余额 180 000			期初余额 100 000
(4)100 000		(1)200 000	(6)50 000		(2)70 000
(9)90 000		(7)60 000	(8)20 000		(9)90 000
		(8)20 000			
	期末余额 270 000				

本例中,假设直至月末再未发生与实收资本有关的业务,月末结出实收资本的余额。计算原理是:期末余额＝期初余额＋本期贷方发生额合计－本期借方发生额合计。

以上举例,已经概括了企业的所有业务类型,而无论哪种类型的经济业务,都是以相等的金额同时记入有关账户的借方和另一账户的贷方。这样就可以归纳出借贷记账法的记账规则为"有借必有贷,借贷必相等"。

借贷记账法的账户结构要求对发生的任何经济事项,都要按借贷相反的方向进行记录,如果在一个账户中记借方,必然在另一账户中记贷方,即有借必有贷。复式记账要求对发生的任何经济事项,都要等额地在相关账户中进行登记,如果采用"借"和"贷"作为记账符号时,借贷的金额一定是相等的。因此,借贷记账法的记账规则是有一定的理论依据的。

在实际工作中,不允许将多项不同的经济业务合并编制为复合会计分录,但若是一项经济业务涉及多个账户时可编制复合会计分录。对复合分录举例如下:

【例 2-11】　某公司购买原材料一批,价值 98 000 元,其中银行存款支付 48 000 元,其余款项尚未支付。

该项业务涉及资产类账户的"原材料"账户、"银行存款"账户和负债类账户的"应付账款"账户,编制复合会计分录如下:

借:原材料　　　　　　　　　　　　　　　　　98 000
　贷:银行存款　　　　　　　　　　　　　　　　48 000
　　　应付账款　　　　　　　　　　　　　　　　50 000

学习了借货记账法和会计分录后,请总结一下会计分录的基本原理。根据上述业务的会计分录,结出宇辰有限责任公司 2017 年 1 月各账户的余额,填入表 2-40 中。

表 2-40　2017 年 1 月账户余额表

资产类账户	金　额	负债及所有者权益类账户	金　额
库存现金		短期借款	
银行存款		应付账款	
应收账款		应付职工薪酬	
原材料		应付利润	
固定资产		实收资本	
		资本公积	
总　计		总　计	

企业日常发生的经济业务都要记入有关账户,内容庞杂,次数繁多,记账稍有疏忽,便有可能发生差错。那么会计人员在工作中是采用什么方法来发现记账是否出错了呢?

六、试算平衡

企业对日常发生的经济业务都要记入有关账户,为了及时发现记账疏忽导致的错误,对全部账户的记录必须定期进行试算平衡,借以验证账户记录是否正确。所谓试算平衡是指根据会计恒等式"资产=负债+所有者权益"以及借贷记账法的记账规则,通过汇总、检查和验算确定所有账户记录是否正确的过程。它包括发生额试算平衡和余额试算平衡。

1. 发生额试算平衡

发生额平衡包括两方面的内容:一是每笔会计分录的发生额平衡,即每笔会计分录的借方发生额必须等于贷方发生额,这是由借贷记账法的记账规则决定的;二是本期发生额的平衡,即本期所有账户的借方发生额合计必须等于所有账户的贷方发生额合计。因为本期所有账户的借方发生额合计,相当于把复式记账的借方发生额相加;所有账户的贷方发生额合计,相当于把复式记账的贷方发生额相加,二者必然相等。这种平衡关系用公式表示为:

$$
\left\{
\begin{array}{l}
第一笔会计分录的借方发生额 \\
\vdots \\
第n笔会计分录的借方发生额 \\
\sum 所有业务借方发生额
\end{array}
\right.
=
\left\{
\begin{array}{l}
第一笔会计分录的贷方发生额 \\
\vdots \\
第n笔会计分录的贷方发生额 \\
\sum 所有业务贷方发生额
\end{array}
\right.
$$

⇒本期全部账户借方发生额合计=本期全部账户贷方发生额合计

发生额试算平衡是根据上面两种发生额平衡关系,来检验本期发生额记录是否正确的方法。在实际工作中,本项工作是通过编制发生额试算平衡表进行的,以宇辰有限责任公司业务1至业务9数据为例来说明发生额算平衡。见表2-41。

表 2-41　发生额试算平衡表　　　　　　　　　　　　　　单位:元

会计科目	本期发生额	
	借方	贷方
库存现金		
银行存款	200 000	120 000
应收账款		
原材料	70 000	
固定资产	40 000	100 000
短期借款	80 000	
应付票据		50 000
应付账款	70 000	160 000
应付职工薪酬		
应付利润		
实收资本	190 000	280 000
资本公积	60 000	
合　计	710 000	710 000

2.余额试算平衡

余额平衡是指所有账户的借方余额之和与所有账户的贷方余额之和相等。余额试算平衡就是根据此恒等关系,来检验本期记录是否正确的方法。这是由"资产=负债+所有者权益"的恒等关系决定的。在某一时点上,有借方余额的账户应是资产类账户,有贷方余额的账户应是权益类账户,分别合计其金额,即是具有相等关系的资产与权益总额。根据余额的时间不同,余额平衡可分为期初余额平衡和期末余额平衡。本期的期末余额平衡,结转到下一期,就成为下一期的期初余额平衡。这种关系也可用下列公式表示:

资产=负债+所有者权益

⇒本期期末资产借方余额=本期期末负债贷方余额+本期期末所有者权益贷方余额

⇒本期期末全部账户的借方余额合计=本期期末全部账户的贷方余额合计

在实际工作中,本项工作是通过编制余额试算平衡表进行的,见表 2-42。

表 2-42　余额试算平衡表　　　　　　　　　　单位:元

会计科目	本期发生额	
	借方	贷方
库存现金	1 000	
银行存款	129 000	
应收账款	80 000	
原材料	290 000	
固定资产	170 000	
短期借款		70 000
应付票据		50 000
应付账款		190 000
应付职工薪酬		30 000
应付利润		40 000
实收资本		270 000
资本公积		20 000
合　计	670 000	670 000

在实际工作中也可将发生额及余额试算平衡表合并编表,见表 2-43。

表 2-43　发生额及余额试算平衡表　　　　　　　单位:元

会计科目	期初余额		本期发生额		期末余额	
	借方	贷方	借方	贷方	借方	贷方
库存现金	1 000				1 000	
银行存款	49 000		200 000	120 000	129 000	
应收账款	80 000				80 000	
原材料	220 000		70 000		290 000	
固定资产	230 000		40 000	100 000	170 000	
短期借款		150 000	80 000			70 000
应付票据				50 000		50 000
应付账款		100 000	70 000	160 000		190 000
应付职工薪酬		30 000				30 000
应付利润		40 000				40 000
实收资本		180 000	190 000	280 000		270 000
资本公积		80 000	60 000			20 000
合　计	580 000	580 000	710 000	710 000	670 000	670 000

应该看到,试算平衡表只是通过借贷金额是否平衡来检查账户记录是否正确,而有些错误对于借贷双方的平衡并不发生影响。因此,在编制试算平衡表时应对以下问题引起注意:

(1)必须保证所有账户的余额均已记入试算平衡表。因为会计等式是对六项会计要素整体而言的,缺少任何一个账户的余额,都会造成期初或期末借方与贷方余额合计不相等。

(2)如果借贷不平衡,肯定账户记录有错误,应认真查找,直到实现平衡为止。

(3)如果借贷平衡,则并不能说明账户记录绝对正确,因为有些错误对于借贷双方的平衡并不发生影响。例如:

①某项经济业务,将使本期借贷双方的发生额减少,借贷仍然平衡;

②重记某项经济业务,将使本期借贷双方的发生额发生等额虚增,借贷仍然平衡;

③某项经济业务记错有关账户,借贷仍然平衡;

④某项经济业务颠倒了记账方向,借贷仍然平衡;

⑤借方或贷方发生额中,偶然一多一少并相互抵消,借贷仍然平衡。

💡学习了试算平衡,你是否真正理解了它的原理呢? 试一试吧,把表 2-44 中的"?"计算出来。

表 2-44　发生额及余额试算平衡表　　　　　　　　　　单位:元

会计科目	期初余额		本期发生额		期末余额	
	借方	贷方	借方	贷方	借方	贷方
库存现金	1 000				1 000	
银行存款	?		200 000	120 000	129 000	
应收账款	80 000				80 000	
原材料	220 000		?		290 000	
固定资产	230 000		40 000	?	170 000	
短期借款		?	80 000			70 000
应付票据				50 000		50 000
应付账款		100 000	70 000	160 000		?
应付职工薪酬		30 000				30 000
应付利润		40 000				40 000
实收资本		180 000	190 000	?		270 000
资本公积		80 000	?			20 000
合　计	580 000	580 000	710 000	710 000	670 000	670 000

【任务实施】

接任务布置中相关内容,宇辰有限责任公司发生的业务记入对应账户的借贷方向见表 2-45。

表 2-45　账户的借贷方向

序　号	业　务	会计科目	借或贷	会计科目	借或贷
1	收到投资者投入资金 1 000 万元存入银行	银行存款	借	实收资本	贷
2	购买原材料,货款 5 万元,款未付	原材料	借	应付账款	贷
3	使用银行存款 10 万元购买原材料	银行存款	贷	原材料	借
4	使用转账支票 10 万元偿还银行短期贷款	银行存款	贷	短期借款	借
5	将欠供应商的货款 100 万元转为本企业投资	应付账款	借	实收资本	贷
6	从银行借入长期资金 100 万元偿还欠供应商货款	长期借款	贷	应付账款	借
7	企业的资本公积 100 万元转为实收资本	资本公积	借	实收资本	贷

单元小结

• 会计核算的方法主要包括：设置会计科目及账户、复式记账、填制和审核凭证、登记账簿、成本计算、财产清查、编制会计报表。

• 会计要素是会计核算对象的基本分类，包括资产、负债、所有者权益、收入、费用和利润等。

• 会计恒等式是资产＝负债＋所有者权益，无论企业发生何种业务，此等式永远恒等。

• 会计计量属性主要包括历史成本、重置成本、可变现净值、现值和公允价值等。一般应当采用历史成本。

• 会计科目是会计要素的具体化，包括资产类、负债类、所有者权益类、成本类、损益类和共同类等六大类。分为总账科目和明细科目。

• 会计账户是根据会计科目设置的，反映会计要素增减变动及其结果的一种核算工具，其载体为账簿。

• 借贷记账法是以"借""贷"二字作为记账符号，记录会计要素增减变动情况的一种复式记账法。理论基础是资产＝负债＋所有者权益。资产类账户、费用及成本类账户借方记录增加，负债及所有者权益类账户和收入的增加记贷方。

• 借贷记账法的记账规则："有借必有贷，借贷必相等"。

• 会计分录，是对每项经济业务列示出应借、应贷的账户名称及其金额的一种记录。按照所涉及账户的多少，会计分录分为简单会计分录和复合会计分录。

• 试算平衡是指根据会计恒等式"资产＝负债＋所有者权益"以及借贷记账法的记账规则，通过汇总、检查和验算确定所有账户记录是否正确的过程。它包括发生额试算平衡和余额试算平衡。

复习思考题

一、思考题

1. 会计核算的方法主要包括哪些内容？

2. 什么是会计要素，具体包括哪些？

3. 什么是会计恒等式？

4. 什么是会计科目，会计科目是如何分类的？

5. 借贷记账法的基本原理和记账规则是什么？

6. 什么是会计分录？会计分录是如何分类的？

7. 为什么要进行试算平衡，其基本原理是什么？

二、练习题

1.资料:嘉华公司 2016 年 12 月相关会计要素项目见表 2-46。

表 2-46 会计要素相关项目表　　　　　　　　　　　　　　　　　单位:元

内　容	资产金额	负债金额	所有者权益金额
1.厂房一幢,价值 1 000 000 元			
2.银行存款 100 000 元			
3.库存原材料 10 吨,价值 350 000 元			
4.尚未收回的货款 300 000 元			
5.土地使用权价值 730 000 元			
7.向银行借入三个月借款 700 000 元			
8.投资者投入资本 1 600 000 元			
9.以前年度未分配利润 200 000 元			
10.库存甲产品 200 件价值 250 000 元			
11.欠职工工资 70 000 元			
12.应付福达公司货款 40 000 元			
13.库存领用现金 2 000 元			
17.应交税费 77 000 元			
20.预收货款 50 000 元			
合　计			

要求:根据所给资料,判断表中所列内容各属于哪一项会计要素并在相应栏目中填写数字并最后做出合计。

2.资料:三元公司 2016 年 12 月 31 日的资产、负债和所有者权益的状况如表 2-47 所示。

表 2-47 资产、负债及所有者权益状况表　　　　　　　　　　　单位:元

资　产	金　额	负债及所有者权益	金　额
库存现金	3 800	短期借款	38 000
银行存款	210 000	应付账款	25 000
应收账款	35 000	应交税费	1 000
原材料	60 200	长期借款	28 000
库存商品	200 000	实收资本	B
固定资产	A	资本公积	25 000
合　计	720 000	合　计	C

要求:根据上表回答:

(1)表中应填的数据为 A. _____　　B. _____　　C. _____;

(2)计算该企业的流动资产总额(　　　　　);

(3)计算该企业的负债总额(　　　　　);

(4)计算该企业的所有者权益总额(　　　　　)。

3.德众公司 6 月份部分账户资料如表 2-48 所示。

表 2-48 账户资料表   单位:元

账户名称	期初余额	本期借方发生额	本期贷方发生额	期末余额
库存现金	1 800	2 400	( )	2 500
银行存款	( )	53 000	37 000	26 000
应收账款	16 000	( )	15 000	14 000
原材料	10 000	12 500	7 500	( )
库存商品	18 700	16 000	( )	15 600
短期借款	50 000	30 000	( )	40 000
应付账款	15 600	( )	7 400	13 400
实收资本	50 000	( )	40 000	70 000

要求:根据各类账户的结构,计算并填写上述表格中的空格。

三、理论测试题

(一)单选题

1. 负债是指企业由于过去的交易或事项形成的是(   )。

A. 过去义务   B. 现时义务   C. 将来义务   D. 永久义务

2. 会计科目是指对(   )的具体内容进行核算的项目。

A. 会计主体   B. 会计科目   C. 会计要素   D. 会计信息

3. 账户是根据(   )设置的,具有一定格式和结构,用于分类反映会计要素增减变动情况及其结果的载体。

A. 会计主体   B. 会计科目   C. 会计要素   D. 会计信息

4. 我国的法定记账方法是(   )。

A. 收付记账法   B. 增减记账法   C. 借贷记账法   D. 单式记账法

5. 复式记账法是指发生的一项经济业务事项都要在(   )相互联系的账户中进行登记。

A. 一个   B. 两个   C. 三个   D. 两个或两个以上

6. 资产类账户、成本费用类账户的借方登记(   )。

A. 增加发生额   B. 减少发生额

C. 增加或减少发生额   D. 以上都不对

7. 负债类账户、所有者权益类账户和收入类账户的贷方记录(   )。

A. 增加发生额   B. 减少发生额

C. 增加或减少发生额   D. 以上都不对

8. 应收账款账户的期末余额等于(   )。

A. 期初余额十本期借方发生额一本期贷方发生额

B. 期初余额一本期发生额一本期贷方发生额

C. 期初余额十本期借方发生额十本期贷方发生额

D. 期初余额一本期借方发生额十本期贷方发生额

9. 应付账款账户的期末余额等于(   )。

A. 期末余额十本期借方发生额一本期贷方发生额

B. 期初余额一本期借方发生额十本期贷方发生额

C. 期初余额＋本期借方发生额＋本期贷方发生额

D. 期初余额－本期发生额－本期贷方发生额

10. 发生额试算平衡公式(　　　)。

A. 全部账户的本期借方发生额合计＝全部账户本期贷方发生额合计

B. 账户本期借方发生额总合计＝账户本期贷方发生额合计

C. 本期借方发生额合计＝本期贷方发生额合计

D. 借方发生额合计＝贷方发生额合计

11. 某企业月初有短期借款 30 万元,本月向银行借入短期借款 15 万元,以银行存款偿还短期借款 20 万元,则月末短期借款账户余额为(　　　)万元。

A. 借方 25　　　　　　　B. 贷方 25　　　　　　　C. 借方 15　　　　　　　D. 贷方 15

12. 某企业月末编制的试算平衡表中,全部账户的本月借方发生额合计为 100 000 元,除应付账款以外,其他账户的本月贷方发生额合计为 95 000 元,则应付账款账户(　　　)元。

A. 本月借方发生额 5 000　　　　　　　　　B. 本月贷方发生额 5 000

C. 月末贷方红字 5 000　　　　　　　　　　D. 月末借方余额为 5 000

13. 某公司材料总分类账户本期借方发生额为 28 000 元,本期贷方发生额为 26 000 元,其有关明细分类账户的发生额分为:甲材料本期借方发生额 7 000 元,贷方发生额 9 000 元,乙材料本期借方发生额 10 000 元,贷方发生额为 8 000 元,则丙材料本期(　　　)。

A. 借方发生额 17 000 元,贷方发生额 17 000 元

B. 借方发生额 21 000 元,贷方发生额 17 000 元

C. 借方发生额 11 000 元,贷方发生额 9 000 元

D. 借方发生额 18 000 元,贷方发生额 9 000 元

14. 下列错误中能通过试算平衡查找的是(　　　)。

A. 某项经济业务未入账　　　　　　　　　　B. 某项经济业务重复记账

C. 应借应贷账户中借贷方向颠倒　　　　　　D. 应借应贷账户中借贷余额金额不等

15. 某企业的原材料属会计要素中的(　　　)。

A. 资产　　　　　　　　B. 负债　　　　　　　　C. 所有者权益　　　　　　　D. 利润

16. 一项资产增加,一项负债增加的经济业务发生后,会使原来的资产与权益总额(　　　)。

A. 发生同增的变动　　　B. 发生同减的变动　　　C. 不会变动　　　　　D. 发生不等额的变动

17. 企业费用的发生往往会引起(　　　)。

A. 资产增加　　　　　　B. 资产减少　　　　　　C. 负债减少　　　　　　D. 所有者权益增加

18. 一项资产增加,不可能引起(　　　)。

A. 另一项资产减少　　　　　　　　　　　　B. 一项负债增加

C. 一项所有者权益增加　　　　　　　　　　D. 一项负债减少

19. 每一项经纪业务的发生,都会影响(　　　)项目发生增减变化。

A. 一个　　　　　　　　B. 两个　　　　　　　　C. 两个或两个以上　　　D. 一个或一个以上

20. 流动资产是指其变现或耗用期在(　　　)。

A. 一年以内　　　　　　　　　　　　　　　B. 一个营业周期内

C. 一年内或超过一年的一个营业周期内　　　D. 超过一年的一个营业周期

(二)多选题

1. 资产应具备的基本特征(　　　)。

A. 由企业过去的交易或事项形成　　　　　　B. 必须是投资者投入的

C. 由企业拥有或控制　　　　　　　　　　　D. 预期能给企业带来经济利益

2. 下列反映企业财务状况的会计要素是(　　　)。

A. 所有者权益　　　　　B. 资产　　　　　　C. 财务费用　　　　　D. 负债

3. 下列各项目中,属于资产范围的有(　　　)。

A. 购入的材料　　　　　　　　　　　　　　B. 应付的欠款

C. 仓库中的商品　　　　　　　　　　　　　D. 机器设备

4. 下列说法中,正确的是(　　　)。

A. 会计科目不仅表明了本身的核算内容也决定着其自身的结构

B. 会计科目的名称也就是账户名称

C. 会计科目和账户所反映的经济内容是相同的

D. 账户是分类核算经济业务的工具

5. 会计科目按其所提供的信息详细程度及其统驭关系不同,分为(　　　)。

A. 总分类　　　　　　　B. 明细分类　　　　C. 损益类　　　　　D. 成本类

6. 属于复式记账方法的有(　　　)。

A. 单式记账法　　　　　B. 收付记账法　　　C. 增减记账法　　　D. 借贷记账法

7. 有关借贷记账法的说法正确的是(　　　)。

A. 采用借贷作为记账符号

B. 以资产等于负债加所有者权益这一会计等式作为理论依据

C. 记账规则是"有借必有贷,借贷必相等"

D. 是我国会计核算的法定记账方法

8. 有关资产类账户说法正确的是(　　　)。

A. 借方登记资产金额的增加　　　　　　　　B. 贷方登记资产金额的减少

C. 期末余额一般在借方　　　　　　　　　　D. 借方登记资金的减少

9. 某经济业务发生后,一个资产账户借方,则有可能(　　　)。

A. 另一个资产账户记贷方　　　　　　　　　B. 另一个负债账户记贷方

C. 另一个所有者权益账户记贷方　　　　　　D. 另一个资产账户记借方

10. 会计分录包括(　　　)。

A. 简单会计分录　　　　B. 复合会计分录　　C 单式分录　　　　　D. 混合分录

11. 试算平衡表无法表现的错误有(　　　)。

A. 漏记某项经济业务　　　　　　　　　　　B. 重记某项经济业务

C. 颠倒记账方向　　　　　　　　　　　　　D. 漏记一个借方余额

12. 企业在取得收入时可能影响到的会计要素有(　　　)。

A. 资产　　　　　　　　B. 负债　　　　　　C. 所有者权益　　　D. 费用

13. 借贷记账法的试算平衡方法有(　　　)。

A. 发生额试算平衡　　　　　　　　　　　　B. 余额试算平衡

C. 增加额试算平衡　　　　　　　　　　　　D. 减少额试算平衡

14.（　　）属于引起会计等式左右两边会计要素变动的经济业务。

A.收到某单位前欠货款 5 万元存入银行

B.以银行存款偿还短期借款 10 万元

C.收到某单位投入机器一台,价值 50 万元

D.以银行存款偿还前欠货款 10 万元

15.属于正确的会计等式有（　　）。

A.资产＝权益

B.资产＝负债＋所有者权益

C.收入－费用＝利润

D.资产＝负债＋所有者权益＋(收入－费用)

16.下列经济业务发生,使资产和权益总额不变的有（　　）。

A.从银行取得借款 60 000 元,存入银行

B.以银行存款 40 000 元偿还前欠材料

C.从银行提取现金 800 元

D.以银行存款 50 000 元购买材料

17.下列经济业务中,不会引起会计等式两边同时发生增减变动的有（　　）。

A.收到前欠货款 5 万元存入银行　　　　B.从银行借款 9 万元存入银行

C.从银行提取现金 800 元备用　　　　D.购进材料 4 万元,款未付

18.下列经济业务,属于资产和权益同时减少的有（　　）。

A.收到前欠货款 6 万元存入银行　　　　B.以银行存款 5 万元上缴税费

C.用银行存款 4 万元归还银行存款　　　D.用银行存款 3 万元归还应付账款

19.借贷记账法的试算平衡可按（　　）公式进行。

A.全部账户本期借方发生额合计＝全部账户本期贷方发生额合计

B.全部账户增加额合计＝全部账户减少额合计

C.全部账户期末借方余额合计＝全部账户期末贷方余额合计

D.资产账户发生额合计＝负债和所有者权益账户发生额合计

20.下列各项记账差错中,运用借贷记账法试算平衡可查出其错误的有（　　）。

A.在过账时误将借方数额过入贷方

B.一笔经济业务的记录全部被漏记

C.一笔经济业务的记录借贷双方金额同时多记

D.某一账户借方或贷方本期发生额的计算有误

（三）判断题

1.资产是指由于过去、现在、将来的事项和交易形成的、由企业拥有或控制的、预期会给企业带来经济利益的资源。（　　）

2.“收入－费用＝利润”这一会计等式是复式记账法的理论基础,也是编制资产负债表的依据。（　　）

3.会计科目与账户都是对会计对象具体内容的科学分类,两者口径一致,性质相同,具有相同的格式和结构。（　　）

4.复式记账法是以资产与权益平衡关系作为记账基础,对发生的每一笔经济业务,都要在

两个或两个以上相互联系的账户中进行登记,系统地反映资金运动变化结果的一种记账方法。

（　　）

5.资产类账户借方登记金额,表示该账户金额的增加,贷方登记金额,表示该账户金额的减少。（　　）

6.负债类账户借方登记金额,表示该账户金额的增加,贷方登记金额,表示该账户金额的减少。（　　）

7.借贷记账法的记账规则是"有借必有贷,借贷必相等"。（　　）

8.所有账户在左边均记录增加额,右边均记录减少额。（　　）

9.会计科目仅是名称而已,若要体现会计要素的增减变化及变化后的结果则要借助于账户。（　　）

10.编制试算平衡表,如果试算不平衡,则账户记录或计算一定有错误,如果试算平衡,可大体推断账户记录正确,但不能绝对保证账户记录无误。（　　）

11.企业只能编制一借一贷、一借多贷、多借一贷的会计分录,而不能编制多借多贷的会计分录。（　　）

12.不应将反映不同类型的经济业务,合并编成多借多贷的会计分录。（　　）

13."借""贷"两字不仅是记账符号,其本身的含义也应考虑,"借"只能表示债权增加,"贷"只能表示债务增加。（　　）

14.实际工作中,余额试算平衡通过编制试算平衡表进行。（　　）

15.不管是什么企业发生任何经济业务,会计等式的左右两方金额永远不变,故永远相等。

（　　）

16.如果账户需设计账户名称,则该名称即为会计科目名称。（　　）

17.会计科目按其经济内容分类,可以分为总分类科目和明细分类科目。（　　）

18.账户中的本期增加发生额,是增减相抵后的净增加额。（　　）

19.企业不论采用何种记账方法,也不论是何种性质的账户,其基本结构总是相同的。

（　　）

20.负债及所有者权益类账户的结构应与资产类账户的结构一致。（　　）

实训题

实训课题:编制会计分录

实训目的:掌握借贷记账法

实训组织:每3～5名学生为一组,分别负责对方会计凭证的审核

实训内容:

资料:

1.企业采购员预借差旅费用1 000元,现金支付。

2.企业收到投资者投入固定资产,价值1 500 000元。

3.向大华工厂购入B材料,5 000公斤,单价20元,价值100 000元,款项以银行存款支付,材料尚未验收入库。

4.上项 B 材料到达,验收入库。

5.用银行存款支付前欠丙工厂购货款 50 000 元。

6.销售甲产品 100 件,每件 200 元,价值 20 000 元,增值税 3 400 元,款项收到存入银行。

7.以银行存款支付产品的广告费 40 000 元。

8.张明公出归来报销差旅费 1 800 元,退回现金 200 元,结清原借款。

9.向银行提取现金 43 050 元,备发工资。

10.以银行存款支付银行手续费 500 元。

11.以现金发放上月职工工资 43 050 元。

12.收到投资者投入的固定资产价值 20 000 元。

13.以银行存款支付欠供应商的购料款 47 100 元。

14.以银行存款支付产品的广告费 40 000 元。

15.用现金支付办公费 800 元。

实训考核:

实训完成后的考核标准表见表 2-49。

表 2-49　考核标准表

考核标准				
序号	考核项目	评分标准		
		A(100%)	B(80%)	C(60%)	D(0)
1	态度(5 分)	保质保量完成	书写工整	书写不工整	未写或互相抄袭
2	质量(10 分)	规范、符合实际	基本符合实际	—	未搞清所布置的问题

评价方式:学生互评,教师总评。

评分	学生	点评:	得分:	总分
	教师	点评:	得分:	

延伸阅读:《会计核算方法》

第二编　会计日常工作

单元三　填制与审核会计凭证

知识目标

● 了解会计凭证的作用与种类、传递和保管程序；

● 掌握原始凭证和记账凭证的填制要求；

● 掌握常用原始凭证的填制方法，熟悉原始凭证的审核方法；

● 掌握记账凭证的填制，熟悉审核方法。

能力目标

● 会填制常用原始凭证；

● 会编制常见业务的记账凭证；

● 能够对原始凭证和记账凭证的正确性进行审核。

单元描述

　　企业在经营过程中各项经济业务会形成各种票据和单据，如销售发票、采购发票、产品出库单和食宿费发票等，这些票据在会计核算上称为原始凭证，是否能以上述单据直接记账呢？答案是否定的。那么应如何记账呢？原始凭证与账簿之间有一个衔接环节，即是编制记账凭证，根据记账凭证上的内容填写账簿。另外，作为一名合格的会计人员，必须掌握各种票据和单据的填制和审核方法，特别是各种发票和结算票据，如果这些票据填错或不会审核，将对企业经营产生重大影响。为了保证会计核算工作的效率和效果，防范错误和舞弊等，会计制度规定了会计凭证传递和保管的程序。

3-1

任务一　会计凭证认知

【任务布置】

　　企业在经营过程中各项业务会形成各种票据和单据，如销售发票、采购发票、产品出库单和食宿费发票等。这些原始凭证是编制记账凭证的依据,根据记账凭证登记账簿。

请问,什么是会计凭证?会计凭证有何作用?会计凭证的种类有哪些?

【知识准备】

会计凭证是记录经济业务事项的发生和完成情况,明确经济责任,并作为记账依据的书面证明。会计工作有一个重要特点,就是重凭证,一切款项物资的收付和账务处理都要以凭证为依据。

任何一个企业、单位,对所发生的每一项经济业务事项都必须按照规定的程序和要求,由经办人员填制或取得会计凭证,以此证明经济业务的发生或完成情况。会计凭证须载明经济业务的内容、数量、金额,并签名盖章,有的还要加盖公章,以明确对该项经济业务的真实性、完整性所负的责任。会计凭证记载内容和格式,必须符合国家统一的会计制度的规定。一切会计凭证都应经过专人进行严格的审核,只有经过审核无误的凭证,才能作为记账的依据。任何单位和个人不得伪造、变造会计凭证。使用计算机进行会计核算的企业,其软件生成的会计凭证也必须符合国家统一的会计制度的规定。

一、会计凭证的作用

会计凭证的填制和审核是会计核算的基础工作和关键环节。做好会计凭证的填制、取得和审核工作,对提高会计核算质量和管理水平,具有重要的作用。

1.提供经济活动的原始资料及详细的会计信息

任何一项经济业务事项的发生都要填制或取得会计凭证,将经济业务事项如实记录下来。会计凭证详细记录了经济业务事项发生的具体内容,使其成为反映经济业务事项内容的原始资料。通过对会计凭证中的原始资料进行整理,可以获取详细的会计信息。

2.为记账提供依据,传递会计信息

每一项经济业务事项发生时,都必须按规定及时填制和取得会计凭证,对经济业务事项的发生时间、地点、内容及完成情况作出记录,必须经过严格审核,保证记录的客观性、真实性和正确性,据以作为记账的依据。通过会计凭证的传递,为会计分析和会计检查提供信息资料。

3.可以明确经济责任,加强经济责任制

会计凭证不仅可以反映经济业务事项的内容,而且有关经办人员及责任人都要在凭证上签字或盖章,以明确其经济责任。这样就促使有关人员提高责任感,按规章制度办事,一旦发现问题,便于追查和承担责任,从而加强经济责任制。

4.可以发挥会计的监督作用,保护财产安全完整

通过审核会计凭证可以检查发生的经济业务是否真实、正确、合理、合法,有无违纪和铺张浪费现象,以便加强会计监督,及时发现经营管理及会计核算工作中存在的问题,有效地加以纠正和改进,保证企业经济活动的良性发展,保护财产的安全完整。

二、会计凭证的种类

会计凭证的种类很多,最基本的分类方法是按会计凭证的填制程序和用途进行分类。会计凭证按其编制程序和用途不同,可分为原始凭证和记账凭证两大类。

1.原始凭证

原始凭证是在经济业务发生或完成时由相关人员取得或填制的,用以记录或证明经济业务发生或完成情况并明确有关经济责任的一种原始凭据。任何经济业务发生都必须填制和取得原始凭证,原始凭证是会计核算的原始依据。例如:业务人员出差所取得的车票、住宿发票、报销单,采购商品取得的采购发票,销售商品开具的销售发票,出、入库单,领料单等。

2.记账凭证

记账凭证,又称传票,是以原始凭证为依据编制,记载经济业务简要内容,确定会计分录,登记账簿的直接依据。

？请从内部控制的角度谈一谈会计凭证为什么要分成原始凭证和记账凭证?

【任务实施】

会计凭证是记录经济业务事项的发生和完成情况,明确经济责任,并作为记账依据的书面证明。

会计凭证的作用有:提供经济活动的原始资料及详细的会计信息;为记账提供依据,传递会计信息;可以明确经济责任,加强经济责任制;可以发挥会计的监督作用,保护财产安全完整。

会计凭证按其编制程序和用途不同,可分为原始凭证和记账凭证两大类。

任务二　原始凭证的填制与审核

【任务布置】

张涛是会计专业的毕业生,毕业后应聘到宇辰有限责任公司担任出纳工作。某天,收到业务员送交的空白银行汇票一张,金额是 925 000.00 元,小张在填写大写金额时将其中的"贰"字多写了一横,变成了三横,小张在发现写错后,将其中的两横改成了一横,然后送到银行进账收款。银行告知小张其送交的银行汇票由于涂改,不能进账收款,需要出具单位重新开具。最终,只能由业务员到出具此银行汇票的单位重新办理。此项错误不仅导致公司多支付差旅费用,而且业务员当月的奖金也未能按时收到。由此可见,原始凭证的填写和审核在财务工作中的重要性。

请问,原始凭证是如何分类的? 填制原始凭证时的基本要求有哪些? 数字和货币符号的书写要符合哪些要求?

【知识准备】

企业发生的经济业务纷繁复杂,反映其具体内容的原始凭证也品种繁多。虽然原始凭证反映经济业务的内容不同,但无论哪一种原始凭证,都应该说明有关经济业务的执行和完成情况,都应该明确有关经办人员和经办单位的经济责任。因此,各种原始凭证,尽管名称和格式不同,但都应该具备一些共同的基本内容。原始凭证必须具备以下基本内容:

(1)原始凭证的名称,如:增值税发票、支票、领料单等即是原始凭证的名称;

(2)填制原始凭证的日期和凭证编号;

（3）接受凭证的单位名称；

（4）经济业务内容，如品名、数量、单价、金额大小写；

（5）填制原始凭证的单位名称和填制人姓名；

（6）经办人员的签名或盖章。

由于经济合同和经营预算不能证明经济业务是否发生或完成，因此二者不属于原始凭证。

一、原始凭证的种类

企业经济业务纷繁复杂，因此原始凭证的品种繁多，为了更好地认识和利用原始凭证，须按照一定标准对原始凭证进行分类。

（一）原始凭证按其来源不同分类

按原始凭证的来源不同，可以将其分为外来原始凭证和自制原始凭证两种。

外来原始凭证是在经济业务活动发生或完成时，从其他单位或个人直接取得的原始凭证。如：增值税专用发票、普通发票、铁路运输部门的火车票、由银行转来的结算凭证和对外支付款项时取得的收据等都是外来原始凭证。

自制原始凭证是指本单位内部具体经办业务的部门和人员，在执行或完成某项经济业务时所填制的原始凭证。如：领料单、入库单、销货发票、差旅费报销单等。

（二）原始凭证按其填制方法不同分类

原始凭证按其填制方法不同，可以将其分为一次凭证、累计凭证和汇总凭证三种。

一次凭证是指一次填制完成的原始凭证。它反映一笔经济业务或同时反映若干同类经济业务的内容。外来原始凭证一般均属一次凭证，自制原始凭证中大多数也是一次凭证。日常的原始凭证多属此类，如：现金收据、发票和收料单等。

累计凭证，是指在一张凭证上连续登记一定时期内不断重复发生的若干同类经济业务，直到期末才能填制完毕的原始凭证。累计凭证可以连续登记相同性质的经济业务，随时计算出累计数及结余数，期末按实际发生额记账。如：费用限额卡、限额领料单等。"限额领料单"的一般格式如表 3-1 所示。

表 3-1 限额领料单

领料部门：二车间　　　　　　　　　　　　　　　　　　　　　　发料仓库：4 号库

用途：生产甲产品　　　　　　　　　　2016 年 4 月 3 日　　　　　　　　　　编号：012

材料编号	材料名称	规　格	计量单位	领用限额	单价	全月实用	
						数　量	金　额
1305	钢材	10mm 圆钢	千克	1 000	5 元	950	4 750
领料日期	请领数量	实发数量	领料人签章	发料人签章	限额结余		
4	200	200	张小	李九	800		
9	300	300	张小	李九	500		
15	200	200	张小	李九	300		
23	100	100	张小	李九	200		
27	150	150	张小	李九	50		
合　计	950	950					

供应部门负责人：　　　　　　　生产部门负责人：　　　　　　　仓库管理员：

　　汇总凭证,也叫原始凭证汇总表,是根据许多同类经济业务的原始凭证或会计核算资料定期加以汇总而重新编制的原始凭证。如:发出材料汇总表、差旅费报销单等。"发出材料汇总表"的格式如表 3-2 所示。

表 3-2　发出材料汇总表

年　　　月　　　日

会计科目		领料部门	原材料	燃　料	合　计
生产成本	基本生产车间	一车间			
		二车间			
		小计			
	辅助生产车间	供电车间			
		供气车间			
		小计			
制造费用		一车间			
		二车间			
		小计			
管理费用		行政部门			
合计					

财会负责人:　　　　　　　　复核:　　　　　　　　　　　　制表:

(三)原始凭证按其格式不同分类

　　原始凭证按其格式不同分类,可以分为通用凭证和专用凭证两种。

　　(1)通用凭证是指全国或某一地区、某一部门统一格式的原始凭证。如由银行统一印制的结算凭证、税务部门统一印制的发票等。

　　(2)专用凭证是指一些单位具有特定内容、格式和专门用途的原始凭证。如高速公路通过费收据、养路费缴款单等。

　　❓请到超市购买商品后到财务索取一张发票,在发票上标注原始凭证的各项内容,并从原始凭证的三个分类角度,指出这张发票属于哪一类?

二、原始凭证的填制要求

　　原始凭证是具有法律效力的证明文件,是进行会计核算的依据,各项原始凭证要素应按规定方法填写齐全,办妥签章手续,明确经济责任。

　　为了保证原始凭证能清晰地反映各项经济业务的真实情况,原始凭证的填制必须符合以下要求:

　　1.记录真实

　　原始凭证上填制的日期、经济业务内容和数字必须是经济业务发生或完成的实际情况,不得弄虚作假,不得以匡算数或估计数填入,不得涂改、挖补。

　　2.内容完整

　　原始凭证中应该填写的项目要逐项填写,不可缺漏;名称要写全,不要简化;品名和用途要填写明确,不能含糊不清;有关部门和人员的签名和盖章必须齐全。

3.手续完备

单位自制的原始凭证必须有经办业务的部门和人员签名盖章;对外开出的凭证必须加盖本单位的公章或财务专用章;从外部取得的原始凭证必须有填制单位公章或财务专用章。总之,取得的原始凭证必须符合手续完备的要求,以明确经济责任,确保凭证的合法性、真实性。

4.填制及时

所有业务的有关部门和人员,在经济业务实际发生或完成时,必须及时填写原始凭证,做到不拖延、不积压,不事后补填,并按规定的程序审核。

5.编号连续

原始凭证要顺序连续或分类编号,在填制时要按照编号的顺序使用,跳号的凭证要加盖"作废"戳记,连同存根一起保管,不得撕毁。

6.书写规范

原始凭证中的文字、数字的书写都要清晰、工整、规范,做到字迹端正、易于辨认,不草、不乱、不造字。大小写金额要一致。复写的凭证要不串行、不串格,不模糊,一式几联的原始凭证,应当注明各联的用途。数字和货币符号的书写要符合下列要求:

(1)数字要一个一个地写,不得连笔写。特别是在要连写几个"0"时,也一定要单个地写,不能将几个"0"连在一起一笔写完。数字排列要整齐,数字之间的空隔要均匀,不宜过大。此外阿拉伯数字的书写还应有高度的标准,一般要求数字的高度占凭证横格的1/2为宜。书写时还要注意紧靠横格底线,使上方能有一定的空位,以便需要进行更正时可以再次书写。

(2)阿拉伯数字前面应该书写货币币种或者货币名称简写和币种符号。币种符号与阿拉伯数字之间不得留有空白。凡阿拉伯金额数字前写有货币币种符号的,数字后面不再写货币单位。所有以元为单位(其他货币种类为货币基本单位,下同)的阿拉伯数字,除表示单价等情况外,一律填写到角分;无角分的,角位和分位写"00"或者符号"—";有角无分的,分位应当写"0",不得用符号"—"代替。在发票等须填写大写金额数字的原始凭证上,如果大写金额数字前未印有货币名称,应当加填货币名称,然后在其后紧接着填写大写金额数字,货币名称和金额数字之间不得留有空白。

(3)汉字填写金额如零、壹、贰、叁、肆、伍、陆、柒、捌、玖、拾、佰、仟、万、亿等,应一律用正楷或行书体填写,不得用0、一、二、三、四、五、六、七、八、九、十等简化字代替。不得任意自造简化字。大写金额数字到元或角为止的,在"元"或"角"之后应当写"整"或"正"字。阿拉伯金额数字之间有"0"时,汉字大写金额应写"零"字;阿拉伯金额数字中间连续有几个"0"时,大写金额中可以只有一个"零";阿拉伯金额数字元位为"0"或者数字中间连续有几个"0",元位也是"0",但角位不是"0"时,汉字大写金额可以只写一个"零"字,也可以不写"零"字。

三、常用原始凭证的填制方法示例

(一)支票的填制示例

支票一般分为现金支票和转账支票,二者的填制方法相同,支票的填制示例见图3-1。

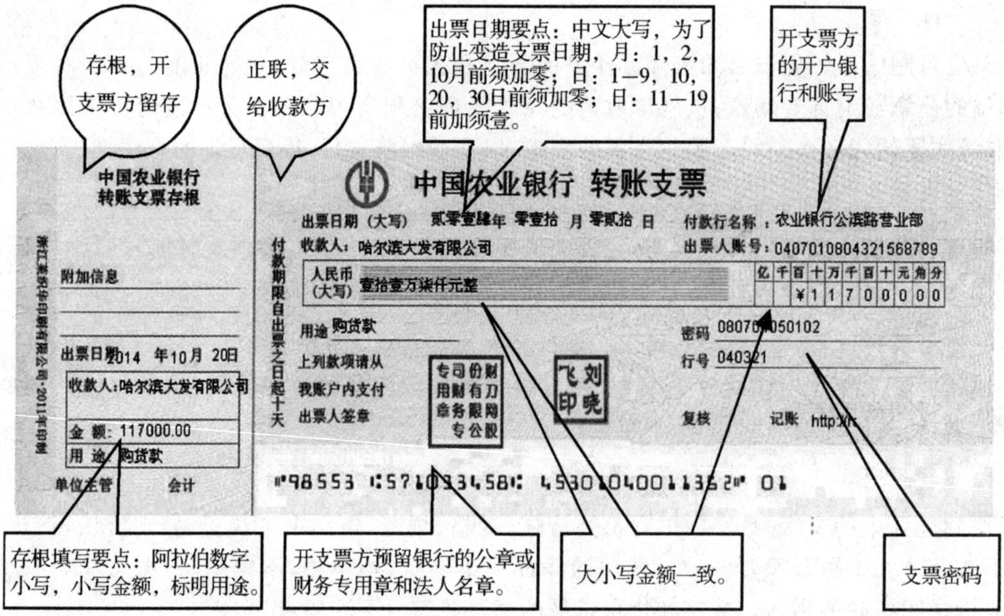

图 3-1　转账支票填制示例

(二)增值税专用发票的填制示例

增值税专用发票使用税务专用开票软件在计算机中填制,并用打印机打印。增值税专用发票的样式和填制项目如图 3-2 所示。

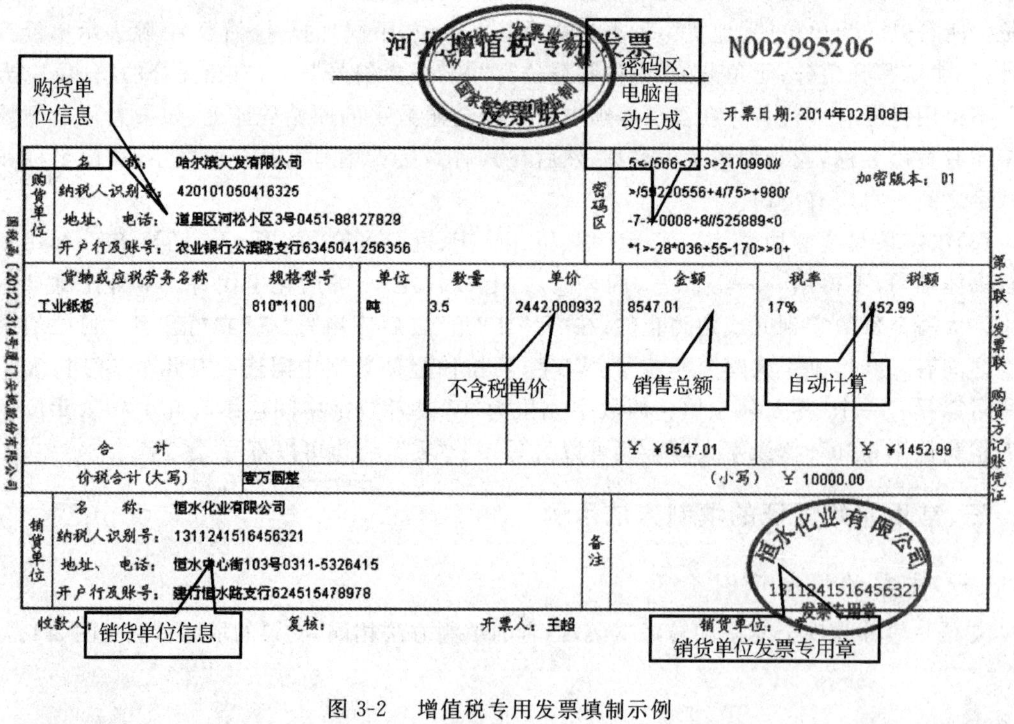

图 3-2　增值税专用发票填制示例

(三)收据的填制示例

在办理经济业务时经常涉及现金收付，此时要开具收据，各企业的收据格式不统一，基本样式和填列项目如图 3-3 所示。

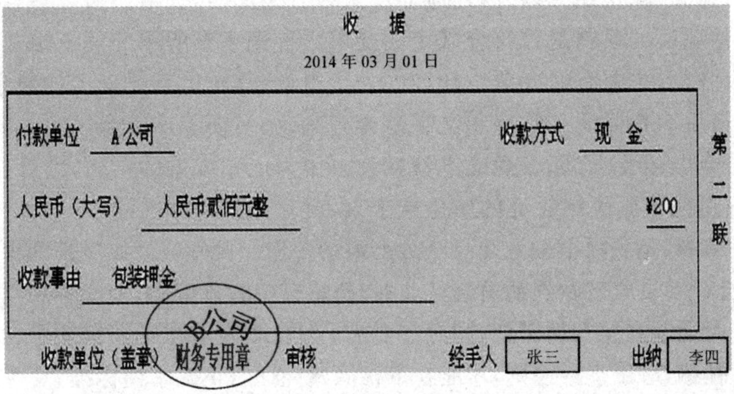
收　据

2014 年 03 月 01 日

付款单位　A公司　　收款方式　现 金

人民币（大写）　人民币贰佰元整　　¥200

收款事由　包装押金

收款单位（盖章）　B公司 财务专用章　审核　经手人　张三　出纳　李四

第二联

图 3-3　收据填制示例

注：在办理业务交款时，收到的收据一定要检查是否加盖收款单位的财务专用章或公章。

(四)领料单填制示例

领料单各企业的格式不统一，基本样式和填制示例见图 3-4。

领　料　单

领料单位：第一车间　　凭证编号：0010

用　途：生产A产品　　2014 年 2 月 7 日　　仓　库：2号

材料类别	材料编号	材料名称	规格	计量单位	数量		单价	金额
					请领	实领		
型钢	0345	圆钢	25mm	公斤	1 500	1 500	4.40	6 600
型钢	0348	圆钢	10mm	公斤	1 000	1 000	4.40	4 400
合计					2 500	2 500	4.40	11 000

发料　姜同　领料　王立　领料单位负责人　刘宁　记账　赵东

图 3-4　领料单示例

？请到银行业务办理窗口咨询一下，支票在填写三到九月时是否需要加零？

四、原始凭证的审核

为了正确反映和监督各项经济业务，财务部门对取得的原始凭证，必须进行严格审核和核对，保证核算资料的真实、合法、完整。只有经过审查无误的凭证，方可作为编制记账凭证和登记账簿的依据。原始凭证的审核，是会计监督工作的一个重要环节，一般应从以下两方面进行：

(1)审查原始凭证所反映经济业务的合理、合法性和真实性。这种审查是以有关政策、法规、制度和计划合同等为依据,审查凭证所记录的经济业务是否符合有关规定,有无贪污盗窃、虚报冒领、伪造凭证等违法乱纪现象,有无不讲经济效益、违反计划和标准的要求等。对于不合理、不合法及不真实的原始凭证,财会人员应拒绝受理。如发现伪造或涂改凭证弄虚作假、虚报冒领等不法行为,除拒绝办理外,还应立即报告有关部门,提请严肃处理。

(2)审核原始凭证的填制是否符合规定的要求。首先审查所用的凭证格式是否符合规定,凭证的要素是否齐全,是否有经办单位和经办人员签章;其次审查凭证上的数字是否完整,大、小写是否一致;最后审查凭证上数字和文字是否有涂改、污损等不符合规定之处。如果通过审查发现凭证不符合上述要求,那么凭证本身就失去作为记账依据的资格,会计部门应把那些不符合规定的凭证退还给原编制凭证的单位或个人,要求重新补办手续。

原始凭证的审核,是一项很细致而且十分严肃的工作。要做好原始凭证的审核,充分发挥会计监督的作用,会计人员应该做到精通会计业务;熟悉有关的政策、法令和各项财务规章制度;对本单位的生产经营活动有深入的了解;同时还要求会计人员具有维护国家法令、制度和本单位财务管理的高度责任感,敢于坚持原则,才能在审核原始凭证时正确掌握标准,及时发现问题。

原始凭证经过审核后,对于符合要求的原始凭证,及时编制记账凭证并登记账簿;并对于手续不完备、内容记载不全或数字计算不正确的原始凭证,应退回有关经办部门或人员补办手续或更正;对于伪造、涂改或经济业务不合法的凭证,应拒绝受理,并向本单位领导汇报,提出拒绝执行的意见;对于弄虚作假、营私舞弊、伪造涂改凭证等违法乱纪行为,必须及时揭露并严肃处理。

❓ 假设你的家庭就是一个公司,你同时兼任采购部主管和财务部的会计,你在学校采购的是知识,请将你交学费的发票、往返路费车票、日常购买商品的票据,从会计核算的角度进行会计分录的编制,你会编写吗?

【任务实施】

原始凭证可以从三个角度分类,按来源不同可以将其分为外来原始凭证和自制原始凭证两种。按其填制方法不同分类,可以分为一次凭证、累计凭证和汇总凭证三种。按其格式不同分类,可以分为通用凭证和专用凭证两种。

原始凭证填制的基本要求是记录真实、内容完整、手续完备、填制及时、编号连续、书写规范。数字和货币符号的书写要符合下列要求:①数字要一个一个地写,不得连笔写。②阿拉伯数字前面应该书写货币币种或者货币名称简写和币种符号。③汉字填写金额应一律用正楷或行书体填写,大写金额数字到元或角为止的,在"元"或"角"之后应当写"整"或"正"字。

任务三 记账凭证的填制与审核

【任务布置】

宇辰连锁食品公司 2017 年 1 月发生了如下类型的业务,从银行提取现金 10 000 元支付临时劳务人员报酬,将收货款 8 000 元存入银行,用转账支票一揽子购入了办公用打印纸

1 000元,销售部门用打印纸1 000元,车间生产包装用纸袋2 000元,卫生劳保用品1 500元,生产用面粉5 000元,豆油1 000元。公司采用会计软件记账,会计软件显示的会计凭证每页只有四行。公司记账凭证采用收、付、转格式。

请问:从银行提取现金和将现金存入银行应编制何种类型记账凭证? 记账凭证应按月编号还是按年编号? 公司一揽子购入资产需要填制两张或两张以上记账凭证的,应如何编号?

【知识准备】

记账凭证是会计人员根据审核后的原始凭证进行归类、整理,并确定会计分录而编制的会计凭证,是登记账簿的依据。由于原始凭证只表明经济业务的内容,而且种类繁多、数量庞大、格式不一,因而不能直接记账。为了做到分类反映经济业务的内容,必须按会计核算方法的要求,将其归类、整理、编制记账凭证,标明经济业务应记入的账户名称及应借应贷的金额,作为记账的直接依据。

一、记账凭证的基本内容

记账凭证的基本内容为:

(1)记账凭证的名称。

(2)填制凭证的日期、凭证编号。

(3)经济业务的内容摘要。

(4)经济业务应记入账户的名称、记账方向和金额。

(5)所附原始凭证的张数和其他附件资料。

(6)会计主管、记账、复核、出纳、制单等有关人员签名或盖章。

原始凭证和记账凭证同属于会计凭证,两者之间既有联系又有区别。二者的联系是:原始凭证是记账凭证的基础,记账凭证是根据原始凭证编制的,两者反映的内容一致;在实际工作中,原始凭证附在记账凭证后面,作为记账凭证的附件,记账凭证是对原始凭证内容的概括和说明;两者都是登记账簿的依据。二者的区别是:原始凭证是由经办业务的有关人员填制或取得的,而记账凭证一律由会计人员填制;原始凭证是一种证据,具有法律效力,而记账凭证不具有法律效力,只能作为登记账簿的一种直接依据;原始凭证是根据经济业务的发生或完成情况填制的,其格式多种多样,错综复杂,而记账凭证是按会计核算方法的要求填制的,其格式基本统一;原始凭证仅用以记录证明经济业务已经发生或完成,不能载明会计分录,而记账凭证记录会计分录的全部内容。

二、记账凭证的种类

由于会计凭证记录和反映的经济业务多种多样,因此,记账凭证也是多种多样的。记账凭证按不同的标志,可以分为不同的种类。

(一)按其反映的经济内容不同分类

记账凭证按其反映的经济内容不同可分为**收款凭证、付款凭证、转账凭证**三种。

1.收款凭证

收款凭证是指专门用于记录现金和银行存款收款业务的会计凭证。收款凭证是出纳人员收讫款项的依据,也是登记总账、现金日记账和银行存款日记账以及有关明细账的依据,一般按现金和银行存款分别编制。收款凭证基本格式如图 3-5 所示。

收　款　凭　证

借方科目：　　　　　　　　　　　　　　年　　月　　日　　　　　　　　　字第　　号

摘要	贷方科目		贷方金额											记账 ✓
	总账科目	明细科目	亿	千	百	十	万	千	百	十	元	角	分	
合　　　　　计														

会计主管：　　　　　记账：　　　　　出纳：　　　　　复核：　　　　　制单：

附单据　　张

图 3-5　收款凭证

2. 付款凭证

付款凭证是指专门用于记录现金和银行存款付款业务的会计凭证。付款凭证是出纳人员支付款项的依据，也是登记总账、现金日记账和银行存款日记账以及有关明细账的依据，一般按现金和银行存款分别编制。付款凭证基本格式如图 3-6 所示。

付　款　凭　证

贷方科目：　　　　　　　　　　　　　　年　　月　　日　　　　　　　　　字第　　号

摘要	借方科目		金　额											记账 ✓
	总账科目	明细科目	亿	千	百	十	万	千	百	十	元	角	分	
合　　　　　计														

会计主管：　　　　　记账：　　　　　出纳：　　　　　复核：　　　　　制单：

附单据　　张

图 3-6　付款凭证

3. 转账凭证

转账凭证是指专门用于记录不涉及现金和银行存款收付款业务的会计凭证。它是登记总账和有关明细账的依据。转账凭证格式如图 3-7 所示。

转 账 凭 证

年　月　日　　　　　　　　　　　　　　字第　　号

摘要	科目		借方金额	贷方金额	
	总账科目	明细科目	亿千百十万千百十元角分	亿千百十万千百十元角分	附单据
					张
	合　　　　计				

会计主管:　　　记账:　　　复核:　　　制单:

图 3-7　转账凭证

收款凭证、付款凭证和转账凭证分别用以记录现金、银行存款收款业务、付款业务和转账业务(与现金、银行存款收支无关的业务),为了便于识别,各种凭证印制成不同的颜色。在实务中,对于现金和银行存款之间的收付款业务,为了避免记账重复,一般只编制付款凭证,不编制收款凭证。

(二)按其填制方式不同分类

记账凭证按其填制方式不同,可分为单式记账凭证和复式记账凭证两种。

1.单式记账凭证

单式记账凭证是在每张凭证上只填列经济业务事项所涉及的一个会计科目及其金额的记账凭证。目前基本不使用此种凭证。

2.复式记账凭证

复式记账凭证是指将每一笔经济业务事项所涉及的全部会计科目及其发生额均在同一张凭证中反映的一种记账凭证。即一张记账凭证上登记一项经济业务所涉及的两个或者两个以上的会计科目,既有“借方”,又有“贷方”。复式记账凭证优点是可以集中反映账户的对应关系,有利于了解经济业务的全貌;同时还可以减少凭证的数量,减轻编制记账凭证的工作量,便于检验会计分录的正确性。其缺点是不便于汇总计算每一会计科目的发生额和进行分工记账。在实际工作中,普遍使用的是复式记账凭证。上述介绍的收款凭证、付款凭证、转账凭证都是复式记账凭证。

(三)按汇总方法不同分类

记账凭证按汇总方法不同,可分为分类汇总凭证和全部汇总凭证两种。

1.分类汇总凭证

分类汇总凭证是指定期按现金、银行存款及转账业务进行分类汇总,也可以按科目进行汇总。如可以将一定时期的收款凭证、付款凭证、转账凭证分别汇总,编制汇总收款凭证、汇总付款凭证、汇总转账凭证。

2.全部汇总凭证

全部汇总凭证是指将单位一定时期内编制的会计分录,全部汇总在一张记账凭证上。将一定时期的所有记账凭证按相同会计科目的借方和贷方分别汇总,编制记账凭证汇总表(或称科目汇总表)。

汇总凭证是将许多同类记账凭证逐日或定期(3 天、5 天、10 天等)加以汇总后编制的记账凭证,有利于简化总分类账的登记工作。

收款凭证、付款凭证和转账凭证,称为专用记账凭证。实际工作中,货币资金的管理是财会人员的一项重要工作。为了单独反映货币资金收付情况,在货币资金收付业务量较多的单位,往往对货币资金的收付业务编制专用的收、付款凭证。有些经济业务简单或收、付款业务不多的单位,可以使用一种通用格式的记账凭证。这种通用记账凭证既可用于收、付款业务,又可用于转账业务,所以称为通用记账凭证。通用记账凭证的基本格式与转账凭证的样式相同。

三、记账凭证的填制要求

填制记账凭证是为了便于登记账簿,保证账簿记录的正确性。填制记账凭证应符合以下要求:

1. 依据真实

除结账和更正错误外,记账凭证应根据审核无误的原始凭证及有关资料填制,记账凭证必须附有原始凭证并如实填写所附原始凭证的张数。记账凭证所附原始凭证张数的计算一般应以原始凭证的自然张数为准。如果记账凭证中附有原始凭证汇总表,则应该把所附的原始凭证和原始凭证汇总表的张数一起记入附件的张数之内。但报销差旅费等零散票券,可以粘贴在一张纸上,作为一张原始凭证。一张原始凭证如果涉及几张记账凭证的,可以将原始凭证附在一张主要的记账凭证后面,在该主要记账凭证摘要栏注明"本凭证附件包括××号记账凭证业务"字样,并在其他记账凭证上注明该主要记账凭证的编号或者附上该原始凭证的复印件,以便复核查阅。如果一张原始凭证所列的支出需要由两个以上的单位共同负担时,应当由保存该原始凭证的单位开给其他应负担单位原始凭证分割单,原始凭证分割必须具备原始凭证的基本内容,并可作为填制记账凭证的依据,计算在所附原始凭证张数之内。

2. 内容完整

记账凭证应具备的内容都要具备,要按照记账凭证上所列项目逐一填写清楚,有关人员的签名或者盖章要齐全不可缺漏。如有以自制的原始凭证或者原始凭证汇总表代替记账凭证使用的,也必须具备记账凭证应有的内容。金额栏数字的填写必须规范、准确,与所附原始凭证的金额相符。金额登记方向、数字必须正确,角分位不留空格。

3. 分类正确

填制记账凭证,要根据经济业务的内容,区别不同类型的原始凭证,正确应用会计科目和记账凭证。记账凭证可以根据每一张原始凭证填制,或者根据若干张同类原始凭证汇总填制,也可以根据原始凭证汇总表填制,但不得将不同内容或类别的原始凭证汇总填制在一张记账凭证上,会计科目要保持正确的对应关系。一般情况下,现金或银行存款的收、付款业务,应使用收款凭证或付款凭证;不涉及现金和银行存款收付的业务,如将现金送存银行,或者从银行提取现金,应以付款业务为主,只填制付款凭证不填制收款凭证,以避免重复记账。在一笔经济业务中,如果既涉及现金或银行存款收、付,又涉及转账业务,则应分别填制收款或付款凭证和转账凭证。例如,单位职工出差归来报销差旅费并交回剩余现金时,就应根据有关原始凭证按实际报销的金额填制一张转账凭证,同时按收回的现金数额填制一张收款凭证。各种记账凭证的使用格式应相对稳定,特别是在同一会计年度内,不宜随意更换,以免引起编号、装订、保管方面的不便与混乱。

4. 日期正确

记账凭证的填制日期一般应填制记账凭证当天的日期,不能提前或拖后;按权责发生制原则计算收益、分配费用、结转成本利润等调整分录和结账分录的记账凭证,虽然需要到下月才能填制,但为了便于在当月的账内进行登记,仍应填写当月月末的日期。

5. 连续编号

为了分清会计事项处理的先后顺序,以便记账凭证与会计账簿之间的核对,确保记账凭证完整无缺,填制记账凭证时,应当对记账凭证连续编号。记账凭证编号的方法有多种:一种是将全部记账凭证作为一类统一编号;另一种是分别按现金和银行存款收入业务、现金和银行付出业务、转账业务三类进行编号,这样记账凭证的编号应分为收字第×号、付字第×号、转字第×号;还有一种是分别按现金收入、现金支出、银行存款收入、银行存款支出和转账业务五类进行编号,这种情况下,记账凭证的编号应分为现收字第×号、现付字第×号、银收字第×号、银付字第×号和转字第×号,或者将转账业务按照具体内容再分成几类编号。各单位应当根据本单位业务繁简程度、会计人员多寡和分工情况来选择便于记账、查账、内部稽核、简单严密的编号方法。无论采用哪一种编号方法,都应该按月顺序编号,即每月都从一号编起,按自然数 1、2、3、4、5 等顺序编至月末,不得跳号、重号。一笔经济业务需要填制两张或两张以上记账凭证的,可以采用分数编号法进行编号,例如有一笔经济业务需要填制三张记账凭证,凭证顺序号为 7,就可以编成 $7\frac{1}{3}$、$7\frac{2}{3}$、$7\frac{3}{3}$,前面的数表示凭证顺序,后面分数的分母表示该号凭证共有三张,分子表示三张凭证中的第一张、第二张、第三张。

6. 简明摘要

记账凭证的摘要栏是填写经济业务简要说明的,摘要应与原始凭证内容一致,能正确反映经济业务的主要内容,既要防止简而不明,又要防止过于繁琐。应能使阅读者通过摘要就能了解该项经济业务的性质、特征,判断出会计分录的正确与否,一般不需要再去翻阅原始凭证或询问有关人员。

7. 分录正确

会计分录是记账凭证中重要的组成部分,在记账凭证中,要正确编制会计分录并保持借贷平衡,就必须根据国家统一会计制度的规定和经济业务的内容,正确使用会计科目,不得任意简化或改动。应填写会计科目的名称,或者同时填写会计科目的名称和会计科目编号,不应只填编号,不填会计名称。应填明总账科目和明细科目,以便于登记总账和明细分类账。会计科目的对应关系要填写清楚,应先借后贷,一般填制一借一贷、一借多贷或者多借一贷的会计分录。但如果某项经济业务本身就需要编制一个多借多贷的会计分录时,也可以填制多借多贷的会计分录,以集中反映该项经济业务的全过程。填入金额数字后,要在记账凭证的合计行计算填写合计金额。记账凭证中借、贷方的金额必须相等,合计数必须计算正确。

8.空行注销

填制记账凭证时,应按行次逐行填写,不得跳行或留有空行。记账凭证填完经济业务后,如有空行,应当在金额栏自最后一笔金额数字下的空行至合计数上的空行处划斜线或"～"行线注销。

9.填错更改

填制记账凭证时如果发生错误,应当重新填制。已经登记入账的记账凭证在当年内发生错误的,如果是使用的会计科目或记账凭证方向有错误,可以用红字金额填制一张与原始凭证内容相同的记账凭证,在摘要栏注明"注销某月某日某号凭证"字样,同时再用蓝字重新填制一张正确的记账凭证,在摘要栏注明"更正某月某日某号凭证"字样;如果会计科目和记账方向都没有错误,只是金额错误,可以按正确数字和错误数字之间的差额,另编一张调整的记账凭证,调增金额用蓝数字,调减金额用红数字。发现以前年度的金额有错误时,应当用蓝字填制一张更正的记账凭证。

记账凭证中,文字、数字和货币符号的书写要求,与原始凭证相同。实行会计电算化的单位,其机制记账凭证应当符合对记账凭证的基本要求,打印出来的机制凭证上,要加盖制单人员、审核人员、记账人员和会计主管人员印章或者签字,以明确责任。

❓ 某企业销售一批商品,此笔经济业务需要填制销售的会计分录和结转成本的会计分录,这笔业务的记账凭证是分别编制还是合并编制,可以采用分数编号法进行编号吗?

四、记账凭证的填制方法示例

1.收款凭证的填制

收款凭证是根据审核无误的现金和银行存款收款业务的原始凭证编制的。

收款凭证左上角的"借方科目",按收款的性质填写"库存现金"或者"银行存款";日期填写的是编制本凭证的日期;右上角填写编制收款凭证顺序号;"摘要栏"简明扼要地填写经济业务的内容概括;"贷方科目"栏内填写与收入"库存现金"或"银行存款"科目相对应的总账科目及所属明细科目;"金额"栏内填写实际收到的现金或银行存款的数额,各总账科目与所属明细科目的应贷金额,应分别填写与总账科目或明细科目同一行的"总账科目"或"明细科目"金额栏内;"金额栏"的合计数,只合计"总账科目"金额,表示借方科目"库存现金"或"银行存款"的金额;"记账栏"供记账人员在根据收款凭证登记有关账簿后作记号用,表示已经记账,防止经济业务的事项的重记或漏记;该凭证右边"附件　张"根据所附原始凭证的张数填写;凭证最下方有关人员签章处供有关人员在履行了责任后签名或签章,以明确经济责任。

【例 3-1】 2017 年 3 月 2 日,宇辰有限公司收到星星工厂交来转账支票一张,计 20 000元,归还前欠货款,收到支票并已送存银行(银行进账回单一张),填制样例见图 3-8。

收 款 凭 证

借方科目：银行存款　　　　**2017 年 3 月 2 日**　　　　银收字第 1 号

摘要	贷方科目		金　额										记账
	总账科目	明细科目	亿	千	百	十	万	千	百	十	元	角	分	√
收欠货款	应收账款	星星工厂				2	0	0	0	0	0	0		
合　　　　计					￥	2	0	0	0	0	0	0	

附单据 1 张

会计主管：　　　记账：　　　出纳：　　　复核：　　　制单：李召

图 3-8　收款凭证填制样例

2. 付款凭证的填制

付款凭证是根据审核无误的现金和银行付款业务的原始凭证编制的。付款凭证的左上角"贷方科目"，应填列"库存现金"或者"银行存款"，"借方科目"栏应填写与"库存现金"或"银行存款"科目相对应的总账科目及所属的明细科目。其余各部分的填制方法与收款凭证基本相同，不再述及。

【例 3-2】　2017 年 4 月 20 日，宇辰有限公司用转账支票一张支付前欠长江公司购货款，计 117 000 元（支票存根一张本月银付第 2 号付款凭证），填制样例见图 3-9。

付 款 凭 证

贷方科目：银行存款　　　　2017 年 4 月 20 日　　　　银付字第 2号

摘要	借方科目		金　额										记账
	总账科目	明细科目	亿	千	百	十	万	千	百	十	元	角	分	√
支付购货款	应付账款	长江公司			1	1	7	0	0	0	0	0		
合　　　　计				￥	1	1	7	0	0	0	0	0	

附单据 1 张

会计主管：　　　记账：　　　出纳：　　　复核：　　　制单：李如

图 3-9　付款凭证填制样例

3. 转账凭证的填制

转账凭证是根据审核无误的不涉及现金和银行存款收付的转账业务的原始凭证编制的。转账凭证的"会计科目"栏应按照先借后贷的顺序分别填写应借应贷的总账科目及所属的明细科目；借方总账科目及所属明细科目的应记金额，应在与科目同一行的"借方金额"栏内相应栏次填写,贷方总账科目及所属明细科目的应记金额,应在与科目同一行的"贷方金额"栏内相应栏次填写;"合计"行只合计借方总账科目金额和贷方总账科目金额,借方总账科目金额合计数与贷方总账金额合计数应相等。通用记账凭证的填制方法与转账凭证的填制方法相同。

【例 3-3】　2017 年 5 月 30 日,宇辰有限公司摊销报刊订阅费。本月份生产车间应分摊报刊费 200 元,企业管理部门应分摊报刊费 320 元(报刊摊销计算表一张,本月转账凭证第 40 号),填制样例见图 3-10。

转 账 凭 证

2017 年 5 月 30 日　　　　　　　　　　　　转字第 40 号

摘要	科目		借方金额	贷方金额	附单据
	总账科目	明细科目	亿千百十万千百十元角分	亿千百十万千百十元角分	
摊销报刊费	制造费用	报刊费	2 0 0 0 0		附单据
	管理费用	报刊费	3 2 0 0 0		1
	预付账款	报刊费		5 2 0 0 0	张
合　　　　计			￥5 2 0 0 0	￥5 2 0 0 0	

会计主管:　　　　记账:　　　　　复核:　　　　制单: 林涛

图 3-10　转账凭证填制样例

五、记账凭证的审核

记账凭证编制以后,必须由专人进行审核,借以监督经济业务的真实性、合法性和合理性,并检查记账凭证的编制是否符合要求。特别要审核最初证明经济业务实际发生、完成的原始凭证。因此,对记账凭证的审核是一项严肃细致性的工作。记账凭证审核的基本内容包括以下几项:

1.内容是否真实

审核记账凭证是否有原始凭证为依据,所附原始凭证的内容是否与记账凭证的内容一致,记账凭证汇总表的内容与其所依据的记账凭证的内容是否一致等。

2.项目是否齐全

审核记账凭证各项目的填写是否齐全,如日期、凭证编号、摘要、金额、所附原始凭证张数及有关人员签章等。

3.科目是否准确

审核记账凭证的应借、应贷科目是否正确,是否有明确的账户对应关系,所使用的会计科目是否符合国家统一的会计制度的规定等。

4.金额是否正确

审核记账凭证所记录的金额与原始凭证的有关金额是否一致、计算是否正确,记账凭证汇总表的金额与记账凭证的金额合计是否相符等。

5. 书写是否规范

审核记账凭证中的记录是否文字工整、数字清晰,是否按规定进行更正等。

在审核过程中,如果发现不符合要求的地方,应要求有关人员采取正确的方法进行更正。只有经过审核无误的记账凭证,才能作为登记账簿的依据。

？ 请把单元二任务五中的例 2-10 的 1 至 9 笔业务的会计分录写在记账凭证上?并让你的同学给你审核,检验一下自己是否真正掌握了记账凭证的编制。

【任务实施】

从银行提取现金和将现金存入银行应编制付款凭证。记账凭证应按月编号,每月从 1 号开始编号。公司一揽子购入资产需要填制两张或两张以上记账凭证的,应采用分数编号法。

任务四 会计凭证的传递和保管

【任务布置】

材料运到企业后,仓库保管员应填制"收料单",注明实收数量等情况,并将"收料单"及时送到财会部门及其他有关部门。财会部门接到"收料单",经审核无误,就应及时编制记账凭证和登记账簿,生产部门得到该批材料已验收入库凭证后,便可办理有关领料手续,用于产品生产等。上述是一个会计凭证的传递过程,请问会计凭证传递的意义有哪些?

【知识准备】

会计凭证的传递,是指从会计凭证取得或填制起至归档保管时止,在单位内部有关部门和人员之间按照规定的时间、程序进行处理的过程。各种会计凭证,它们所记载的经济业务不同,涉及的部门和人员不同,办理的业务手续也不同,因此,应当为各种会计凭证规定一个合理的传递程序,即一张会计凭证填制后应交到哪个部门,哪个岗位,由谁办理业务手续等,直到归档保管为止。

一、会计凭证的传递

(一)会计凭证传递的意义

正确组织会计凭证的传递,对于提高会计核算资料的及时性、正确组织经济活动、加强经济责任、实行会计监督具有重要意义。

1. 正确组织会计凭证的传递,有利于提高工作效率

正确组织会计凭证的传递,能够及时、真实反映和监督各项经济业务的发生和完成情况,为经济管理提供可靠的经济信息。例如,材料运到企业后,仓库保管员应在规定的时间内将材料验收入库,填制"收料单",注明实收数量等情况,并将"收料单"及时送到财会部门及其他有

关部门。财会部门接到"收料单",经审核无误,就应及时编制记账凭证和登记账簿,生产部门得到该批材料已验收入库凭证后,便可办理有关领料手续,用于产品生产等。如果仓库保管员未按时填写"收料单"或虽填写"收料单",但没有及时送到有关部门,就会给人以材料尚未入库的假象,影响企业生产正常进行。

2. 正确组织会计凭证的传递,能更好地发挥会计监督作用

正确组织会计凭证的传递,便于有关部门和个人分工协作,相互牵制,加强岗位责任制,更好地发挥会计监督作用。例如,从材料运到企业验收入库,需要多少时间,由谁填制"收料单",何时将"收料单"送到供应部门和财会部门,会计部门收到"收料单"后由谁进行审核,并同供应部门的发货票进行核对,由谁何时编制记账凭证和登记账簿,由谁负责整理保管凭证等。这样,就把材料收入业务验收入库到登记入账的全部工作,在本单位内部进行分工合作,共同完成。同时可以考核经办业务的有关部门和人员是否按规定的会计手续办理,从而加强经营管理,提高工作质量。

(二)会计凭证传递的基本要求

各单位的经营业务性质是多种多样的,各种经营业务又有各自的特点,所以,办理各项经济业务的部门和人员以及办理凭证所需要的时间、传递程序也必然各不相同。这就要求每个单位都必须根据自己的业务特点和管理特点,由单位领导会同会计部门及有关部门共同设计制订出一套会计凭证的传递程序,使各个部门保证有序、及时地按规定的程序处理凭证传递。各单位在设计制订会计凭证传递程序时,应注意以下几个问题:

1. 根据经济业务的特点、机构设置和人员分工情况,明确会计凭证的传递程序

由于企业生产经营业务的内容不同,企业管理的要求也不尽相同。在会计凭证的传递过程中,要根据具体情况,确定每一种凭证的传递程序和方法。合理制订会计凭证所经过的环节,规定每个环节负责传递的相关责任人员,规定会计凭证的联数以及每一联凭证的用途。做到既可使各有关部门和人员了解经济活动情况、及时办理手续,又可避免凭证经过不必要的环节,以提高工作效率。

2. 规定会计凭证经过每个环节所需要的时间,以保证凭证传递的及时性

会计凭证的传递时间,应考虑各部门和有关人员的工作内容和工作量在正常情况下完成的时间,明确规定各种凭证在各个环节上停留的最长时间,不能拖延和积压会计凭证,以免影响会计工作的正常程序。一切会计凭证的传递和处理,都应在报告期内完成,不允许跨期,否则将影响会计核算的准确性和及时性。

会计凭证在传递过程中的衔接手续,应该做到既完备、严密,又简单易行。凭证的收发、交接都应当按一定的手续制度办理,以保证会计凭证的安全和完整。会计凭证的传递程序、传递时间和衔接手续明确后,制订凭证传递程序,规定凭证传递路线、环节及在各个环节上的时间、处理内容及交接手续,使凭证传递工作有条不紊、迅速而有效进行。

二、会计凭证的保管

会计凭证的保管是指会计凭证记账后的整理、装订、归档和存查工作。

会计凭证是记录经济业务、明确经济责任、具有法律效力的证明文件,又是登记账簿的依据,所以,它是重要的经济档案和历史资料。任何企业在完成经济业务手续和记账之后,必须

按规定立卷归档,形成会计档案资料,妥善保管,以便日后随时查阅。

会计凭证整理保管的要求有:

第一,各种记账凭证,连同所附原始凭证和原始凭证汇总表,要分类按顺序编号,定期(一天、五天、十天或一个月)装订成册,并加具封面、封底,注明单位名称、凭证种类、所属年月和起讫日期、起止号码、凭证张数等。为防止任意拆装,应在装订处贴上封签,并由经办人员在封签处加盖骑缝章。

第二,对一些性质相同、数量很多或各种随时需要查阅的原始凭证,可以单独装订保管,在封面上写明记账凭证的时间、编号、种类,同时在记账凭证上注明"附件另订"。

第三,各种经济合同和重要的涉外文件等凭证,应另编目录,单独登记保管,并在有关原始凭证和记账凭证上注明。

第四,其他单位因有特殊原因需要使用原始凭证时,经本单位领导批准,可以复制,但应在专门的登记簿上进行登记,并由提供人员和收取人员共同签章。

第五,会计凭证装订成册后,应有专人负责分类保管,年终应登记归档。会计凭证的保管期限和销毁手续,应严格按照《会计档案管理办法》进行管理。

第六,会计凭证在归档后,应按年月日顺序排列,以便查阅。对已归档凭证的查阅、调用和复制,都应得到批准,并办理一定的手续。会计凭证在保管中应防止霉烂破损和鼠咬虫蛀,以确保其安全和完整。

【任务实施】

正确组织会计凭证的传递,对于提高会计核算资料的及时性、正确组织经济活动、加强经济责任、实行会计监督具有重要意义。

(1)正确组织会计凭证的传递,有利于提高工作效率;

(2)正确组织会计凭证的传递,能更好地发挥会计监督作用。

单元小结

• 会计凭证是记录经济业务事项的发生和完成情况,明确经济责任,并作为记账依据的书面证明。会计凭证按其编制程序和用途不同,可分为原始凭证和记账凭证两大类。

• 原始凭证按来源不同,分为外来原始凭证和自制原始凭证;按填制方法不同,分为一次凭证、累计凭证和汇总凭证;按格式不同,分为通用凭证和专用凭证。

• 记账凭证是会计人员根据审核后的原始凭证进行归类、整理,并确定会计分录而编制的会计凭证,是登记账簿的依据。

• 记账凭证按反映的经济内容不同,分为收款凭证、付款凭证、转账凭证;按填制方式不同,分为单式记账凭证和复式记账凭证;按汇总方法不同,分为分类汇总凭证和全部汇总凭证。

• 填制记账凭证应符合依据真实、内容完整、分类正确、日期正确、连续编号、简明扼要、分录正确、空行注销、填错更改九项要求。

• 记账凭证主要审核内容是否真实、项目是否齐全、科目是否准确、金额是否正确、书写是否规范。

• 会计凭证的传递,是指从会计凭证取得或填制起至归档保管时止,在单位内部有关部门和人员之间按照规定的时间、程序进行处理的过程。会计凭证的保管是指会计凭证记账后的整理、装订、归档和存查工作。

复习思考题

一、思考题

1. 什么是会计凭证？会计凭证的作用有哪些？

2. 原始凭证是如何分类的？分别包括哪些内容？

3. 原始凭证填制时要符合哪些要求？审核要点有哪些？

4. 记账凭证是如何分类的？分别包括哪些内容？

5. 记账凭证填制时要符合哪些要求？审核要点有哪些？

6. 会计凭证传递的意义有哪些？

7. 会计凭证的保管有哪些基本规定？

二、理论测试题

（一）单项选择题

1. 下列凭证不属于原始凭证的是（　　）。

A. 收料单　　　　　　　B. 领料单　　　　　　　C. 购货发票　　　　　　　D. 购销合同

2. 原始凭证有错误的，正确的处理方法是（　　）。

A. 向单位负责人报告　　　　　　　　　B. 退回，不予接受

C. 由出具单位重开或更正　　　　　　　D. 本单位代为更正

3. 材料领用单是（　　）。

A. 一次凭证　　　　　　　B. 二次凭证　　　　　　　C. 累计凭证　　　　　　　D. 汇总原始凭证

4. 原始凭证金额有错误的，应当（　　）。

A. 由出具单位重开

B. 由出具单位更正并在更正处加盖出具单位的公章

C. 可以用涂改液涂改后重新更正

D. 自行更正

5. 填制原始凭证时，以下数字书写符合要求的是（　　）。

A. 壹仟壹拾捌元　　　　　　　　　　　B. 壹仟贰佰捌拾捌元捌角捌分整

C. 壹仟捌元整　　　　　　　　　　　　D. 壹仟零贰拾捌元整

6. 下列业务中应该编制收款凭证的是（　　）。

A. 购买原材料用银行存款支付　　　　　B. 收到销售商品的款项

C. 购买固定资产，款项尚未支付　　　　D. 销售商品，收到商业汇票一张

7. 填制记账凭证时，错误的做法是（　　）。

A. 根据每一张原始凭证填制

B. 根据若干张同类原始凭证汇总填制

C. 将若干张不同内容和类别的原始凭证汇总填制在一张记账凭证上

D. 根据原始凭证汇总表编制

8. 从银行提取现金 3 000 元应填制(　　)。

A. 付款凭证　　　　　　　　　　B. 收款凭证

C. 转账凭证　　　　　　　　　　D. 累计凭证

9. 可以不附原始凭证的记账凭证是(　　)。

A. 更正错误的记账凭证　　　　　B. 从银行提取现金的记账凭证

C. 以现金发放工资的记账凭证　　D. 职工临时性借款的记账凭证

10. 会计凭证在会计年终了后,可由会计部门保存(　　)。

A. 三个月　　　　　　　　　　　B. 六个月

C. 一年　　　　　　　　　　　　D. 三年

(二)多项选择题

1. 会计凭证根据填制程序和用途不同可分为(　　)。

A. 原始凭证　　　　　　　　　　B. 记账凭证

C. 汇总记账凭证　　　　　　　　D. 汇总原始凭证

2. 原始凭证按其取得的来源不同分为(　　)。

A. 一次凭证　　　　　　　　　　B. 外来原始凭证

C. 自制原始凭证　　　　　　　　D. 汇总原始凭证

3. 下列原始凭证中,属于自制原始凭证的是(　　)。

A. 购货发票　　　　　　　　　　B. 入库单

C. 领料单　　　　　　　　　　　D. 材料费用分配表

4. 在原始凭证上书写阿拉伯数字,正确的是(　　)。

A. 金额数字一律填写到角、分　　B. 无角分的,角位和分位可写"00"或者符号"—"

C. 有角无分的分位应当写"0"　　D. 有角无分的,分位也可以用符号"—"代替

5. 原始凭证的审核内容包括(　　)。

A. 有关数量、单价、金额是否正确无误　　B. 是否符合有关的计划和预算

C. 记录的经济业务的发生时间　　D. 有无违反财经制度的行为

6. 下列说法正确的是(　　)。

A. 记账凭证上的日期指的是经济业务发生的日期

B. 对于涉及"库存现金"和"银行存款"之间的经济业务,一般只编制收款凭证

C. 对于涉及"库存现金"和"银行存款"之间的经济业务,一般只编制付款凭证

D. 记账凭证后必须附原始凭证

7. 以下哪些是记账凭证应具有的共同的基本内容?(　　)。

A. 填制凭证的日期和凭证的编号　　B. 会计科目的名称、记账方向和金额

C. 所附科目的名称、记账方向和金额　　D. 制证、复核、会计主管等有关人员的签章

8. 李某出差回来,报销差旅费 800 元,走之前已预借 1 000 元,剩余 200 元交回现金。对此业务需编制的记账凭证有(　　)。

A. 现金收款凭证　　B. 现金付款凭证　　C. 转账凭证　　　　D. 差旅费报销单

9. 其他单位因特殊原因需要使用本单位的原始凭证,正确的做法是(　　)。

A. 可以外借

B. 将外借的会计凭证拆封抽出

C. 不得外借,经本单位会计机构负责人、会计主管人员批准,可以复制

D. 将向外单位提供的凭证复印件在专设的登记簿上登记

10. 对于会计凭证的传递,单位在规定会计凭证联次以及流程时应该依据(　　　)。

A. 业务特点　　　　　　B. 机构设置　　　　　　C. 人员分工　　　　　　D. 管理要求

(三)判断题

1. 原始凭证是会计核算的原始资料和重要依据,是登记会计账簿的直接依据。　　　(　　)

2. 对于真实、合法、合理但内容不够完善、填写有错误的原始凭证,会计机构和会计人员不予以接受。　　　　　　　　　　　　　　　　　　　　　　　　　　　　　　　　　　(　　)

3. 所有的记账凭证都必须附有原始凭证,否则,不能作为记账的依据。　　　(　　)

4. 原始凭证金额有错误的,应当由出具单位重开或更正。　　　(　　)

5. 原始凭证中小写金额用阿拉伯数字逐个填写,金额数字一律填写到角、分,有角无分的,要写符号"—"代替。　　　　　　　　　　　　　　　　　　　　　　　　　　　　　(　　)

6. 一笔经济业务需要填制两张以上记账凭证的,可以采用分数编号法编号。　　　(　　)

7. 复式凭证相对于单式凭证的优点是便于汇总,减少差错,便于会计部门的内部人员分工。　　　　　　　　　　　　　　　　　　　　　　　　　　　　　　　　　　　　　(　　)

8. 记账凭证是会计人员根据审核后的原始凭证,加以归类整理,确定会计分录,并据以编制会计报表的会计凭证。　　　　　　　　　　　　　　　　　　　　　　　　　　　　(　　)

9. 记账凭证按其所记录的经济业务是否与货币资金有关,又分为收款凭证、付款凭证、转账凭证三种。　　　　　　　　　　　　　　　　　　　　　　　　　　　　　　　　　(　　)

10. 会计凭证的传递时间是指各种凭证在各经办部门、环节停留的最短时间。　　　(　　)

实训题一

实训课题:原始凭证的填制与审核

实训目的:掌握原始凭证填制方法

实训组织:每 3～5 名学生为一组,分别负责审核对方完成的实训任务

实训内容:

资料:

宇辰有限责任公司位于龙江市铁园路 48 号,电话 0451-88127702,开户银行:中国工商银行铁园支行,账号:22123001010,纳税人识别号是 6004989745632。以下是 2016 年 12 月发生的部分经济业务及有关空白原始凭证。

1. 10 日,采购员王超申领转账支票 1 张购买办公用品,金额 2 250 元。(填制转账支票,见图 3-11)

```
┌─────────────────────────┬──────────────────────────────────────────────┐
│   中国工商银行            │         中国工商银行转账支票                    │
│   现金支票存根            │  出票日期（大写）  年 月 日  付款行名称：        │
│   GX00369695            │  收款人：                出票人账号：            │
│                         │                                                │
│                    本   │  人民币          亿千百十万千百十元角分         │
│  出票日期   年 月 日  支  │ （大写）                                       │
│  收款人：          票付  │                                                │
│  金　额：          款期  │  用　途：_____                               │
│  用　途：          限十  │  上列款项请从                                   │
│                    天   │  我账户内支付                                   │
│  单位主管    会计        │  出票人签章           复核    记账              │
└─────────────────────────┴──────────────────────────────────────────────┘
```

图 3-11　转账支票

2.20 日，销售部李涛出差，预借差旅费 2 000 元。（填制借款单，见图 3-12）

借　　款　　单
年　月　日

借款单位		借款人	
借款原因			
借支金额	人民币（大写）	¥	
付款方式	现金　　　　支票　　　电汇　　　　其他		
单位负责人意见：		借款人签字：	
财务主管核批：			

图 3-12　借款单

3.15 日，销售 123 空调机 50 台，单价 600 元（含税），税率 17％，款项未付。购货单位信息为：龙涛公司，丽江市南园路 18 号，电话 0459-86127829，开户银行：建设银行北园支行，账号：6245001110，纳税人识别号是 12341989145121。（填制增值税专用发票，见图 3-13）

图 3-13　增值税专用发票

4. 15 日,收到门市部销售业务员李波售货款 15 000 元整。(填制收款收据,见图 3-14)

图 3-14　收款收据

要求:

根据以上经济业务,填制空白原始凭证,同桌之间对所填制的原始凭证相互进行审核。

实训题二

实训课题: 记账凭证的填制与审核

实训目的: 掌握记账凭证填制方法

实训组织: 每3~5 名学生为一组,分别负责审核对方完成的实训任务

实训内容:

资料:

1. 实训一对应业务 1 至 4 的原始凭证。

2. 有关记账凭证。

(1)领取转账支票是本月付字第 6 号凭证(见图 3-15)。

图 3-15　付款凭证

（2）预借差旅费是本月付字第 31 号凭证（见图 3-16）。

付 款 凭 证

贷方科目：　　　　　　　　　　　　　年　月　日　　　　　　　　字第　号

摘要	借方科目		金　额										记账
	总账科目	明细科目	亿	千	百	十	万	千	百	十	元	角	分	√
合　　　　计														

会计主管：　　　记账：　　　出纳：　　　复核：　　　制单：

图 3-16　付款凭证

（3）销售空调是本月转字第 21 号凭证。空调单位成本 400 元,附件产品出库单 1 张（见图 3-17、图 3-18）。

转 账 凭 证

　　　　　　　　　　　　　　年　月　日　　　　　　　　　　　　字第　号

摘要	科目		借方金额										贷方金额									
	总账科目	明细科目	亿	千	百	十	万	千	百	十	元	角	分	亿	千	百	十	万	千	百	十	元	角	分
合　　　　计																									

会计主管：　　　记账：　　　复核：　　　制单：

图 3-17　转账凭证（一）

转 账 凭 证

　　　　　　　　　　　　　　年　月　日　　　　　　　　　　　　字第　号

摘要	科目		借方金额										贷方金额									
	总账科目	明细科目	亿	千	百	十	万	千	百	十	元	角	分	亿	千	百	十	万	千	百	十	元	角	分
合　　　　计																									

会计主管：　　　记账：　　　复核：　　　制单：

图 3-18　转账凭证（二）

(4)收到门市部销售业务员李波售货款是本月收字第 50 号凭证(见图 3-19)。

收 款 凭 证

借方科目：　　　　　　　　　　年　月　日　　　　　　　　字第　号

摘要	贷方科目		贷方金额											记账 √
	总账科目	明细科目	亿	千	百	十	万	千	百	十	元	角	分	
合　　　　计														

附单据　　张

会计主管：　　　　记账：　　　　出纳：　　　　复核：　　　　制单：

图 3-19　收款凭证

要求：

根据实训一的资料，填制相应的记账凭证，同桌之间对所填制的记账凭证相互进行审核。

实训考核：

实训完成后的考核标准表见表 3-3。

表 3-3　考核标准表

考核标准					
序号	考核项目	评分标准			
		A(100%)	B(80%)	C(60%)	D(0)
1	态度(5分)	保质保量完成	书写工整	书写不工整	未写或互相抄袭
2	质量(10分)	规范、符合实际	基本符合实际	—	未搞清所布置的问题
评价方式：学生互评，教师总评。					
评分	学生	点评：		得分：	总分
	教师	点评：		得分：	

延伸阅读 1:《怎样填制记账凭证》

延伸阅读 2:《如何填写原始凭证》

单元四　登记会计账簿

知识目标

●了解会计账簿的作用、种类和基本内容；
●熟悉会计账簿的设置方法和各类账簿的登记规则；
●掌握错账的更正方法；
●理解总分类账户与明细分类账户的平行登记；
●掌握各种账务处理程序的原理和适用范围。

能力目标

●能够进行各类会计账簿的期初设置；
●会登记各类账簿，熟练地进行对账和结账；
●会查找和更正错账；
●会编制科目汇总表和汇总记账凭证。

单元描述

　　我们知道企业的经济业务种类繁多，为了更好地进行会计核算，将会计对象划分为六大会计要素和具体的会计科目，根据会计科目设置会计账户，账户的载体是会计账簿。账簿可以按用途不同、外形不同、账页格式不同进行分类，分类的基本目的是便于管理和核算。不同类别的账簿登记不同的经济业务和信息，不同类别的账簿登记方法也有区别，账簿登记应遵循一定的规则。在手工账务处理的环境下，要设置明细账和总账，工作中很重要的一点即是总账与明细账的平行登记。为了保证会计工作的效率和效果，工作中常用的账务处理程序有记账凭证账务处理程序、汇总记账凭证账务处理程序和科目汇总表账务处理程序，三者的区别是登记总账的依据不同。账簿登记完成后要进行定期对账，以保证账实相符。在工作中会出现账簿登记错误的情况，错账查找方法常用的有除二法、除九法、差数法、顺查法等。查找到错误后，根据会计工作核算所处的不同环节，错账更正方法有划线更正法、红字更正法和补充登记法。期末结账是统计分析经营情况的必要环节。下个年度开始时，总账、日记账和多数明细账要更换新账，卡片式账簿，如固定资产卡片，以及各种备查账簿，可以连续使用。年度结账后，当前的会计档案可暂由本单位财务会计部门保管一年，期满后原则上应由财务会计部门移交本单位档案部门保管。移交时需要编制移交清册，填写交接清单。

任务一　会计账簿认知

【任务布置】

在经营宇辰烘焙工坊过程中,小宇和小辰都考取了会计从业资格证,小宇承担会计工作,小辰承担出纳工作。烘焙工坊在经营初期规模不大,小宇采用手工账方式记账。

请为该工坊表 4-1 中的会计科目选择账本,并指出账簿类型。

表 4-1　会计科目

序　号	会计科目	用途角度	外形样式	账页格式
1	库存现金			
2	银行存款			
3	原材料——面粉			
4	固定资产——机器设备			
5	应付账款			
6	应交税费			
7	管理费用			
8	经营租入的办公房			

【知识准备】

会计账簿,是指由一定格式账页组成的,以经过审核的会计凭证为依据,全面系统连续地记录各项经济业务的账簿。在形式上,会计账簿是若干账页的组合;在实质上,会计账簿是会计信息形成的重要环节,是会计资料的主要载体之一,也是会计资料的重要组成部分。

以明细账账页为例,见图 4-1。

图 4-1　明细账示例

会计账簿是账户的表现形式,两者既有区别又有联系。账户是在账簿中以规定的会计科目作为名称,用以规定不同的账簿所记录的内容,账户存在于账簿之中,账簿中的每一账页就是账户的存在形式和信息载体。如果没有账户也就没有所谓的账簿;如果没有账簿,账户也成了一种抽象的东西,无法存在。但是账簿只是一种外在形式,账户才是它的真实内容。账簿序时分类地记载经济业务,是在个别账户中完成的,也可以说,账簿是由若干张账页组成的一个整体,而开设于账页上的账户则是这个整体上的个别部分。因此,账簿和账户的关系,是形式和内容的关系。

一、账簿的作用

各单位每发生一项经济业务,都必须取得或填制原始凭证,并根据审核无误的原始凭证及有关资料填制记账凭证。通过记账凭证的填制和审核,可以反映和监督单位每一项经济业务的发生和完成情况。但是由于会计凭证数量多,格式不一,所提供的资料比较分散,缺乏系统性,每张凭证一般只能反映个别经济业务的内容。为了连续、系统、全面地反映单位在一定时期内的某一类和全部经济业务及其引起的资产与权益的增减变化情况,给经济管理提供完整而系统的会计核算资料,并为编制会计报表提供依据,就需要设置会计账簿,把分散在会计凭证中的大量核算资料加以集中和归类整理,分门别类地记录在账簿中。因此,每个具有经济业务的单位都应按照国家统一的会计制度和会计业务的需要设置和登记会计账簿。通过账簿记录,既能对经济活动进行序时核算,又能进行分类核算;既可提供各项总括的核算资料,又可提供明细核算资料。

合理地设置和登记账簿,能系统地记录和提供企业经济活动的各种数据。它对加强企业经济核算,改善和提高经营有着重要意义,主要表现在以下三个方面:

(1)通过设置和登记账簿,可以系统地归纳和积累会计核算的资料,为改善企业经营管理,合理使用资金提供资料。通过账簿的序时核算和分类核算,把企业承包经营情况,收入的构成和支出的情况,财物的购置、使用、保管情况全面、系统地反映出来,用于监督计划、预算的执行情况和资金的合理有效使用,促使企业改善经营管理。

(2)通过设置和登记账簿,可以为计算财务成果编制会计报表提供依据。根据账簿记录的费用、成本和收入、成果资料,可以计算一定时期的财务成果,检查费用、成本、利润计划的完成情况。经核对无误的账簿资料及其加工的数据为编制会计报表提供总括和具体的资料,是编制会计报表的主要依据。

(3)通过设置和登记账簿,利用账簿的核算资料,为开展财务分析和会计检查提供依据。通过对账簿资料的检查、分析,可以了解企业贯彻有关方针、政策、制度的情况,可以考核各项计划的完成情况。另外,对资金使用是否合理,费用开支是否符合标准,经济效益有无提高,利润的形成与分配是否符合规定等作出分析、评价,从而找出差距,挖掘潜力,提出改进措施。

二、会计账簿的分类

在会计账簿体系中,有各种不同功能和作用的账簿,它们各自独立又相互补充。为了便于了解和使用,必须从不同的角度对会计账簿进行分类。

(一)会计账簿按用途分类

会计账簿按其用途不同,可分为序时账簿、分类账簿和备查账簿。

1.序时账簿

序时账簿,又称日记账,是按经济业务发生或完成时间的先后顺序进行登记的账簿。按其记录的内容不同,序时日记账又分为普通日记账和特种日记账。

普通日记账是指用来逐笔记录全部经济业务的序时账簿。即把每天发生的各项经济业务逐日逐笔地登记在日记账中，并确定会计分录，然后据以登记分类账。

特种日记账是用来逐笔记录某一经济业务的序时账簿。目前在我国，大多数单位一般只设现金日记账和银行存款日记账。

2. 分类账簿

分类账簿，是对全部经济业务按照会计要素的具体类别而设置的分类账户进行分类登记的账簿。按照总分类账户分类登记经济业务事项的是总分类账簿，简称总账；按照明细分类账户分类登记经济业务事项的是明细分类账簿，简称明细账。分类账簿提供的核算信息是编制会计报表的主要依据。

3. 备查账簿

备查账簿，简称备查账，是对某些能在序时账簿和分类账簿等主要账簿中不进行登记或者登记不够详细的经济业务事项进行补充登记时使用的账簿，又称为辅助账簿。这些账簿可以对某些经济业务的内容提供必须的参考资料，但是它记录的信息不须编入会计报表中，所以也称表外记录。备查账簿没有固定格式，可由各单位根据管理的需要自行设置与设计。如租入固定资产登记簿、应收票据备查簿、受托加工来料登记簿。

(二)会计账簿按外形特征分类

会计账簿按其外形特征不同，可以分为订本式账簿、活页式账簿和卡片式账簿。

1. 订本式账簿

订本式账簿，也称订本账，是指在账簿启用前就把具有账户基本结构并连续编号的若干张账页固定地装订成册的账簿。这种账簿的优点是：可以避免账页散失，防止账页被随意抽换，比较安全；其缺点是：由于账页固定，不能根据需要增加或减少，不便于按需要调整各账户的账页，也不便于分工记账。这种账簿一般使用于总分类账、现金日记账和银行存款日记账。

2. 活页式账簿

活页式账簿，也称活页账，是指年度内账页不固定装订成册，而是将其放置在活页账夹中的账簿。当账簿登记完毕之后(通常是一个会计年度结束之后)，才能将账页予以装订，加具封面，并给各账页连续编号。这种账簿的优点是：随时取放，便于账页的增加和重新排列，便于分工记账和记账工作电算化；其缺点是：账页容易散失和被随意抽换。活页账在年度终了时，应及时装订成册，妥善保管。各种明细分类账一般采用活页账式。

3. 卡片式账簿

卡片式账簿，又称卡片账，是指由许多具有一定格式的卡片组成，存放在一定卡片箱内的账簿。卡片账的卡片一般装在卡片箱内，不用装订成册，随时可存放，也可跨年度长期使用。这种账簿的优点是：便于随时查阅，也便于按不同要求归类整理，不易损坏；其缺点是：账页容易散失和随意抽换。因此，在使用时应对账页连续编号，并加盖有关人员图章，卡片箱应由专人保管，更换新账后也应封扎保管，以保证其安全。在我国，单位一般只对固定资产和低值易耗品等资产明细账采用卡片账形式。

(三)会计账簿按账页的格式分类

会计账簿按其账页的格式不同，可以分为两栏式账簿、三栏式账簿、多栏式账簿、数量金额式账簿和横线登记式账簿。

1.两栏式账簿

两栏式账簿,是指只有借方和贷方两个基本金额栏目的账簿。普通日记账一般采用两栏式账簿。

2.三栏式账簿

三栏式账簿,是指其账页的格式主要部分为借方、贷方和余额三栏或者收入、支出和余额三栏的账簿。三栏式账簿又可分为设对方科目和不设对方科目两种,区别是在摘要栏和借方科目栏之间是否有一栏"对方科目"栏。有"对方科目栏"的,称为设对方科目的三栏式账簿;不设"对方科目"栏的,称为不设对方科目的三栏式账簿。它主要适用于各种日记账、总分类账以及资本、债权债务明细账等。

3.多栏式账簿

多栏式账簿,是指根据经济业务的内容和管理的需要,在账页的"借方"和"贷方"栏内再分别按照明细科目或某明细科目的各明细项目设置若干专栏的账簿。这种账簿可以按"借方"和"贷方"分别设专栏,也可以只设"借方"专栏,"贷方"的内容在相应的借方专栏内用红字登记,表示冲减。收入、费用明细账一般均采用这种格式的账簿。

4.数量金额式账簿

数量金额式账簿,是指在账页中分别设置"借方"、"贷方"和"余额"或者"收入"、"发出"和"结存"三大栏,并在每一大栏内分设数量、单价和金额等三小栏的账簿。数量金额式账簿能够反映出财产物资的实物数量和价值量。原材料和库存商品、产成品等明细账一般采用数量金额式账簿。

5.横线登记式账簿

横线登记式账簿,是指账页分为借方和贷方两个基本栏目,每一个栏目再根据需要分设若干栏次,在账页两方的同一行记录某一经济业务自始自终所有事项的账簿。它主要适用于需要逐笔结算的经济业务的明细账,如物资采购、应收账款等明细账。

三、会计账簿的基本内容

各种账簿所记录的经济内容不同,账簿的格式又多种多样,不同账簿的格式所包括的具体内容也不尽一致,但各种主要账簿应具备以下基本内容:

(1)封面。主要用于表明账簿的名称,如现金日记账、银行日记账、总分类账、应收账款明细账等。

(2)扉页。主要用于载明经管人员一览表,其应填列的内容主要有:经管人员、移交人和移交日期;接管人和接管日期。

(3)账页。账页是用来记录具体经济业务的载体,其格式因记录经济业务的内容的不同而有所不同,但每张账页上应载明的主要内容有:账户的名称(即会计科目);记账日期栏;记账凭证种类和号数栏;摘要栏(经济业务内容的简要说明);借方、贷方金额及余额的方向、金额栏;总页次和分页次等。

❓按照会计账簿不同的分类标准和基本内容,在网上查找各种账页的具体样例,将图片

粘贴在 word 文档中,配上文字说明,并进行排版。

【任务实施】

根据任务布置,为表 4-1 中的会计科目选择账本与账簿类型后见表 4-2。

表 4-2　账簿类型

序　号	会计科目	用途角度	外形样式	账页格式
1	库存现金	序时账	订本账	三栏式
2	银行存款	序时账	订本账	三栏式
3	原材料——面粉	明细分类账	订本账	数量金额式
4	固定资产——机器设备	明细分类账	订本和卡片	多栏式
5	应付账款	明细分类账	订本账	三栏式
6	应交税费	明细分类账	订本账	多栏式
7	管理费用	明细分类账	订本账	多栏式
8	经营租入的办公房	备查账	无固定样式	无固定格式

任务二　会计账簿的设置和登记

【任务布置】

小宇按照烘焙工坊的情况购买了账簿,进行了期初建账,对发生的经济业务进行了登记。小宇负责现金收支、全部业务账簿登记和保管工作。

请问,小宇的做法有无不当之处?为什么?账簿登记的基本规则是什么?

【知识准备】

为了保证会计账簿记录的合法性和会计资料的真实性、完善性,明确经济业务,会计账簿应由专人负责登记。启用会计账簿应遵守一定的规则,具体如下:

1.认真填写封面及账簿启用和经管人员一览表

启用会计账簿时应在账簿封面上写明单位名称和账簿名称,并在账簿扉页附账簿启用和经办人员一览表(简称启用表)。启用表内容主要包括:账簿名称、启用日期、账簿页数、记账人员和会计机构负责人、会计主管人员姓名,并加盖名章和单位公章。

启用订本式账簿,应当从第一页到最后一页顺序编定页数,不得跳页、缺页。使用活页式账簿,应当按账户顺序编号,并要定期装订成册;装订后再按实际使用的账页顺序编定页码,另加目录,记明每个账户的名称和页次。卡片式账簿在使用前应当登记卡片登记簿。

2.严格交接手续

记账人员或者会计机构负责人、会计主管人员调动工作时,必须办理账簿交接手续,在账簿启用和经管人员一览表中注明交接日期、交接人员和监交人员姓名,并由双方交接人员签名或者盖章,以明确有关人员的责任,增强有关人员的责任感,维护会计记录的严肃性。

3.及时结转旧账

每年年初更换新账时,应将旧账的各账户余额过入新账的余额栏,并在摘要栏中注明"上年结转"字样。

一、日记账的设置和登记

(一)普通日记账的设置和登记

普通日记账是逐日序时登记特种日记账以外的经济业务的账簿。在不设特种日记账的企业,要序时地逐笔登记企业的全部经济业务,因此普通日记账也称分录簿。

普通日记账一般分为"借方金额"和"贷方金额"两栏,登记每一分录的借方账户和贷方账户及金额,这种账簿不结余额。其格式见表4-3。

表 4-3　普通日记账　　　　　　　　　　　第　　页

年		会计科目	摘要	借方金额	贷方金额	过账

(二)特种日记账的设置和登记

常用的特种日记账是"现金日记账"和"银行存款日记账"。

1.现金日记账的设置和登记

现金日记账是用来核算和监督库存现金每日的收入、支出和结存状况的账簿。它由出纳人员根据现金收款凭证、现金付款凭证和银行存款付款凭证,按经济业务发生时间的先后顺序,逐日逐笔进行登记。现金日记账的结构一般采用"收入""付出(支出)""结存(结余)"三栏式。

现金日记账中的"年、月、日"、"凭证字号"、"摘要"和"对方科目"等栏,根据有关记账凭证登记;"收入"栏根据现金收款凭证和引起现金增加的银行存款付款凭证登记(从银行提取现金,只编制银行存款付款凭证);"支出"栏根据现金付款凭证登记。每日终了应计算全日的现金收入、支出合计数,并逐日结出现金余额,与库存现金实存数核对,以检查每日现金收付是否有误。每月期末,应结出当期"收入"栏和"支出"栏的发生额和期末余额,并与"现金"总分类账户核对一致,做到日清月结,账实相符。如账实不符,应查明原因。现金日记账的基本格式及登记样例见图4-2。

库存现金日记账　7

07年 月	日	凭证 号数	对方科目	摘要	√	收入(借方)金额	付出(贷方)金额	结存金额
9	1			上月结转		463000 00	460000 00	300 00
	1	1	银行存款	9553#提现备用		3000 00		3300 00
	1	4	其他应收款	李炎出差借款			1500 00	1800 00
	4	7--1	产品销售收入	销售产品Ⅴ		5850 00		23850 0
	4	7--2	银行存款	现金存行			5850 00	1800 00
	4	8	其他应收款	短款回库		2000 00		2000 00
				本日合计		7850 00	5850 00	2000 00
	8	9	管理费用	餐饮费等			1000 00	1000 00
	18	15	其他应收款	李炎差旅费		125 00		1125 00
	30	18	其他应付款	现金清查溢余		100 00		1225 00
	30			本月合计		4010 00	3085 00	1225 00
				累　计		503100 0	490850 0	1225 00

图 4-2　现金日记账示例

2.银行存款日记账的设置和登记

银行存款日记账是用来核算和监督银行存款每日的收入、支出和结存情况的账簿。它是由出纳人员根据银行存款收款凭证、银行存款付款凭证和现金付款凭证按经济业务发生时间的先后顺序,逐日逐笔进行登记的序时账簿。银行存款日记账应按企业在银行开立的账户和币种分别设置,每个银行存款账户设置一本银行存款日记账。

银行存款日记账的结构一般也采用"收入"、"支出"和"结余"三栏式,由出纳人员根据银行存款的收、付款凭证,逐日逐笔按顺序登记。对于将现金存入银行的业务,因习惯上只填制现金付款凭证,不填制银行存款收款凭证,所以此时的银行存款收入数,应根据相关的现金付款凭证登记。另外,因在办理银行存款收付业务时,均根据银行结算凭证办理,为便于和银行对账,银行存款日记账还设有"结算凭证种类和号数"栏,单独列出每项存款收付所依据的结算凭证种类和号数。银行存款日记账和现金日记账一样,每日终了时要结出余额,做到日清,以便检查监督各项收支款项,避免出现透支现象,同时也便于同银行对账单进行核对。银行存款日记账的格式同现金日记账的格式相似。银行存款日记账的基本格式及登记样例见图4-3。现金日记账和银行存款日记账都必须使用订本账。

银行存款日记账　页次 123

99年 月	日	凭证 字	号	摘要	对方科目	收入	支出	结余	核对
7	1			期初余额				200000 0	
	3	银收	1	销售收入	产品销售收入	50000 0		250000 0	
	8	银付	1	支付购料款	材料采购		60000 0	190000 0	
	13	银付	2	提取现金备用	现金		40000 0	150000 0	
	20	银收	2	收到购货单位款	应收账款	400000 0		550000 0	
	25	银付	3	支付购料款	材料采购		300000 0	250000 0	
	25	现付	3	收到购货单位款	应付账款	300000 0		550000 0	
	31			本月发生额及余额		750000 0	400000 0	550000 0	

图 4-3　银行存款日记账示例

二、分类账的设置和登记

分类账有总分类账和明细分类账两类。

(一)总分类账的设置和登记

总分类账也称总账,是按总分类账户进行分类登记,全面、总括地反映和记录经济活动情况,并为编制会计报表提供资料的账簿。由于总分类账能全面地、总括地反映和记录经济业务引起的资金运动和财务收支情况,并为编制会计报表提供数据,因此,任何单位都必须设置总分类账。

总分类账一般采用订本式账,按照会计科目的编码顺序分别开设账户,并为每个账户预留若干账页。由于总分类账只进行货币度量的核算,因此最常用的格式是三栏式,在账页中设置借方、贷方和余额三个基本金额栏。“借或贷”栏是指账户的余额在借方还是在贷方。

总分类账的登记,可以根据记账凭证逐笔登记,也可以通过一定的方式分次或按月一次汇总成汇总记账凭证或科目汇总表,然后据以登记,还可以根据多栏式现金、银行存款日记账在月末时汇总登记。总分类账登记的依据和方法,取决于企业采用的账务处理程序。

总分类账的格式见图 4-4。

总 分 类 账

一级科目　管理费用

2002年		凭证		摘要	借方	核对	贷方	核对	借或贷	余额	核对
月	日	种类	号数								
4	12	银付	2	报办公费水电费	160000				借	160000	
4	13	转	3	领料	300000				借	460000	
4	30	转	4	分配工资	700000				借	1160000	
4	30	转	5	计提职工福利	98000				借	1258000	
4	30	转	6	计提折旧	160000				借	1418000	
4	30	转	11	结转本月费用支出			1418000		平	0	
				本月合计					平		

图 4-4　总分类账示例

2. 明细分类账

明细分类账是根据明细账户开设账页,分类、连续地登记经济业务以提供明细核算资料的账簿。根据实际需要,各种明细账分别按二级科目或明细科目开设账户,并为每个账户预留若干账页,用来分类、连续记录有关资产、负债、所有者权益、收入、费用、利润等详细资料。设置和运用明细分类账,有利于加强资金的管理和使用,并可为编制会计报表提供必要的资料,因此,各单位在设置总分类账的基础上,还要根据经营管理的需要,按照总账科目设置若干必要的明细账,以形成既能提供经济活动总括情况,又能提供具体详细情况的账簿体系。

(二)明细分类账的设置和登记

明细账的格式,应根据它所反映经济业务的特点,以及财产物资管理的不同要求来设计,一般有三栏式明细账、数量金额式明细账、多栏式明细账和横线登记式明细分类账四种。

1. 三栏式明细分类账的设置和登记

三栏式明细分类账账页的格式同总分类账的格式基本相同，它只设借方、贷方和金额三个金额栏，不设数量栏。所不同的是，总分类账簿为订本账，而三栏式明细分类账簿多为活页账。这种账页适用于采用金额核算的应收账款、应付账款等账户的明细核算。三栏式明细分类账的格式见图 4-5。

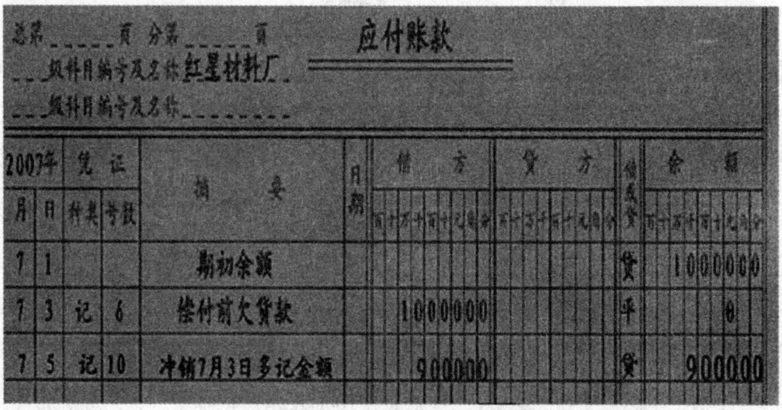
总第____页 分第____页　**应付账款**

___级科目编号及名称 红星材料厂

___级科目编号及名称________

2007年 月	日	凭证 种类	号数	摘要	日期	借方	贷方	借或贷	余额
7	1			期初余额				贷	1000000
7	3	记	6	偿付前欠货款		1000000		平	0
7	5	记	10	冲销7月3日多记金额		900000		贷	900000

图 4-5　三栏式明细分类账示例

2. 数量金额式明细账的设置和登记

数量金额式明细账账页格式在收入、发出、结存三栏内，再分别设置"数量"、"单价"和"金额"等栏目，以分别登记实物的数量和金额。其格式见图 4-6。

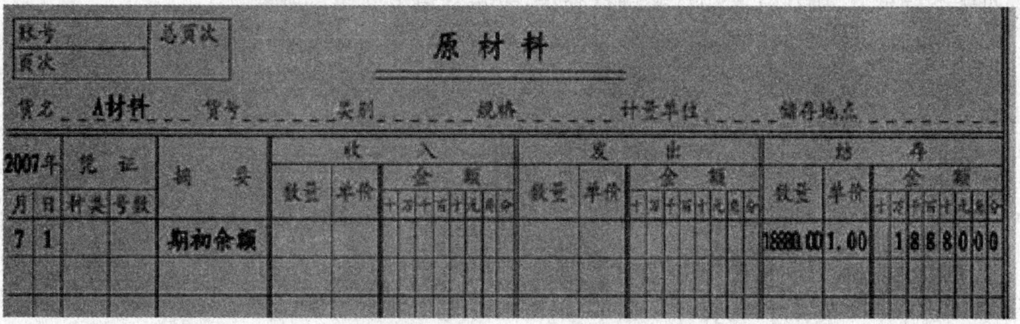
账号　页次　总页次　**原材料**

货名 A材料　货号　类别　规格　计量单位　储存地点

2007年 月	日	凭证 种类	号数	摘要	收入 数量	收入 单价	收入 金额	发出 数量	发出 单价	发出 金额	结存 数量	结存 单价	结存 金额
7	1			期初余额							18880.00	1.00	1888000

图 4-6　数量金额式明细分类账示例

数量金额式明细账适用于既要进行金额明细核算，又要进行数量明细核算的财产物资项目。如"原材料""库存商品"等账户的明细核算。它能提供各种财产物资收入、发出、结存等的数量和金额资料，便于开展业务和加强管理的需要。

3. 多栏式明细分类账的设置和登记

多栏式明细分类账是根据经济业务的特点和经营管理的需要，在一张账页的借方栏或贷方栏设置若干专栏，集中反映有关明细项目的核算资料。它主要适用于只记金额、不记数量，而且在管理上需要了解其构成内容的费用、成本、收入、利润账户，如"生产成本""制造费用"

"管理费用""主营业务收入"等账户的明细分类账。"本年利润"、"利润分配"和"应交税金——应交增值税"等科目所属明细科目则需采用借、贷均为多栏式的明细账。

多栏式明细账的格式视管理需要而呈多种多样。它在一张账页上，按明细科目分设若干专栏，集中反映有关明细项目的核算资料。如"制造费用明细账"，它在借方栏下，可分设若干专栏，如：工资和福利费、折旧费、修理费、办公费……其格式见图 4-7。

制造费用

年		凭证编号	摘　　要	工资和福利费	折旧费	修理费用	办公费用	水电费用
月	日							
1	5	转30	工资	6 5 0 0 0 0 0				
	8	银付	机床维修			1 0 0 0 0 0		

科目　　一车间

图 4-7　制造费用明细账示例

多栏式明细账主要用于关于费用、成本、收入、成果类科目的明细核算。

多栏式明细分类账是由会计人员根据审核无误的记账凭证或原始凭证，按照经济业务发生的时间先后顺序逐日逐笔进行登记的，对于成本费用类账户，只在借方设专栏，平时在借方登记费用、成本发生额，如果账页中设置贷方，则在贷方登记月末将借方发生额一次转出的数额，如果不设贷方，则在月末用红字进行登记，表示从借方转出的数额。

平时如发生贷方发生额，应用"红字"在借方有关栏内登记，表示应从借方发生额中冲减。同样，对于收入、成果类账户，只在贷方设专栏，平时在贷方登记收入的发生额，借方登记月末将贷方发生额一次转让"本年利润"的数额，若平时发生退货，应用"红字"在贷方有关栏内登记。

4. 平行式明细分类账的设置和登记

平行式明细分类账也称横线登记式明细分类账。它的账页结构特点是，将前后密切相关的经济业务在同一横行内进行详细登记，以检查每笔经济业务完成及变动情况。该种账页一般用于"物资采购""一次性备用金业务"等明细分类账。

平行式明细分类账的借方一般在购料付款或借出备用金时按会计凭证的编号顺序逐日逐笔登记，其贷方则不要求按会计凭证编号逐日逐笔登记，而是在材料验收入库或者备用金使用后报销和收回时，在与借方记录的同一行内进行登记。同一行内借方、贷方均有记录时，表示该项经济业务已处理完毕，若一行内只有借方记录而无贷方记录的，表示该项经济业务尚未结束。

物资采购明细分类账的格式见图 4-8。

图 4-8 物资采购明细账示例

上述明细账仅是基本格式,各单位各地区在设计账页时在布局上会有差别。

三、总分类账户与明细分类账户的平行登记

总分类账户与明细分类账户,两者登记的经济业务内容是相同的,只是详细程度不一样。因此,在会计核算中,要采取平行登记的方法。所谓平行登记,是指对所发生的每一笔经济业务,要以会计凭证为依据,一方面记入有关总分类账户,另一方面记入总分类账户所属的有关明细分类账户。采用平行登记,不仅可以满足经营管理者对总括资料及详细核算资料的需要,同时,通过总分类账户与明细分类账户的勾稽关系,可以检查账务记录的正确性,可见平行登记是企业内部牵制制度在会计核算上的具体运用。

平行登记的要点通常包括以下四方面:

(1)同依据登记。对于发生的经济业务事项,要依据相同的会计凭证,既登记总账,又登记总账所属的明细账。

(2)同时登记,又称双重登记,指对同一笔经济业务,在同一会计期间内(如月度内),既要记入有关的总分类账户,又要记入其所属的有关明细分类账户,不能漏记或重记。在实际工作中,对于同一笔经济业务,总分类账户与明细分类账户的具体登记时间可能有先有后,但在同一会计期间内(如一个月度内),必须全部登记入账。

(3)同方向登记,指对同一笔经济业务,在登记总分类账户和所属的明细分类账户时,其各自的记账方向必须一致。即总分类账户登记在借方,明细分类账户也应登记在借方;总分类账户登记在贷方,明细分类账户也应登记在贷方。

(4)同金额登记,指将同一笔经济业务记入总分类账户和所属的明细分类账户时,记入总分类账户的金额,应与记入所属明细分类账户的金额(或金额之和)相等。

【例 4-1】 现以宇辰有限责任公司 2017 年 1 月份发生的有关"原材料"账户和"应付账款"账户的部分经济业务为例,说明总分类账户与明细分类账户的平行登记原理(假设不考虑增值税)。"原材料"账面余额为 200 000 元,其中明细分类账户情况如表 4-4 所示。

表 4-4 明细分类账户(一)

名 称	数 量	单 价	金 额
A 材料	12 000 千克	10 元	120 000 元
B 材料	10 000 千克	8 元	80 000 元
合 计			200 000 元

"应付账款"总分类账户账面余额为 60 000 元,其中明细分类账户情况如表 4-5 所示。

表 4-5　明细分类账户(二)

供应单位名称	应付账款金额
乙公司	20 000 元
丙公司	40 000 元
合　计	60 000 元

本月发生有关业务如下：

(1)1 月 1 日向乙公司购进 A 材料 1 000 千克,每千克单价 10 元,货款以银行存款支付,材料验收入库。

做会计分录如下：

借：原材料——A 材料　　　　　　　　　　　　　　　　　　10 000

　　贷：银行存款　　　　　　　　　　　　　　　　　　　　　　　　10 000

(2)1 月 3 日向乙公司购进 A 材料 2 000 千克,单价 10 元,计 20 000 元,向丙公司购进 B 材料 2 500 千克,单价 8 元,计 20 000 元,全部货款尚未支付,材料验收入库。

做会计分录如下：

借：原材料——A 材料　　　　　　　　　　　　　　　　　　20 000

　　　　　　——B 材料　　　　　　　　　　　　　　　　　　20 000

　　贷：应付账款——乙公司　　　　　　　　　　　　　　　　　　20 000

　　　　　　　　——丙公司　　　　　　　　　　　　　　　　　　20 000

(3)1 月 6 日以银行存款 10 000 元,归还前欠丙公司材料款。

做会计分录如下：

借：应付账款——丙公司　　　　　　　　　　　　　　　　　10 000

　　贷：银行存款　　　　　　　　　　　　　　　　　　　　　　　　10 000

(4)1 月 7 日向乙公司购入 A 材料 3 000 千克,单价 10 元,计 30 000 元,货款尚未支付,同时向丙公司购入 B 材料 3 750 千克,单价 8 元,计 30 000 元,货款以银行存款支付。

做会计分录如下：

借：原材料——A 材料　　　　　　　　　　　　　　　　　　30 000

　　　　　　——B 材料　　　　　　　　　　　　　　　　　　30 000

　　贷：应付账款——乙公司　　　　　　　　　　　　　　　　　　30 000

　　　　银行存款　　　　　　　　　　　　　　　　　　　　　　　30 000

将月初余额及有关经济业务分别记入"原材料"、"应付账款"两个总分类账户及其所属明细分类账户。如表 4-6 至表 4-11 所示。

表 4-6　总分类账户

账户名称：原材料　　　　　　　　　　　　　　　　　　　　　　　　　　　　单位：千克

2017 年		凭证		摘要	借方	贷方	借或贷	余额
月	日	字	号					
1	1			期初余额			借	200 000
	1		①	购进	10 000		借	210 000
	3		②	购进	20 000		借	250 000
	7		④	购进	60 000		借	310 000

表 4-7 原材料明细分类账户

账户名称:A 材料   单位:千克

2017 年		凭证		摘要	收入			发出			结存		
月	日	字	号		数量	单价	金额	数量	单价	金额	数量	单价	金额
1	1			期初结存							12 000	10	120 000
	1		①	购进	1 000	10	10 000				13 000	10	130 000
	3		②	购进	2 000	10	20 000				15 000	10	150 000
	7		④	购进	3 000	10	30 000				18 000	10	180 000

表 4-8 原材料明细分类账户

账户名称:B 材料   单位:千克

2017 年		凭证		摘要	收入			发出			结存		
月	日	字	号		数量	单价	金额	数量	单价	金额	数量	单价	金额
1	1			期初结存							10 000	8	80 000
	3		②	购进	2 500	8	20 000				12 500	8	100 000
	7		④	购进	3 750	8	30 000				16 250	8	130 000

表 4-9 总分类账户

账户名称:应付账款   第 页

2017 年		凭证		摘要	借方	贷方	借或贷	余额
月	日	字	号					
1	1			期初余额			贷	60 000
1	3		②	购进材料款未付		40 000	贷	100 000
	6		③	归还丙公司材料款	10 000		贷	90 000
	7		④	购进材料款未付		30 000	贷	120 000

表 4-10 应付账款明细分类账

账户名称:乙公司

2017 年		凭证		摘要	借方	贷方	借或贷	余额
月	日	字	号					
1	1			期初余额			贷	20 000
	3		②	购进材料款未付		20 000	贷	40 000
	7		④	购进材料款未付		30 000	贷	70 000

表 4-11 应付账款明细分类账

账户名称:丙公司

2017 年		凭证		摘要	借方	贷方	借或贷	余额
月	日	字	号					
1	1			期初余额			贷	40 000
	3		②	购进材料款未付		20 000	贷	60 000
	6		③	归还材料款	10 000		贷	50 000

从上述平行登记的结果可以看出："原材料"总分类账户与其所属的明细分类账户所登记的方向是一致的,金额是相等的;"应付账款"总分类账户与其所属的明细分类账户所登记的方向也是一致的,金额也是相等的。

❓请查询记账、结账规则,查找图 4-3、图 4-4 和图 4-5 中有无登记不规范之处。

四、账簿登记规则

(一)根据审核无误的会计凭证登记账簿

记账的依据是会计凭证,记账人员在登记账簿之前,应当首先审核会计凭证的合法性、完整性和真实性,这是确保会计信息正确的重要措施。

(二)记账时要做到准确完整

记账人员记账时,应当将会计凭证的日期、编号、经济业务内容摘要、金额和其他有关资料记入账内。每一会计事项,要按平行登记方法,一方面记入有关总账,另一方面记入总账所属的明细账,做到数字准确、摘要清楚、登记及时、字迹清晰工整。记账后,要在记账凭证上签章并注明所记账簿的页数,或划"√"表示已经登记入账,避免重记、漏记。

(三)书写不能占满格

为了便于更正记账和方便查账,登记账簿时,书写的文字和数字上面要留有适当的空格,不要写满格,一般应占格距的 1/2,最多不能超过 2/3。

(四)顺序连续登记

会计账簿应当按照页次顺序连续登记,不得跳行、隔页。如果发生跳行、隔页的,应当将空行、空页用红色墨水对角划线注销,并注明"作废"字样,或者注明"此行空白""此页空白"字样,并由经办人员盖章,以明确经济责任。

(五)正确使用蓝黑墨水和红墨水

登记账簿要用蓝黑墨水或碳素墨水书写,不得使用圆珠笔或者铅笔书写。这是因为,各种账簿归档保管年限,国家规定一般都在 10 年以上,有些关系到重要经济资料的账簿,则要长期保管,因此要求账簿记录保持清晰、耐久,以便长期查核使用,防止涂改。红色墨水只能在以下情况下使用:冲销错账;在未设借贷等栏的多栏式账页中,登记减少数;在三栏式账户的余额栏前,如未印明余额方向的,在余额栏内登记负数余额;根据国家统一会计制度的规定可以使用红字登记的其他会计记录。在会计上,书写墨水的颜色用错了,会传递错误的信息,红色表示对正常记录的冲减。因此,红色墨水不能随意使用。

(六)结出余额

凡需要结出余额的账户,应按时结出余额,现金日记账和银行日记账必须逐日结出余额;债权债务明细账和各项财产物资明细账,每次记账后,都要随时结出余额;总账账户平时每月需要结出月末余额。结出余额后,应当在"借或贷"栏内写明"借"或者"贷"字样以说明余额的方向。没有余额的账户,应当在"借或贷"栏内写"平"字,并在余额栏内用"0"表示,一般来说,"0"应放在"元"位。

(七)过次承前

各账户在一张账页记满时,要在该账页的最末一行加计发生额合计数和结出余额,并在该行"摘要"栏注明"过次页"字样；然后，再把这个发生额合计数和余额填列在下一页的第一行内，并在"摘要"栏内注明"承前页"，以保证账簿记录的连续性。

（八）账簿记录错误应按规定的办法更正

账簿记录发生错误时，不得括、擦、挖、补，随意涂改或用褪色药水更改字迹，应根据错误的情况，按规定的方法进行更正。

❓记账规则是会计工作者在工作中总结的经验，你能不能谈一谈如果没有规则会导致什么后果？

【任务实施】

小宇的做法不当，小宇同时负责现金收支和全部账簿的登记、保管工作违反了《中华人民共和国会计法》，出纳不能兼任稽核、会计档案保管、收入、支出、费用和债权、债务账目的登记工作。

账簿登记规则包括：根据审核无误的会计凭证登记账簿；记账时要做到准确完整。书写不能占满格，一般应占格距的1/2，最多不能超过2/3。顺序连续登记。正确使用蓝黑墨水和红墨水。凡需要结出余额的账户，应按时结出余额，现金日记账和银行日记账必须逐日结出余额；债权债务明细账和各项财产物资明细账，每次记账后，都要随时结出余额；总账账户平时每月需要结出月末余额。过次承前。账簿记录错误应按规定的办法更正。

任务三　熟悉账务处理程序

【任务布置】

宇辰有限责任公司发展初期未使用会计软件记账，采用传统的手工记账方式。公司下设三个子公司，宇辰烘焙工坊公司规模小，业务量小，业务比较简单；宇辰机械制造厂属于中型企业，规模较大，业务量大，特别是转账业务比较多；宇辰连锁超市属于中型企业，业务量比较多，大量进行现金交易。

请问，这三个公司应采用何种账务处理程序？这些账务处理程序的主要区别是什么？

【知识准备】

账务处理程序，也称会计核算形式，是指从取得原始凭证到编制会计报表的步骤和方法。其主要内容包括整理、汇总原始凭证，填制记账凭证，登记各种账簿，编制会计报表这一整个过程的步骤和方法。

在会计工作中，不仅要了解会计凭证的填制、账簿的设置和登记，以及会计报表的编制，还必须明确规定各会计凭证、会计账簿和会计报表之间的关系，使之构成一个有机整体。而不同的账簿组织、记账程序和记账方法的有机结合，就构成了不同的账务处理程序。

一个单位由于业务性质、规模大小和经济业务的繁简程度各异，决定其适用账务处理程序也不同。为此，科学地组织账务处理程序，对提高会计核算质量和会计工作效率，充分发挥会计的核算和监督职能,具有重要意义。

一、记账凭证账务处理程序

记账凭证账务处理程序是最基本的一种账务处理程序,在这种账务处理程序下,要求直接根据记账凭证逐笔登记总分类账。

在记账凭证账务处理程序下,应当设置现金日记账、银行存款日记账、明细分类账和总分类账。日记账和总账可采用三栏式;明细分类账可根据需要采用三栏式、数量金额式和多栏式;记账凭证一般使用收款凭证、付款凭证和转账凭证三种格式,也可采用通用记账凭证。

(一)记账凭证账务处理程序的基本内容

记账凭证账务处理程序的基本内容如下(见图 4-9):

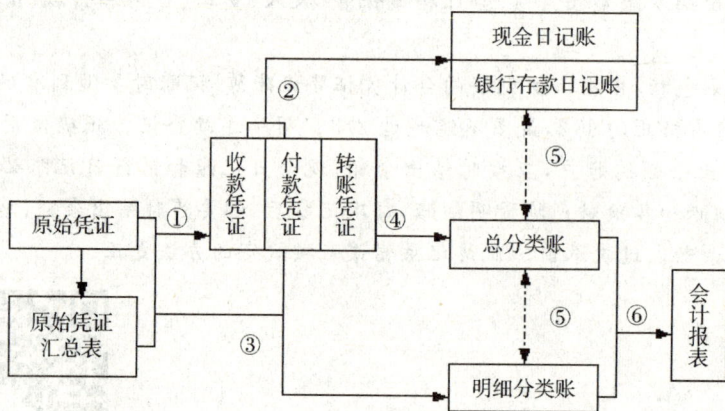

图 4-9　记账凭证账务处理程序

(1)根据原始凭证或原始凭证汇总表填制记账凭证;

(2)根据收款凭证和付款凭证逐笔登记现金日记账和银行存款日记账;

(3)根据原始凭证、原始凭证汇总表或记账凭证登记各种明细分类账;

(4)根据记账凭证逐笔登记总分类账;

(5)月末,将现金日记账、银行存款日记账的余额,以及各种明细分类账的余额合计数,分别与总分类账中相关账户的余额核对相符;

(6)月末,根据核对无误的总分类账和明细分类账的相关资料,编制会计报表。

(二)记账凭证账务处理程序的优缺点及适用范围

记账凭证账务处理程序的主要优点是简单明了,方法易学,总分类账能详细反映经济业务状况,方便会计核对与查账;但登记总分类账的工作量较大,也不利于分工。因此,一般适用于规模较小、经济业务较简单的企业。

二、汇总记账凭证账务处理程序

汇总记账凭证账务处理程序区别于其他账务处理程序的主要特点是:定期将记账凭证分类编制汇总记账凭证,然后根据汇总记账凭证登记总分类账。

采用汇总记账凭证账务处理程序时,其账簿设置、各种账簿的格式以及记账凭证的种类和格式基本上与记账凭证账务处理程序相同。但应增设汇总记账凭证、汇总收款凭证和汇总转账凭证,以作为登记总分类账的依据。另外,总分类账的账页格式必须增设"对应账户"栏。

1. 汇总记账凭证及其编制方法

汇总记账凭证分为汇总收款凭证、汇总付款凭证和汇总转账凭证三种,其格式如表4-12、表4-13、表4-14所示。它是根据收款凭证、付款凭证和转账凭证定期汇总编制而成,间隔天数视业务量多少而定,一般5天或10天汇总填制一次,每月编制一张。

汇总收款凭证应根据现金和银行存款收款凭证,分别按"现金""银行存款"的借方设置,按对应贷方科目进行归类汇总。月末,结算出汇总收款凭证的合计数,分别记入现金、银行存款总分类账的借方以及其各对应账户总分类账的贷方。

表4-12　汇总收款凭证

借方科目：　　　　　　　　　　　×年×月　　　　　　　　　　　汇收×号

贷方科目	金　额				总账 页数	
	(1)	(2)	(3)	合计	借方	贷方
合　计						
附件	(1)自_____日至_____日_____凭证　　共_____张					
	(2)自_____日至_____日_____凭证　　共_____张					
	(3)自_____日至_____日_____凭证　　共_____张					

汇总付款凭证应根据现金和银行存款付款凭证,分别按"现金""银行存款"的贷方设置,按对应借方科目进行归类汇总。月末,结算出汇总付款凭证的合计数,分别记入现金、银行存款总分类账的贷方以及其各对应账户总分类账的借方。

表4-13　汇总付款凭证

贷方科目：　　　　　　　　　　　×年×月　　　　　　　　　　　汇付×号

借方科目	金　额				总账 页数	
	(1)	(2)	(3)	合计	借方	贷方
合　计						
附件	(1)自_____日至_____日_____凭证　　共_____张					
	(2)自_____日至_____日_____凭证　　共_____张					
	(3)自_____日至_____日_____凭证　　共_____张					

在填制时,若有现金和银行存款之间的相互划转业务,则应按付款凭证进行汇总,以免重

复。如将现金存入银行的业务,只须根据现金付款凭证汇总,银行存款收款凭证就不再汇总。

汇总转账凭证应根据转账凭证中有关账户的贷方设置,按对应借方科目进行归类汇总。月末,结算出汇总转账凭证的合计数,分别记入该汇总转账凭证所开设的应贷账户总分类账的贷方,以及其各对应账户总分类账的借方。

为便于汇总转账凭证的编制,所有转账凭证应是一贷一借或一贷多借,否则,会给汇总凭证的编制带来不便。

表 4-14　汇总转账凭证

贷方科目:　　　　　　　　　　　　　　　×年×月　　　　　　　　　　　　　　汇转×号

借方科目	金　额				总账 页数	
	(1)	(2)	(3)	合计	借方	贷方
合　计						
附件	(1)自_____日至_____日_____凭证　　共_____张					
	(2)自_____日至_____日_____凭证　　共_____张					
	(3)自_____日至_____日_____凭证　　共_____张					

2.汇总记账凭证账务处理程序的基本内容

汇总记账凭证账务处理程序的基本内容如下(见图 4-10):

①根据原始凭证或原始凭证汇总表填制记账凭证;

②根据收款凭证和付款凭证逐笔登记现金日记账和银行存款日记账;

③根据原始凭证、原始凭证汇总表或记账凭证登记各种明细分类账;

④根据记账凭证定期编制各种汇总记账凭证;

⑤月末,根据编制的汇总记账凭证登记总分类账;

⑥月末,将现金日记账、银行存款日记账的余额,以及各种明细分类账的余额合计数,分别与总分类账中相关账户的余额核对相符;

⑦月末,根据核对无误的总分类账和明细分类账的相关资料,编制会计报表。

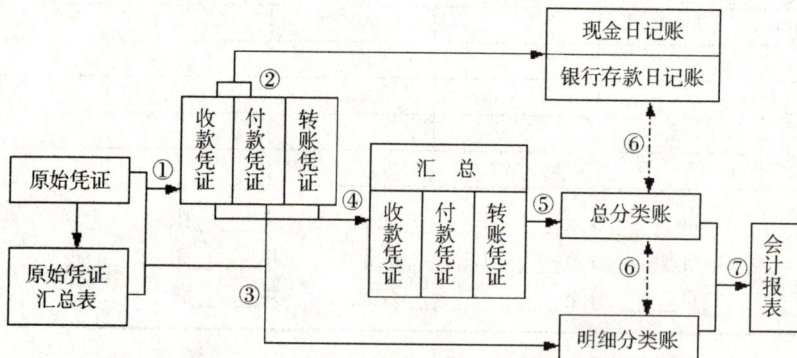

图 4-10　汇总记账凭证账务处理程序

3.汇总记账凭证账务处理程序的优缺点及适用范围

汇总记账凭证账务处理程序的主要优点是:能通过汇总记账凭证中有关科目的对应关系,了解经济业务的来龙去脉,而且可大大地简化总分类账的登记工作;但由于汇总转账凭证是根据每一账户的贷方而不是按经济业务类型归类汇总的,故不利于会计分工。因此,它一般适用于规模较大、经济业务较多的企业。

三、科目汇总表账务处理程序

在科目汇总表账务处理程序下,要求定期将记账凭证编制成科目汇总表,然后根据科目汇总表登记总分类账。

采用科目汇总表账务处理程序时,其账簿设置、各种账簿的格式以及记账凭证的种类和格式基本上与记账凭证账务处理程序相同。但应增设科目汇总表,以作为登记总分类账的依据。

1.科目汇总表的填制方法

科目汇总表(其格式见表 4-15)的填制方法是:先将汇总期内各项经济业务所涉及的会计科目填列在科目汇总表的"会计科目"栏内,填列的顺序应与总分类账上会计科目的顺序相同,以便于登记总分类账;然后,依据汇总期内所有的记账凭证,按照相同的会计科目归类,分别计算各会计科目的借方发生额和贷方发生额,并将其填入科目汇总表的相应栏内;最后,进行本期发生额试算平衡,试算无误后,据以登记总分类账。

科目汇总表可以每月汇总一次编制一张,也可视业务量大小每 5 天或 10 天汇总一次,每月编制一张。为便于编制科目汇总表,所有的记账凭证可采用单式记账凭证来填制,这样便于汇总计算其借贷方发生额,不易出错。

表 4-15　科目汇总表

年　　月

总账账户	1—10 日发生额		11—20 日发生额		21—30 日发生额		合　计	
	借方	贷方	借方	贷方	借方	贷方	借方	贷方
合　计								

2.科目汇总表账务处理程序的基本内容

科目汇总表账务处理程序的基本内容如下(见图 4-11):

①根据原始凭证或原始凭证汇总表填制记账凭证;

②根据收款凭证和付款凭证逐笔登记现金日记账和银行存款日记账;

③根据原始凭证、原始凭证汇总表或记账凭证登记各种明细分类账;

④根据记账凭证定期编制科目汇总表;

⑤月末,根据编制的科目汇总表登记总分类账;

⑥月末,将现金日记账、银行存款日记账的余额,以及各种明细分类账的余额合计数,分别

与总分类账中相关账户的余额核对相符；

⑦月末，根据核对无误的总分类账和明细分类账的相关资料，编制会计报表。

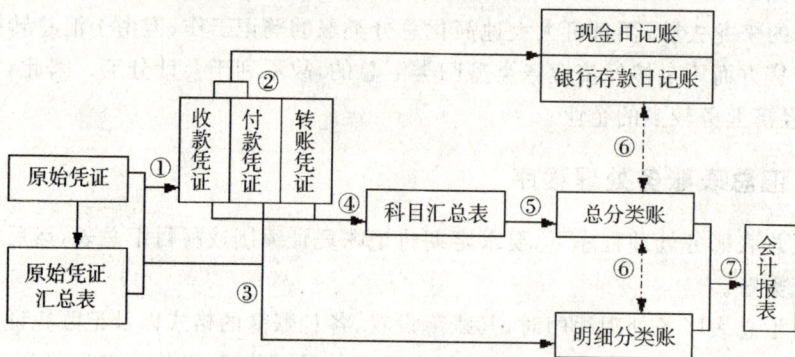

图 4-11　科目汇总表账务处理程序

3.科目汇总表账务处理程序的优缺点及适用范围

科目汇总表账务处理程序的主要优点是：首先，根据定期编制的科目汇总表登记总分类账，可大大地简化总分类账的登记工作；其次，通过科目汇总表的编制，可进行发生额试算平衡，及时发现差错。但由于科目汇总表是定期汇总计算每一账户的借方、贷方发生额，并不考虑账户间的对应关系，因而在科目汇总表和总分类账中，不能明确反映账户的对应关系，不便于了解经济业务的具体内容。其主要适用于经济业务量较大的企业。

？上述账务处理程序是指在手工记账的情况下所采用的账务处理流程，如果采用会计软件记账，上述账务处理程序是否仍然适用？另外，还有没有别的账务处理程序？

【任务实施】

宇辰烘焙工坊应采用记账凭证账务处理程序，因为该种账务处理程序适用规模较小、经济业务较简单的企业。

宇辰连锁超市应采用汇总记账凭证账务处理程序，该种程序适用于规模较大、经济业务较多的企业。

宇辰机械制造厂应采用科目汇总表账务处理程序，由于该厂转账业务较多，业务量较大，所以比较适用该种程序。

三种账务处理程序的区别是登记总账的依据不同。

任务四　对账与错账查找更正

4-4

【任务布置】

宇辰烘焙工坊开始营业一个月了，负责记账的小宇想到月底该结账了，可是在结账前很犹豫要不要结,犹豫的原因是怕自己有哪一笔账记错了,结账后算出来的利润等数据就不准确了。请问为了确保会计账簿记录的真实可靠,小宇在结账前应该做哪些准备工作? 小宇核对账簿时发现不平衡,查找错账的方法有哪些? 小宇核对账簿时发现一笔错误,错将金额 2 000元记成了 20 000 元,会计科目使用正确,对该笔错误应如何更正?

【知识准备】

一、对账

对账,就是核对账目,是保证会计账簿记录质量的重要程序。在会计工作中,由于种种原因,难免会发生记账、计算等差错,也难免会出现账实不符的现象。为了保证各账簿记录和会计报表的真实、完整和正确,如实地反映和监督经济活动,各单位必须做好对账工作。

账簿记录的准确与真实可靠,不仅取决于账簿的本身,还涉及账簿与凭证的关系,账簿记录与实际情况是否相符的问题等。所以,对账应包括账簿与凭证的核对、账簿与账簿的核对、账簿与实物的核对。把账簿记录的数字核对清楚,做到账证相符、账账相符和账实相符。对账工作至少每年进行一次。对账的主要内容有:

(一)账证核对

账证核对是指将会计账簿记录与会计凭证包括记账凭证和原始凭证有关内容进行核对。由于会计账簿是根据会计凭证登记的,两者之间存在勾稽关系,因此,通过账证核对,可以检查、验证会计账簿记录与会计凭证的内容是否正确无误,以保证账证相符。各单位应当定期将会计账簿记录与其相应的会计凭证记录(包括时间、编号、内容、金额、记录方向等)逐项核对,检查是否一致。如有不符之处,应当及时查明原因,予以更正。保证账证相符,是会计核算的基本要求之一,也是账账相符、账实相符和账表相符的基础。

(二)账账核对

账账核对是指将各种会计账簿之间相对应的记录进行核对。由于会计账簿之间相对应的记录存在着内在联系,因此,通过账账核对,可以检查、验证会计账簿记录的正确性,以便及时发现错账,予以更正,保证账账相符。账账核对的内容主要包括:

(1)总分类账各账户借方余额合计数与贷方余额合计数核对相符。

(2)总分类账各账户余额与其所属明细分类账各账户余额之和核对相符。

(3)现金日记账和银行存款日记账的余额与总分类账中“现金”和“银行存款”账户余额核对相符。

(4)会计部门有关财产物资的明细分类账余额与财产物资保管或使用部门登记的明细账核对相符。

(三)账实核对

账实核对是在账账核对的基础上,将各种财产物资的账面余额与实存数额进行核对。由于实物的增减变化、款项的收付都要在有关账簿中如实反映,因此,通过会计账簿记录与实物、款项的实有数进行核对,可以检查、验证款项、实物会计账簿记录的正确性,以便于及时发现财产物资和货币资金管理中存在的问题,查明原因,分清责任,改善管理,保证账实相符。账实核对的主要内容包括:

(1)现金日记账账面余额与现金实际库存数核对相符。

（2）银行存款日记账账面余额与开户银行对账单核对相符。

（3）各种材料、物资明细分类账账面余额与实存数核对相符。

（4）各种债权债务明细账账面余额与有关债权、债务单位或个人的账面记录核对相符。

实际工作中，账实核对一般要结合财产清查进行。有关财产清查的内容和和方法将在以后的章节介绍。

二、错账查找与更正方法

在手工记账工作中，可能由于种种原因会使账簿记录发生错误，有的是填制凭证和记账时发生的单纯笔误；有的是写错了会计科目、金额等；有的是合计时计算错误；有的是过账错误；等等。出现错账查起来很费劲，故有人说"记账容易查账难"。实务中，会计工作者总结出一套查找错账的方法。

（一）错账查找方法

1. 除二法

记账时稍有不慎，很容易发生借贷方记反或红蓝字记反，简称为"反向"。它有一个特定的规律就是错账差数一定是偶数，只要将差数用二除得的商就是错账数。所以称这种查账方法为除二法，这是一种最常见而简便的查错账方法。

例如，某月资产负债表借贷的两方余额不平衡，其错账差数是 3 750.64 元，这个差数是偶数，它就存在"反向"的可能，那么我们可以以 3 750.64/2＝1 875.32 元，这样只要去查找 1 875.32 元这笔账是否记账反向就是了。

如错误差数是奇数，那就没有记账反向的可能，就不适用于"除二法"来查。

2. 除九法

在日常记账中常会发生前后两个数字颠倒、三个数字前后颠倒和数字移位，它们共同特点是错账差数一定是九的倍数，而且差数的每个数字之和也是九的倍数，因此，这类情况均可应用"除九法"来查找。下面分三种情况来讲：

第一种情况是两数前后颠倒，除以上共同特点外还有其固有的特点，就是错账差数用九除得的商是错数前后两数之差，例举如下：

（1）差数是 9，那么错数前后两数之差是 1，如 10、21、32、43、54、65、76、87、89 及其各"倒数"。

（2）差数是 18/9＝2，那么错数前后两数之差是 2，如 20、31、42、53、64、75、86、97 及其各"倒数"。

（3）差数是 27/9＝3，那么错数前后两数之差是 3，如 30、41、52、63、74、85、96 及其各"倒数"。

（4）差数是 36/9＝4，那么错数前后两数之差是 4，如 40、51、62、73、81、95 及其各位"倒数"。

（5）差数是 45/9＝5，那么错数前后两数之差是 5，如 50、61、72、83、94 及其各位"倒数"。

（6）差数是 54/9＝6，那么错数前后两数之差是 6，如 60、71、82、93 及其各"倒数"。

（7）差数是 63/9＝7，那么错数前后两数之差是 7，如 70、81、92 及其各"倒数"。

（8）差数是 72/9＝8，那么错数前后两数之差是 8，如 80、91 及其各"倒数"。

（9）差数是 81/9＝9，那么错数前后两数之差是 9，如 90 及其各"倒数"。

（这里的"倒数"是指个位与十位前后颠倒的错数）

例如，将 81 误记 18，则差数是 63，以 63/9＝7，那么错数前后两数之差肯定是 7，这样只要查 70、81、92 及其各"倒数"就是了，无需在与此无关的数字中去查找。

第二种情况是三个数字前后颠倒，它除具有共同特点外也有其固定的特点，就是三位数前后颠倒的错账差数都是 99 的倍数，差数用 99 除得的商即是三位数中前后两数之差。例举如下：

（1）三位数头与尾两数之差是 1，那么数字颠倒后的差数是 99，如 100－001、221－122、334－433、445－544、655－556、766－667、889－988、998－899，其的差数都是 99。

（2）三位数头与尾两数之差是 2，那么数字颠倒后的差数则是 99 的一倍，即为 198，如 311－113、466－664、557－755、775－577、886－688、997－799，其的差数都是 198。

（3）三位数头与尾两数之差是 3，那么数字颠倒后的差数则是 99 的三倍，即为 297，如 441－144、552－255、663－366、744－447、885－588、996－699，其的差数都是 297。

（4）三位数头与尾两数之差是 4，那么数字颠倒后的差数则是 99 的四倍，即为 396，如 551－155、662－266、773－377、844－448、955－559，其的差数都是 396。

（5）三位数头与尾两数之差是 5，那么数字颠倒后的差数则是 99 的五倍，即为 495，如 550－055、661－166、722－227、833－338、944－449，其的差数都是 495。

（6）三位数头与尾两数之差是 6，那么数字颠倒后的差数则是 $99 \times 6 = 594$，头与尾数之差是 7，那么数字颠倒的差是 $99 \times 7 = 693$；头与尾之差是 8，那么数字颠倒的差是 $99 \times 8 = 792$；头与尾数之差是 9，那么数字颠倒的差是 $99 \times 9 = 891$。

第三种情况是数字移位，或称错位，俗称大小数，这是日常工作中较容易发生的差错，它的特点除它的差数和差数每个数字之和是九的倍数外，也有其固定的特点，就是数字移位的错误，只要将差数用九除得的商就是错账数。

例如 2 000 错记为 200 或 20 000，它的差数为 1 800 和 18 000，它们的差数和每个数字之和都是九的倍数，将差数分别用九除得的商则是 200 和 2 000，只要查找这些数字就能查到记账移位的错误了。

数字移位危害很大，如向前移一位它的差数就虚增了 9 倍，向后移一位就虚减了 90％，如不及时查处，就会严重影响会计核算的正确性。因此，对此错账必须高度警惕，要及早发现纠正，确保会计核算数字的正确反映。

3. 差数法

根据错账差数直接查找的方法叫做差数法。有以下两种错账可用此法：

第一种是漏记或重记，因记账疏忽而漏记或重记一笔账，只要直接查找到差数的账就查到了，这类错账最容易发生在本期内同样数字的账发生了若干笔，这就容易发生漏记或重记。

例如错账差数是 1 000 元，本期内发生 1 000 元的账有十笔，这就可以重复查找 1 000 元的账是否漏记或重记就是了。

第二种是串户，串户可分为记账串户和科目汇总串户。先讲记账串户。如某公司在本单位有应收款和应付款两个账户，如记账凭证是借应收账款某公司 500 元，而记账时误记入借应付账款某公司 500 元，这就造成资产负债表双方是平衡的，但总账与分户明细账核对时，应收款与应付款各发生差数 500 元，这就可以运用差数法到应收账款或应付款账户中直接查找

500 元的账是否串户。还有一种是科目汇总（合并）时将借应收款 500 元误作为应付借款借 500 元汇总了,同样在总账与分类明细账核对时这两个科目同时发生差数 500 元,经过查对,如记账没有发生串户,那么必定是科目汇总合并时发生差错,查明更正就是。

4. 顺查法

当错账发生笔数较多,各种错账混杂一起时,不能用一种方法查出,那就必须用"顺查法"来查,这是查错账的最后绝招。查账程序基本上与记账程序一样,每查对一笔就必须在账的后端做一个符号,这样一笔笔查下去就一定能查出错账。在顺查时一定要仔细认真,另外,在顺查时还必须结合以上方法同时应用。总之,不要被错账的假象所蒙蔽而滑过去,如滑过去又必须从头查起。因此,只要仔细认真去查,错账一定会暴露出来。

❓如果采用上述方法仍找不出错误,还有没有其他的错账查找方法?

(二)错账更正方法

登记账簿中发生的差错,一经查出就应立即更正。对于账簿记录错误,不准涂改、挖补、刮擦或者用药水消除字迹,不准重新抄写,而必须根据错误的具体情况和性质,采用规范的方法予以更正。错账更正方法通常有划线更正法、红字更正法和补充登记法等几种。

1. 划线更正法

记账凭证填制正确,在记账或结账过程中发现账簿记录中文字或数字有错误,应采用划线更正法。具体做法是:先在错误的文字或数字上划一条红线,表示注销,划线时必须使原有字迹仍可辨认;然后将正确的文字或数字用蓝字写在划线处的上方,并由记账人员在更正处盖章,以明确责任。对于文字的错误,可以只划去错误的部分,并更正错误的部分;对于错误的数字,应当全部划红线更正,不能只更正其中的个别错误数字。例如,把"3457"元误记为"8457"元时,应将错误数字"8457"全部用红线注销后,再写上正确的数字"3457",而不是只删改一个"8"字。如记账凭证中的文字或数字发生错误,在尚未过账前,也可用划线更正法更正。

2. 红字更正法

在记账以后,如果发现记账凭证中应借、应贷科目或金额发生错误时,可以用红字更正法进行更正。具体做法是:先用红字金额填写一张与错误记账凭证内容完全相同的记账凭证,且在摘要栏注明"更正某月某日第×号凭证",并据以用红字金额登记入账,以冲销账簿中原有的错误记录,然后再用蓝字重新填制一张正确的记账凭证,登记入账。这样,原来的错误记录便得以更正。

红字更正法一般适用于以下两种情况错账的更正:

第一种情况,记账后,如果发现记账凭证中的应借、应贷会计科目有错误,那么可以用红字更正法予以更正。

【例 4-2】 A 车间领用甲材料 2 000 元用于一般消耗。

(1)填制记账凭证时,误将借方科目写成"生产成本",并已登记入账。原错误记账凭证为:

借:生产成本　　　　　　　　　　　　　　　　　　　　　　　　　　2 000

　　贷:原材料　　　　　　　　　　　　　　　　　　　　　　　　　　　2 000

(2)发现错误后,用红字填制一张与原错误记账凭证内容完全相同的记账凭证。

借:生产成本　　　　　　　　　　　　　　　　　　　　　　　　　 2 000

　　　　贷：原材料　　　　　　　　　　　　　　　　　　　　　2 000

　　（3）用蓝字填制一张正确的记账凭证。

　　借：制造费用　　　　　　　　　　　　　　　　　　2 000

　　　　贷：原材料　　　　　　　　　　　　　　　　　　　　　2 000

　　第二种情况，记账后，如果发现记账凭证和账簿记录中应借、应贷的账户没有错误，只是所记金额大于应记金额。对于这种账簿记录的错误，更正的方法是：将多记的金额用红字填制一张与原错误记账凭证会计科目相同的记账凭证，并在摘要栏注明"更正某月某日第×号凭证"，并据以登记入账，以冲销多记的金额，使错账得以更正。

　　【例 4-3】　仍以例 4-2 为例，假设在编制记账凭证时应借、应贷账户没有错误，只是金额由 2 000 元写成了 20 000 元，并且已登记入账。

　　该笔业务只需用红字更正法编制一张记账凭证，将多记的金额 18 000 元用红字冲销即可。编制的记账凭证为：

　　借：制造费用　　　　　　　　　　　　　　　　　　18 000

　　　　贷：原材料　　　　　　　　　　　　　　　　　　　　　18 000

　　3. 补充登记法

　　在记账之后，如果发现记账凭证中应借、应贷的账户没有错误，但所记金额小于应记金额，造成账簿中所记金额也小于应记金额，这种错账应采用补充登记法进行更正。更正的方法是：将少记金额用蓝笔填制一张与原错误记账凭证会计科目相同的记账凭证，并在摘要栏内注明"补记某月某日第×号凭证"并予以登记入账，补足原来少记金额，使错账得以更正。

　　【例 4-4】　仍以例 4-1 为例，假设在编制记账凭证时应借、应贷账户没有错误，只是金额由 2 000元写成了 200 元，并且已登记入账。

　　该笔业务只需用补充登记法编制一张记账凭证将少记的金额 1 800 元补足便可。其记账凭证为：

　　借：制造费用　　　　　　　　　　　　　　　　　　　1 800

　　　　贷：原材料　　　　　　　　　　　　　　　　　　　　1 800

　　错账更正的三种方法中，红字更正法和补充登记法都是用来更正因记账凭证错误而产生的记账错误，如果非因记账凭证的差错而产生的记账错误，只能用划线更正法更正。

　　以上三种方法对当年内发现填写记账凭证或者登记账错误而采用的更正方法，如果发现以前年度记账凭证中有错误（指会计科目和金额）并导致账簿登记出现差错，应当用蓝字或黑字填制一张更正的记账凭证。因错误的账簿记录已经在以前会计年度终了进行结账或决算，不可能将已经决算的数字进行红字冲销，只能用蓝字或黑字凭证对除文字外的一切错误进行更正，并在更正凭证上特别注明"更正××年度错账"的字样。

　　❓如果采用会计软件记账，上述错账查找方法是否适用？上述三种错账更正方法哪种不适用？

　　【任务实施】

　　小宇应该进行对账，即核对账目，包括账簿与凭证的核对、账簿与账簿的核对、账簿与实物的核对。把账簿记录的数字核对清楚，做到账证相符、账账相符和账实相符。

错账查找方法包括:除二法、除九法、差数法、顺查法。

应采用红字更正法更正该笔错误。

任务五　结　账

【任务布置】

小宇完成了对账和错账更正,最终把会计信息全部核对准确,下一步是结账,结账是在把发生的全部经济业务登记入账的基础上,按规定的方法将各种账簿的记录进行小结,计算并记录本期发生额和期末余额。

请你谈一谈会计账簿结账的基本方法。

【知识准备】

结账,是在把一定时期内发生的全部经济业务登记入账的基础上,按规定的方法将各种账簿的记录进行小结,计算并记录本期发生额和期末余额。

为了正确反映一定时期内在账簿中已经记录的经济业务,总结有关经济活动和财务状况,为编制会计报表提供资料,各单位应在会计期末进行结账。会计期间一般按日历时间划分为年、季、月,结账于各会计期末进行,所以分为月结、季结、年结。

一、结账的基本程序

结账前,必须将属于本期内发生的各项经济业务和应由本期受益的收入、负担的费用全部登记入账。在此基础上,才可保证结账的有用性,确保会计报表的正确性。不得把将要发生的经济业务提前入账,也不得把已经在本期发生的经济业务延至下期(甚至以后期)入账。结账的基本程序具体表现为:

(1)将本期发生的经济业务事项全部登记入账,并保证其正确性。

(2)根据权责发生制的要求,调整有关账项,合理确定本期应计的收入和应计的费用。

①应计收入和应计费用的调整。应计收入是指那些已在本期实现、因款项未收而未登记入账的收入。企业发生的应计收入,主要是本期已经发生且符合收入确认标准,但尚未收到相应款项的商品或劳务。对于这类调整事项,应确认为本期收入,借记"应收账款"等科目,贷记"营业收入"等科目;待以后收妥款项时,再借记"现金"或"银行存款"等科目,贷记"应收账款"等科目。

②收入分摊和成本分摊的调整。收入分摊是指企业已经收取有关款项,但未完成或未全部完成销售商品或提供劳务,需在期末按本期已完成的比例,分摊确认本期已实现收入的金额,并调整以前预收款项时形成的负债,如企业销售商品预收定金、提供劳务预收佣金。在收到预收款项时,应借记"银行存款"等科目,贷记"预收账款"等科目;在以后提供商品或劳务、确认本期收入时,借记"预收账款"等科目,贷记"营业收入"等科目。

成本分摊是指企业的支出已经发生、能使若干个会计期间受益,为正确计算各个会计期间的盈亏,将这些支出在其受益期间进行分配。如企业已经支出,但应由本期或以后各期负担的待摊费用、购建固定资产和无形资产的支出等。企业在发生这类支出时,应借记"待摊费用""固定资产""无形资产"等科目,贷记"银行存款"等科目。在会计期末进行摊销时,应借记"制造费用""管理费用""销售费用"等科目,贷记"待摊费用""累计折旧""累计摊销"等科目。

(3)将损益类账户转入"本年利润"账户,结平所有损益类账户。

(4)结算出资产、负债和所有者权益账户的本期发生额和余额,并结转下期。

二、结账的基本方法

结账时,应当结出每个账户的期末余额。需要结出当月(季、年)发生额的账户,如各项收入、费用账户等,应单列一行登记发生额,在摘要栏内注明"本月(季)合计"或"本年累计"。结出余额后,应在余额前的"借或贷"栏内写"借"或"贷"字样,没有余额的账户,应在余额栏前的"借或贷"栏内写"平"字,并在余额栏内用"0"表示。为了突出本期发生额及期末余额,表示本会计期间的会计记录已经截止或者结束,应将本期与下期的会计记录明显分开,结账一般都划"结账线"。划线时,月结、季结用单线,年结划双线。划线应划红线并应划通栏线,不能只在账页中的金额部分划线。

结账时应根据不同的账户记录,分别采用不同的结账方法:

(1)总账账户的结账方法。总账账户平时只需结计月末余额,不需要结计本月发生额。每月结账时,应将月末余额计算出来并写在本月最后一笔经济业务记录的同一行内,并在下面通栏划单红线。年终结账时,为了反映全年各会计要素增减变动的全貌,便于核对账目,要将所有总账账户结计全年发生额和年末余额,在摘要栏内注明"本年累计"字样,并在"本年累计"行下划双红线。

(2)现金日记账、银行存款日记账和需要按月结计发生额的收入、费用等明细账的结账方法。现金日记账、银行存款日记账和需要按月结计发生额的各种明细账,每月结账时,要在每月的最后一笔经济业务下面通栏划单红线,结出本月发生额和月末余额写在红线下面,并在摘要栏内注明"本月合计"字样,再在下面通栏划单红线。

(3)不需要按月结计发生额的债权、债务和财产物资等明细分类账的结账方法。对这类明细账,每次记账后,都要在该行余额栏内随时结出余额,每月最后一笔余额即为月末余额,也就是说月末余额就是本月最后一笔经济业务记录的同一行内的余额。月末结账时只需在最后一笔经济业务记录之下通用栏划单红线即可,无需再结计一次余额。

(4)需要结计本年累计发生额的收入、成本等明细账的结账方法。对这类明细账,先按照需按月结计发生额的明细账的月结方法进行月结,再在"本月合计"行下的摘要栏内注明"本年累计"字样,并结出自年初起至本月末止的累计发生额,再在下通栏划单红线。12月末的"本年累计"就是全年累计发生额,全年累计发生额下面通栏划双红线。

(5)年度终了结账时,有余额的账户,要将其余额结转到下一会计年度,并在摘要栏内注明"结转下年"字样;在下一会计年度新建有关会计账簿的第一行余额栏内填写上年结转的余额,并在摘要栏内注明"上年结转"字样。结转下年时,既不需要编制记账凭证,也不必将余额再记入本年账户的借方或贷方,使本年有余额的账户的余额变为零,而是使有余额的账户的余额如实反映在账户中,以免混淆有余额账户和无余额的账户的区别。

若由于会计准则或会计制度改变而需要在新账中改变原有账户名称及其核算内容的,可将年末余额按新会计准则或会计制度的要求编制余额调整分录,或编制余额调整工作底稿,将调整后的账户余额抄入新账的有关账户余额栏内。

【任务实施】

结账时,应当结出每个账户的期末余额。需要结出当月(季、年)发生额的账户,如各项收入、费用账户等,应单列一行登记发生额,在摘要栏内注明"本月(季)合计"或"本年累计"。结出余额后,应在余额前的"借或贷"栏内写"借"或"贷"字样,没有余额的账户,应在余额栏前的"借或贷"栏内写"平"字,并在余额栏内用"0"表示。为了突出本期发生额及期末余额,表示本会计期间的会计记录已经截止或者结束,应将本期与下期的会计记录明显分开,结账一般都划"结账线"。划线时,月结、季结用单线,年结划双线。划线应划红线并应划通栏线,不能只在账页中的金额部分划线。结账时应根据不同的账户记录,分别采用不同的结账方法。

任务六　会计账簿的更换和保管

【任务布置】

宇辰烘焙工坊的会计小宇每年年末会把所有账簿都结出余额,并将余额结转下年,那么各类账簿是否需要每年更换一次?固定资产卡片以及各种备查账簿,是否可以连续使用?烘焙工坊经过多年的经营,会计资料越来越多,请问每年记录着烘焙工坊经济活动的会计凭证和会计账簿应该如何保存?

【知识准备】

会计账簿是记录和反映经济业务的重要历史资料和证据。为了使每个会计年度的账簿资料明晰和便于保管,一般来说,总账、日记账和多数明细账要每年更换一次,这些账簿在每年年终按规定办理完毕结账手续后,就应更换、启用新的账簿,并将余额结转记入新账簿中。但有些财产物资明细账和债权、债务明细账,由于材料等财产物资的品种、规格繁多,债权、债务单位也较多,如果更换新账,重抄一遍的工作量相当大,因此,可以跨年度使用,不必每年更换一次。卡片式账簿,如固定资产卡片,以及各种备查账簿,也都可以连续使用。

会计账簿同会计凭证和会计报表一样,都属于会计档案,是重要的经济档案,各单位必须按规定妥善保管,确保其安全与完整,并充分加以利用。

一、会计账簿的装订整理

在年度终了更换新账簿后,应将使用过的各种账簿(跨年度使用的账簿除外)按时装订整理立卷。

(1)装订前,首先要按账簿启用和经管人员一览表的使用页数核对各个账户是否相符,账页数是否齐全,序号排列是否连续;然后按会计账簿封面、账簿启用表、账户目录、该账簿按页数顺序排列的账页、装订封底的顺序装订。

(2)对活页账簿,要保留已使用过的账页,将账页数填写齐全,除去空白页并撤掉账夹,用质地好的牛皮纸做封面和封底,装订成册。多栏式、三栏式、数量金额式等活页账不得混装,应按同类业务、同类账页装订在一起。装订好后,应在封面上填明账目的种类,编好卷号,并由会计主管人员和装订人员签章。

(3)装订后,会计账簿的封口要严密,封口处要加盖有关印章。封面要齐全、平整,并注明所属年度和账簿名称、编号。不得有折角、缺角、错页、掉页、加空白纸的现象。会计账簿要按保管期限分别编制卷号。

二、按期移交档案部门进行保管

年度结账后,更换下来的账簿,可暂由本单位财务会计部门保管一年,期满后原则上应由财务会计部门移交本单位档案部门保管。移交时需要编制移交清册,填写交接清单,交接人员按移交清册和交接清单项目核查无误后签章,并在账簿使用日期栏内填写移交日期。

已归档的会计账簿作为会计档案为本单位提供利用,原件不得借出,如有特殊需要,须经上级主管单位或本单位领导、会计主管人员批准,在不拆散原卷册的前提下,可以提供查阅或者复制,并要办理登记手续。

会计账簿是重要的会计档案之一,必须严格按《会计档案管理办法》规定的保管年限妥善保管,不得丢失和任意销毁。通常总账(包括日记总账)、明细账、现金和银行存款日记账保管期限为30年;固定资产卡片账在固定资产报废清理后保管5年。实际工作中,各单位可以根据实际利用的经验、规律和特点,适当延长有关会计档案的保管期限,但必须有较为充分的理由。

❓负责会计档案保管的人员是否属于会计,是否需要具备会计从业资格证?

【任务实施】

1.总账、日记账和多数明细账要每年更换一次,卡片式账簿,如固定资产卡片,以及各种备查账簿,可以连续使用。

2.年度结账后,更换下来的账簿,可暂由本单位财务会计部门保管一年,期满后应由财务会计部门移交本单位档案部门保管。移交时需要编制移交清册,填写交接清单。

单元小结

- 会计账簿按其用途不同,可分为序时账簿、分类账簿和备查账簿;按其外形特征不同,可以分为订本式账簿、活页式账簿和卡片式账簿;按其账页的格式不同,可以分为两栏式账簿、三栏式账簿、多栏式账簿、数量金额式账簿和横线登记式账簿。

- 现金日记账和银行存款日记账由出纳人员根据收、付款凭证,按经济业务发生时间的先后顺序,逐日逐笔进行登记。

- 总分类账一般采用订本式账,只进行货币度量的核算,常用的格式是三栏式。明细账的格式一般有三栏式明细账、数量金额式明细账、多栏式明细账和横线登记式明细分类账四种。

- 平行登记的要点通常包括同依据登记、同时登记、同方向登记、同金额登记。

- 账簿登记应遵循一定的规则。

- 常用的账务处理程序有记账凭证账务处理程序、汇总记账凭证账务处理程序和科目汇总表账务处理程序,三者的区别是登记总账的依据不同。

- 对账包括账证核对、账账核对、账实核对。
- 错账查找方法常用的有除二法、除九法、差数法、顺查法等。错账更正方法有划线更正法、红字更正法和补充登记法。
- 结账时应根据不同的账户记录,分别采用不同的结账方法。
- 总账、日记账和多数明细账要每年更换一次,卡片式账簿,如固定资产卡片,以及各种备查账簿,可以连续使用。
- 年度结账后,更换下来的账簿,可暂由本单位财务会计部门保管一年,期满后原则上应由财务会计部门移交本单位档案部门保管。移交时需要编制移交清册,填写交接清单。

复习思考题

一、思考题

1. 什么是会计账簿? 会计账簿从哪几个角度进行了分类? 分别包括哪些内容?
2. 日记账和总分类账一般采用什么形式的账簿? 明细账的格式有哪些?
3. 什么是明细账与总分账的平行登记? 包括的要点有哪些?
4. 账簿登记的规则有哪些?
5. 常用的账务处理程序有哪些? 简述它们的流程和特点。它们的区别什么?
6. 对账包括哪些内容?
7. 错账查找和更正的方法有哪些?
8. 各类账簿结账方法是什么?
9. 账簿更换和保管的要求是什么?

二、练习题

资料:东方公司 2017 年 3 月发生以下错账:

(1)8 日,管理人员张一出差,预借差旅费 1 000 元,用现金支付,原编记账凭证会计分录为:

借:管理费用   10 000

    贷:库存现金   10 000

并已登记入账。

(2)18 日,用银行存款支付前欠 A 公司货款 11 700 元,原编记账凭证会计分录为:

借:应付账款——A 公司   11 700

    贷:银行存款   11 700

会计人员在登记"应付账款"账户时,将"11 700"元误写为"1 170"。

(3)30 日,企业计算本月应交所得税 34 000 元,原编记账凭证会计分录为:

借:所得税费用   3 400

    贷:应交税费   3 400

并已登记入账。

要求:1.说明以上错账应采用的更正方法;

      2.对错账进行更正。

三、理论测试题

(一)单项选择题

1.现金日记账的格式一般是( )。

A.三栏式   B.数量金额式   C.多栏式   D.横线登记式

2.对于从银行提取现金的业务登记现金日记账的依据是( )。

A.现金收款凭证   B.现金付款凭证

C.银行存款收款凭证   D.银行存款付款凭证

3.将所有的记账凭证按相同的科目分别借方、贷方定期汇总编制成一种汇总表,然后据以登记总分类账的账务处理程序称为( )。

A.科目汇总表账务处理程序   B.日记总账账务处理程序

C.记账凭证账务处理程序   D.汇总记账凭证账务处理程序

4.各种账务处理程序的主要区别是( )。

A.登记总分类账的依据和方法不同   B.登记明细分类账的依据和方法不同

C.登记日记账的依据和方法不同   D.编制科目汇总表的方法不同

5.科目汇总表的主要缺点是( )。

A.登记总分类账的工作量大   B.不能进行试算平衡

C.不能反映账户的对应关系   D.不能反映各账户借方、贷方发生额

6.需要结计本月发生额的账户,结计账簿过次页的合计数应是( )。

A.年初至本日止   B.年初至本页末止

C.本月初至本日止   D.本月初至本页末止

7.需要结计本年累计发生额的账户,结计账簿过次页的合计数应是( )。

A.年初至本日止   B.年初至本页末止

C.本月初至本日止   D.本月初至本页末止

8.不能作为登记现金日记账的记账凭证是( )。

A.现金收款凭证   B.现金付款凭证

C.银行存款收款凭证   D.银行存款付款凭证

9.在登记账簿时,可以不附原始凭证的记账凭证是( )。

A.收款凭证   B.付款凭证

C.转款凭证   D.用于结账的记账凭证

10.( )账簿在使用结束不再登记时,必须装订成册,妥善保管。

A.订本账   B.卡片账   C.活页账   D.分类账

(二)多项选择题

1.账簿按其用途,可以分为( )。

A.序时账簿   B.订本账簿   C.分类账簿   D.备查账簿

2.账簿按其外表形式,可以分为( )。

A.订本账簿　　　　B.活页账簿　　　　C.三栏账簿　　　　D.卡片账簿

3.会计账簿的基本内容包括(　　　)。

A.封面　　　　B.账户　　　　C.扉页　　　　D.账页

4.下列账户的明细账应采用多栏式的有(　　　)。

A.管理费用　　　　B.制造费用　　　　C.应付账款　　　　D.应收账款

5.下列账户的明细账应采用数量金额式的有(　　　)。

A.原材料　　　　B.生产成本　　　　C.库存商品　　　　D.管理费用

6.企业从银行提取现金1 000元,此项业务应在(　　　)中登记。

A.现金日记账　　　　　　　　　　B.银行存款日记账

C.总分类账　　　　　　　　　　　D.明细分类账

7.登记总账的依据可以是(　　　)。

A.记账凭证　　　　B.科目汇总表　　　　C.汇总记账凭证　　　　D.原始凭证

8.总账和明细账的平行登记应满足(　　　)要求。

A.原始依据相同　　　　B.同期登记　　　　C.同金额登记　　　　D.同方向登记

9.在账簿中红笔可用于(　　　)。

A.按照红字冲账的记账凭证,冲销错误记录

B.在不分借贷方向的多栏式账页中,登记减少数

C.在余额栏前未设借贷方向时,用以登记反方向余额

D.结转划线

10.记账时不得隔页、跳行登记,如果发生隔页、跳行时,不得随意涂改,而应采取的处理方法是(　　　)。

A.将空页、空行用红线划掉　　　　　　B.应将账页撕下并装入档案保存

C.应加盖"作废"字样　　　　　　　　　D.应按规定由相关人员签章

(三)判断题

1.账簿只是一个外在形式,账户才是它的真实内容。账簿与账户的关系,是形式和内容的关系。　　　　　　　　　　　　　　　　　　　　　　　　　　　　　　　(　　　)

2.总分类账和明细分类账平行登记要求做到方向相同、期间一致、金额相等。(　　　)

3.所有的账簿每年都要更换新账。　　　　　　　　　　　　　　　　　　(　　　)

4.对既不需要结计本月发生额也不需要结计本年累计发生额的账户,可以只将每页末的余额结转次页。　　　　　　　　　　　　　　　　　　　　　　　　　　　　(　　　)

5.月结时,收入、费用类账户需要结出本月发生额和余额,记入最后一笔记录下的借方和贷方栏内,并在摘要栏内注明"本月合计"字样,同时在该行下划双红线,以完成月结工作。

(　　　)

6.如果在结账前发现账簿记录有文字或数字错误,而记账凭证没有错误,则可采用划线更正法,不可以采用红字更正法。　　　　　　　　　　　　　　　　　　　　(　　　)

7.现金日记账和银行存款日记账期末余额应分别同有关总分类账户的期末余额核对,属于账账核对。　　　　　　　　　　　　　　　　　　　　　　　　　　　　　　(　　　)

8.期末进行试算平衡时,发现所有总分类科目的本期借方发生额合计数与所有总分类科目的本期贷方发生额合计数不相等,则说明科目记录不正确。　　　　　　　　(　　　)

9.明细账一般是逐笔登记,也可以定期汇总登记。　　　　　　　　　　　　（　　　）

10.有些企业可以不设置总分类账。　　　　　　　　　　　　　　　　　　（　　　）

实训题一

实训课题:现金日记账和银行存款日记账的登记

实训目的:练习三栏式现金日记账和银行存款日记账的登记方法

实训组织:每3~5名学生为一组,分别负责审核对方完成的实训任务

实训内容:

资料:

广州太阳公司2017年6月"库存现金"借方余额3 200元,"银行存款"借方余额45 000元。6月份发生以下经济业务:

(1)6月2日,向银行借入为期6个月的借款100 000元,存入银行。

(2)6月3日,向本市红光公司购进甲材料60吨,单价400元,货款24 000元,货款已用支票支付,材料已验收入库。

(3)6月4日,以银行存款14 600元偿还前欠红星公司货款。

(4)6月5日,用现金支付3日所购材料的运杂费400元。

(5)6月6日,职工王放出差借差旅费2 000元,经审核开出现金支票。

(6)6月8日,从银行提取现金15 000元,以备发放职工工资。

(7)6月10日,以现金15 000元发放职工工资。

(8)6月12日,以现金500元支付职工困难补助。

(9)6月15日,销售商品40吨,单价800元,货款已收到。

(10)6月18日,用银行存款支付销售商品所发生的费用600元。

(11)6月25日,收到华夏公司前欠货款18 000元,存入银行。

(12)6月26日,职工王放出差回来报销差旅费1 900元,余额退回。

(13)6月30日,用银行存款28 000元交纳税金。

要求:

1.根据资料编制会计分录,填制记账凭证,并按经济业务的顺序编号。(为简化核算,不考虑增值税)

2.设置"现金日记账"和"银行存款日记账",登记并结出发生额和余额。

3.编制库存现金和银行存款的科目汇总表,登记库存现金和银行存款总账。

实训题二

实训课题:错账的更正

实训目的:掌握错账的登记方法

实训组织:每3~5名学生为一组,分别负责审核对方完成的实训任务

实训内容:

资料:

某公司6月份有四笔经济业务的原始凭证、记账凭证及账簿的登记情况如下(见表4-16至表4-29):

1.6月6日,生产A产品领用钢材。

表4-16　领　料　单

领料单位:生产车间

用　途:A产品　　　　　　　2017年6月6日　　　　　　　No 23654

材料类别	材料名称及规格	计量单位	数量		单价	金额
			请领	实领		
原料及主要材料	20mm 钢材	吨	6	6	2 550	15 300.00
合　计			6	6		15 300.00

记账:陈尘　　　　　　发料:黄敏　　　　　　领料:李利

表4-17　转　账　凭　证

2017年6月6日　　　　　　　　　　　　　　　转字2号

摘　要	科目名称		借方金额								贷方金额								记账
	总账科目	明细科目	十	万	千	百	十	元	角	分	十	万	千	百	十	元	角	分	
领用材料	制造费用	A产品		1	3	5	0	0	0	0									√
	原材料	螺纹钢										1	3	5	0	0	0	0	√
附件1张	合计	￥		1	3	5	0	0	0	0	￥	1	3	5	0	0	0	0	

会计主管:何总　　　　记账:冯言　　　　复核:　　　　制单:陈尘

2.6月8日,以现金购买办公用品。

表4-18　商业零售企业统一发票

海口市商业零售企业统一发票　　No　236548

购货单位:新华公司　　　　2017年6月8日

品　名	规格	单位	数量	单价	金额							
					十万	万	千	百	十	元	角	分
印纸		箱	2	90				1	8	0	0	0
合计金额(大写)人民币壹佰捌拾元整							￥	1	8	0	0	0

单位盖章:　　　　收款人:黄云　　　　制票人:项青

表4-19 **付 款 凭 证**

贷方科目:现金　　　　　　　　2017 年 6 月 8 日　　　　　　　　现付字 6 号

摘 要	总账科目	明细科目	金 额									记账
			百	十	万	千	百	十	元	角	分	
支付办公用品费(印纸)	管理费用	办公费					1	0	8	0	0	
合 计 金 额						¥	1	0	8	0	0	

会计主管:　　　　记账:　　　　复核:　　　　制单:　　　　出纳:　　　附件　张

3.6 月 12 日,职工李兴出差借款。

表4-20 **借 款 单**

2017 年 6 月 12 日

工作单位	姓 名	借款金额	批准金额	备 注
供应科	李兴	¥2 300.00	¥2 300.00	
借款金额(大写)贰仟叁佰元整				
借款理由	采购商品			

批准人:　　　　审核　　　　借款人:李花　　　　经办人:

表4-21 **付 款 凭 证**

贷方科目:现金　　　　　　　　2017 年 6 月 12 日　　　　　　　现付字 6 号

摘 要	总账科目	明细科目	金 额									记账
			百	十	万	千	百	十	元	角	分	
职工预借差旅费	其他应收款	李花				3	2	0	0	0	0	
合 计 金 额					¥	3	2	0	0	0	0	

会计主管:　　　　记账:　　　　复核:　　　　制单:陈尘　　　　出纳:　　　附件　张

4.6 月 15 日,销售废料一批。

表4-22 **工业企业统一发票**

海口市工业企业统一发票　　　No 236548

购货单位:兴达收购站　　　　2017 年 6 月 15 日

品 名	规 格	单 位	数 量	单 价	金 额							
					十	万	千	百	十	元	角	分
废铁		公斤	1 200	0.8				9	6	0	0	0
人民币(大写)捌佰陆拾元整						¥		9	6	0	0	0

单位盖章:　　　　收款人:崔玲　　　　制票人:杜文

第二联　发票联

表 4-23　收 款 凭 证

借方科目:现金　　　　　　　　2017 年 6 月 15 日　　　　　　　　现收字 10 号

摘　要	总账科目	明细科目	金　额									记账
			百	十	万	千	百	十	元	角	分	
销售废铁一批	其他业务收入						9	6	0	0	0	
合 计 金 额						¥	9	6	0	0	0	

会计主管:　　　　　记账:　　　　　复核:　　　　　制单:陈尘　　　　　出纳:

附件　张

表 4-24　总分类账户(一)

科目:制造费用

17 年		凭证号数	摘　要	借　方									贷　方									借或贷	余　额				
月	日			百	十	万	千	百	十	元	角	分	百	十	万	千	百	十	元	角	分		百	十	元	角	分
6	6	转字2号	领用材料			1	3	5	0	0	0	0															

表 4-25　总分类账户(二)

科目:原材料

17 年		凭证号数	摘　要	借　方								贷　方							借或贷	余　额							
月	日			十	万	千	百	十	元	角	分	万	千	百	十	元	角	分		百	十	万	千	百	十	元	角	分
6	1		期初余额																借	1	0	0	0	0	0	0	0	0
6	6		生产领用材料		1	3	5	0	0	0	0								借		8	6	5	0	0	0	0	0

表 4-26　总分类账户(三)

科目:管理费用

17 年		凭证号数	摘　要	借　方								贷　方								借或贷	余　额				
月	日			百	十	万	千	百	十	元	角	分	百	十	万	千	百	十	元	角	分	千	百	十	元	角	分
6	8		承前页				2	0	0	0	0	0															
6	8		购买办公用品				1	0	8	0	0																

表 4-27　总分类账户（四）

科目：现金

17年 月	日	凭证号数	摘要	借方 万	千	百	十	元	角	分	贷方 百	十	万	千	百	十	元	角	分	借或贷	余额 十	万	千	百	十	元	角	分
6	1		期初余额																	借			4	1	0	0	0	0
	8		购买办公用品										1	0	8	0	0			借			3	9	9	2	0	0
	12		职工借差旅费										3	2	0	0	0	0		借				7	9	2	0	0
	15		销售废料一批		6	9	0	0	0	0									借			1	4	8	2	0	0

表 4-28　总分类账户（五）

科目：其他应收款

17年 月	日	凭证号数	摘要	借方 万	千	百	十	元	角	分	贷方 万	千	百	十	元	角	分	借或贷	余额 百	十	万	千	百	十	元	角	分
6	1		期初余额															借				1	2	0	0	0	0
	12		职工出差借款		3	2	0	0	0	0								借				4	4	0	0	0	0

表 4-29　总分类账户（六）

科目：其他业务收入

17年 月	日	凭证号数	摘要	借方 万	千	百	十	元	角	分	贷方 百	十	万	千	百	十	元	角	分	借或贷	余额 十	万	千	百	十	元	角	分
6	3		收取租金										4	0	0	0	0	0										
	15		销售废料一批											6	9	0	0	0										

要求：

根据上述资料，采用正确的方法对错账进行更正。要对每笔经济业务的原始凭证与记账凭证、记账凭证与账簿记录进行核对，指出存在的错误，说明应采用的更正方法，并进行更正。

实训考核：

实训完成后的考核标准表见表 4-30。

表 4-30　考核标准表

考核标准					
序号	考核项目	评分标准			
		A(100%)	B(80%)	C(60%)	D(0)
1	态度(5分)	保质保量完成	书写工整	书写不工整	未写或互相抄袭
2	质量(10分)	规范、符合实际	基本符合实际	—	未搞清所布置的问题
评价方式:学生互评,教师总评。					
评分	学生	点评:		得分:	总分
	教师	点评:		得分:	

延伸阅读:《登记账簿》

单元五　核算企业基本业务

●了解工业企业资金筹集、供应业务、产品生产、产品销售和利润结转与分配的主要业务类型；

●熟悉工业企业资金筹集、供应业务、产品生产、产品销售和利润结转与分配过程中主要设置的账户及账户核算内容；

●掌握短期借款利息、材料采购成本、简单的产品成本的计算方法；

●掌握营业利润、利润总额和净利润的计算原理；

●掌握工业企业资金筹集、资产采购、产品生产、产品销售和利润结转与分配的账务处理方法。

能力目标

●会设置筹资业务、供应业务、生产业务、销售业务和利润结转与分配的主要账户；

●会计算短款借款利息、材料采购成本、简单的产品成本；

●能够正确计算营业利润、利润总额和净利润；

●能够正确进行工业企业筹资业务、供应业务、生产业务、销售业务和利润结转与分配的账务处理。

单元描述

企业经营过程中的主要业务活动分为三类：筹资活动、经营活动和投资活动。企业设立之初需要筹集资金进行公司注册，一般情况下，企业发起人初始投入的资金为企业的股权资金，包括货币资金、实物资产、无形资产等，投资者还可以向银行借款进行经营。企业设立之后进行运营，主要经营活动有购买或租借办公用房、厂房，采购设备，采购原材料，领料进行生产，支付经营过程中的企业管理费用、产品促销费用、人员工资等，产品完工入库，产品销售，收取货款等。每个会计期末需要编制财务报表，计算经营利润，进行利润分配，进而进入下一期的经营，循环往复，不断发展壮大。我们会计工作者就是要对上述经营业务进行核算，为企业的经营管理、为企业所有者的决策提供各种财务信息，当好参谋和助手。

任务一　资金筹集业务核算

【任务布置】

小宇和小辰是会计专业在校大学生,通过学习大学生创业课程后,开始寻找创业机会。两人经过认真的市场调查,决定投资5万元在学校周围共同经营一家烘焙工坊。其中小宇出资2万元,小辰出资1万元,小辰的父母出资2万元。经过两个月的筹备,宇辰烘焙工坊正式成立,筹备过程中花费了2万元,其中18 000元购买了制作蛋糕的烘焙工具和保鲜柜等固定资产,2 000元购进了面粉、奶油和白糖等原材料。两人利用学过的财务知识对工坊的经济活动进行核算和监督。若干年后,经过两人的悉心经营,烘焙工坊销售范围不断扩大,销售额不断提高,两人决定将烘焙工坊进行扩大,注册成立宇辰有限责任公司。公司规模的扩大需要大量资金注入。

1.你认为小宇和小辰可以通过什么方式筹集资金呢?

2.你知道上述筹资业务如何进行账务处理吗?请分别列出银行短期借款、投资者货币出资和固定资产出资的会计分录。

【知识准备】

企业要进行生产经营活动,必须具有一定数量的货币资金、固定资产和无形资产等。而一定数量的货币资金、固定资产和无形资产从何取得,通过哪些渠道取得,取得数量各是多少?这些业务就是资金筹集业务,筹集生产经营资金是企业生产经营活动顺利开展的保证。

一、筹资的渠道和方式

(一)筹资的渠道

筹资渠道是指筹措资金来源的方向与通道,体现着资金的源泉和流量。企业筹集资金的渠道包括国家财政资金、银行信贷资金、非银行金融机构资金、其他企业资金、民间资金、企业自留资金和外商资金。

(二)筹资的方式

筹资方式是指企业筹措资金所采取的具体形式,体现着资金的属性,企业筹集资金的方式主要有吸收直接投资、发行股票、银行借款、商业信用、发行债券、发行融资券和租赁筹资。

宇辰有限责任公司在筹资过程中要考虑哪些因素?需要遵循哪些原则?请代公司老板撰写一份筹资计划书。

二、筹集股权资金的业务核算

(一)筹集股权资金业务核算的内容

《中华人民共和国公司法》规定,设立公司必须有法定的注册资本金,即企业在工商行政管理部门登记的注册资金。企业通过发行股票、吸收直接投资或内部积累等方式来筹集资金,从而构成企业的所有者权益的主要部分。

在我国,股权资金按投资主体不同,可分为国家资本金、法人资本金、个人资本金和外商资本金。投资者可以用货币资金、存货、固定资产、无形资产等形式向企业投资,成为企业的股东,在企业生产经营期内,投资者除依法转让外,不得以任何方式抽回资本金。因此,对投资者投入企业用于经营活动的各种财产物资是筹集股权资金业务核算的主要内容。

（二）主要账户设置

为了核算和监督企业筹集到的股权资金,企业应设置两个主要账户:"实收资本(股本)"与"资本公积"。

1. 实收资本

账户类型:所有者权益类账户。

核算内容:核算企业接受投资者投入企业的资本额。

账户结构:贷方核算企业实收资本的增加,借方核算企业实收资本的减少,期末贷方余额表示企业接受投资者投入资本(或股本)的余额。

明细账户:应按不同的投资者设置明细账户进行明细核算。

说明:图中借方或贷方的期初、期末余额表示该账户如果存在余额时,应在账户中登记的方向。如果没有期初、期末余额则表示该类账户结账后应无余额。其他账户表示的涵义相同。

2. 资本公积

账户类型:所有者权益类账户。

核算内容:核算企业收到投资者出资超出其在注册资本(或股本)中所占的份额以及直接计入所有者权益的利得和损失。

账户结构:贷方核算资本公积的增加,借方核算资本公积的减少或转销,期末贷方余额反映企业资本公积的余额。

明细账户:应当分别按"资本溢价"或"股本溢价"、"其他资本公积"进行明细核算。

实收资本		资本公积	
	期初余额		期初余额
企业实收资本的减少	接受投资者投资增加的金额	资本公积的减少或转销	资本公积的增加
	期末余额		期末余额

3. 无形资产

账户类型:资产类账户。

核算内容:核算企业无形资产的增减变动情况及其结余情况。

账户结构:借方登记企业购入或自行研发的,以及其他单位投资转入的各种无形资产;贷方登记企业减少的无形资产的成本;期末余额在借方,表示企业所拥有的无形资产的原值。

明细账户:按照无形资产的类别和项目设置明细账,进行明细分类核算。

4.固定资产

账户类型:资产类账户。

核算内容:核算企业固定资产的原始价值的增减变动情况及其结存情况。

账户结构:借方登记企业购入、其他单位投资转入、融资租入、接受捐赠及盘盈的固定资产;贷方登记企业出售、报废和毁损以及投资转出、盘亏的固定资产;期末余额在借方,表示企业企业所拥有的固定资产原价。

明细账户:按照固定资产使用部门、类别和每项固定资产设置明细账,进行明细分类核算。

无形资产	
期初余额	
企业购入或自行研发的,以及其他单位投资转入的各种无形资产	企业减少的无形资产的成本
期末余额	

固定资产	
期初余额	
企业购入、投资者投资转入、融资租入、接受捐赠及盘盈的固定资产	企业出售、报废和毁损以及投资转出、盘亏的固定资产
期末余额	

5.银行存款

账户类型:资产类账户。

核算内容:核算企业存入银行和其他金融机构的存款的增减变动情况。

账户结构:借方登记企业存入银行的款项;贷方登记企业提取和支取的存款数额;期末余额在借方,表示企业存款的实有数。

明细账户:按照开户银行及存款种类、币别分别设置明细账进行明细分类核算。

银行存款	
期初余额	
企业存入银行的款项	企业提取和支取的存款数额
期末余额	

(三)筹集股权资金业务核算示例

【例 5-1】 宇辰公司注册成立,接受大华公司投入现金 100 万元,款项已通过银行转入。

分析:宇辰公司接受投资者投入资金,获得一笔银行存款,故"银行存款"增加,记借方;同时,宇辰公司接受投资者投入的资本增加,即"实收资本"增加,记贷方。宇辰公司会计人员应根据业务内容编制会计分录如下:

借:银行存款   1 000 000

    贷:实收资本——大华公司   1 000 000

【例 5-2】 假设 A 公司按法定程序报经批准,减少注册资本 30 万元(其中 B 公司拥有 40%的股份,D 公司拥有 60%的股份),款项已通过银行存款支付。

分析:A 公司减少注册资本的方式是向企业投资者支付一定金额的银行存款,所以 A"银行存款"减少,记贷方;同时,企业接受投资者投资的金额相应减少,投资人在 A 公司的权益相应减少,故应记"实收资本"的借方。A 公司会计人员应根据上述业务内容编制如下会计分录:

借:实收资本——B　　　　　　　　　　　　　　　　　　　　　120 000
　　　　　　　——D　　　　　　　　　　　　　　　　　　　　180 000
　　贷:银行存款　　　　　　　　　　　　　　　　　　　　　　300 000

【例 5-3】　宇辰公司又接受百盛公司风险投资 200 万元,其中投入的十台设备双方协议价 140 万元,设备公允价值 150 万元,投入的一项产品生产配方作价 50 万元,双方已经办洽增资手续,不考虑相关税费。

分析:宇辰公司因接受百盛公司的投资而使"实收资本"增加,故应贷记"实收资本";但由于其投入的资产总价值 200 万元超过协议价(即产生资本溢价),故超过部分应作为"资本公积"处理。宇辰公司会计人员应根据上述业务内容编制如下会计分录:

借:固定资产　　　　　　　　　　　　　　　　　　　　　　　1 500 000
　　无形资产　　　　　　　　　　　　　　　　　　　　　　　500 000
　　贷:实收资本——百盛公司　　　　　　　　　　　　　　　　1 900 000
　　　　资本公积——资本溢价　　　　　　　　　　　　　　　　100 000

三、借入资金业务核算

(一)借入资金业务核算的内容

企业自有资金不足以满足企业经营运转需要时,可以通过从银行或其他金融机构借款的方式筹集资金,并按借款协议约定的利率承担支付利息及到期归还借款本金的义务。因此,企业借入资金时,一方面银行存款增加,另一方面负债也相应增加。

(二)主要账户设置

为核算企业因借款而形成的负债,企业应设置"短期借款"和"长期借款"两个账户,还应设置"应付利息"和"财务费用"账户核算借款的利息费用和应付的借款利息。

1. 短期借款

账户类型:负债类账户。

核算内容:核算企业向银行或其他金融机构等借入的期限在 1 年以下(含 1 年)的各项借款。

账户结构:贷方登记从银行或其他金融机构借款的本金;借方登记企业归还的借款本金;本账户期末贷方余额反映企业尚未偿还的短期借款的本金。

明细账户:按照借款种类、贷款人和币种进行明细核算。

2. 长期借款

账户类型:负债类账户。

核算内容:核算企业向银行或其他金融机构借入的期限在 1 年以上(不含 1 年)的各项借款(含本金及计提的到期一次还本付息的借款利息)。

账户结构:借方登记借入长期借款的本金及计提的到期一次还本付息的借款利息;贷方登记归还的长期借款本金及利息;本账户期末贷方余额,反映企业尚未偿还的长期借款本金及利息的余额。

明细账户:按照贷款单位进行明细核算。

短期借款		长期借款	
	期初余额		期初余额
归还的借款本金	从银行或其他金融机构借入的短期贷款本金	归还的长期借款本金及利息	企业借入长期借款和到期一次还本付息借款计提的借款利息
	期末余额		期末余额

3. 应付利息

账户类型:负债类账户。

核算内容:核算企业按照合同约定应支付的利息,包括短期借款、分期付息到期还本的长期借款、企业债券等应支付的利息。

账户结构:贷方登记应按月预先提取的利息费用;借方登记已支付的利息费用;期末余额在贷方,表示企业已经预提,但尚未支付的利息费用。

明细账户:按照借款种类、贷款人和币种进行明细核算。

4. 财务费用

账户类型:损益类(费用)账户。

核算内容:核算企业为筹集生产经营所需资金等而发生的筹资费用,包括利息支出(减利息收入)、汇兑差额以及相关的手续费等。

账户结构:借方登记发生的筹资费用;贷方登记发生的利息收入和结转本年利润的金额;期末应将本账户余额转入"本年利润"账户,结转后本账户应无余额。

明细账户:按照费用类型进行明细核算。

应付利息		财务费用	
	期初余额		期初余额
已支付的利息费用	按月预先提取的利息费用	发生的筹资费用	发生的利息收入和结转本年利润的金额
	期末余额		

(三)借入资金业务核算示例

1. 短期借款的核算

【例 5-4】 2016 年 1 月 1 日宇辰公司从银行借入一年期借款 10 万元,年利率 12%,每半年付息一次,到期一次还本。

分析:宇辰公司从 B 银行借入资金后,银行存款增加,故借记"银行存款";同时,宇辰公司增加了一项负债,即"短期借款"增加,故应贷记"短期借款"。宇辰公司会计人员应根据上述业

务内容编制如下会计分录:

借:银行存款　　　　　　　　　　　　　　　　　　100 000
　　贷:短期借款——B 银行　　　　　　　　　　　　　　100 000

企业借入上述短期借款后,必须承担支付利息的义务。宇辰公司每个月应计提利息费用。对于企业发生的利息费用,应通过"财务费用"账户进行核算。

【例 5-5】　宇辰公司每个月计提利息费用,2016 年 6 月 30 日,以存款支付银行上半年短期借款利息。

每个月预提的利息费用＝100 000×12％/12＝1 000(元)

上半年的利息费用 100 000×12％×6/12＝6 000(元)

分析:企业在月末确认发生的利息费用时,费用增加,应记"财务费用"的借方;同时,确认负债,贷记"应付利息"。6 月末以银行存款支付利息时,银行存款减少,应贷记"银行存款";同时减少负债,借记"应付利息"。宇辰公司会计人员应根据上述业务内容编制如下会计分录:

每个月预提利息费用时:

借:财务费用　　　　　　　　　　　　　　　　　　　1 000
　　贷:应付利息　　　　　　　　　　　　　　　　　　　　1 000

7 月到 12 月计提利息处理同上。

6 月末支付利息时:

借:应付利息　　　　　　　　　　　　　　　　　　　6 000
　　贷:银行存款　　　　　　　　　　　　　　　　　　　　6 000

【例 5-6】　2016 年 12 月 31 日,宇辰公司以银行存款归还 B 银行短期借款本金 10 万元及下半年利息 6 000 元。

分析:企业归还借款,则企业负债减少,故应借记"短期借款";同时,企业还应确认并支付下半年的借款利息,所以还应借记"财务费用",贷记"银行存款"等账户。宇辰公司会计人员应根据上述业务内容编制如下会计分录:

借:应付利息　　　　　　　　　　　　　　　　　　　6 000
　　短期借款——B 银行　　　　　　　　　　　　　　100 000
　　贷:银行存款　　　　　　　　　　　　　　　　　　　106 000

2.长期借款业务

【例 5-7】　2016 年 12 月 1 日宇辰公司从 B 银行借入两年期借款 100 万元,用于生产经营,年利率 12％,到期一次还本付息。

分析:企业借入资金,则银行存款增加,应借记"银行存款";同时,企业也增加了一笔负债,故应贷记"长期借款"。12 月 31 日,企业应付利息:

应付利息＝1 000 000×12％/12＝10 000(元)

由于该借款是到期一次还本付息,应借记"长期借款——应计利息"。

宇辰公司会计人员应根据上述业务内容编制如下会计分录:

借:银行存款　　　　　　　　　　　　　　　　　　1 000 000
　　贷:长期借款——B 银行　　　　　　　　　　　　　1 000 000

借:财务费用　　　　　　　　　　　　　　　　　　　10 000
　　贷:长期借款——应计利息——B 银行　　　　　　　　10 000

【任务实施】

1. 企业筹集资金的渠道包括国家财政资金、银行信贷资金、非银行金融机构资金、其他企业资金、民间资金、企业自留资金和外商资金。

2. 小宇出资 2 万元，小辰出资 1 万元，小辰的父母出资 2 万元。

借：银行存款	50 000
贷：实收资本——小宇	20 000
——小辰	10 000
——小辰父母	20 000

3. 三种情形的会计分录。

(1)从银行取得短期借款。

借：银行存款

　　贷：短期借款

(2)接受投资者货币资金投资。

借：银行存款

　　贷：实收资本

(3)接受投资人以设备等固定资产投资(以双方协议价入账)。

借：固定资产

　　贷：实收资本

任务二　供应过程业务核算

【任务布置】

宇辰烘焙工坊在经营期间发生了如下业务，花费 18 000 元新购买了制作蛋糕的烘焙工具和保鲜柜等固定资产，2 000 元购进了面粉、奶油和白糖等原材料，运费均由销售方支付，上述采购均取得了增值税专用发票(税率 17%)。

你知道采购原材料的成本如何计算吗？取得了增值税专用发票对宇辰烘焙工坊有何影响？上述采购活动如何进行账务处理？

【知识准备】

企业筹集到资金后，需要购入设备、厂房、材料、工(器)具等，以备生产。通过物资采购，企业的财产物资增加了；同时，因采购而支付了相应的存款或承担了相应的负债，导致货币资金的减少或负债的相应增加。

一、供应过程的主要经济业务

为了核算和监督企业采购供应过程中的有关资产成本和负债信息,需要设置"在途物资""原材料""应付账款""应付票据""预付账款""应交税费"等账户。

1.在途物资

账户类型:资产类账户。

核算内容:核算实际成本法下企业购入尚在途中或虽已运达但尚未验收入库的材料的采购成本。

账户结构:借方登记企业购入尚在途中或虽已运达但尚未验收入库的材料成本;贷方登记材料入库后转入原材料的成本;期末余额在借方,表示尚在途中或虽已运达但尚未验收入库的材料成本。

明细账户:按照供应单位和材料类别进行明细核算。

2.原材料

账户类型:资产类账户。

核算内容:核算企业库存各种材料的增减变动及其结余情况。

账户结构:在实际成本法下该账户的借方登记已验收入库材料的实际成本;贷方登记发出材料的实际成本;期末余额在借方,表示库存各种材料的实际成本。

明细账户:按照材料的保管地点(仓库)、材料类别、品种和规格设置明细账户,进行明细分类核算。

在途物资		原材料	
期初余额		期初余额	
新增的在途材料成本,包括买价、运杂费用等	因验收入库而转入"原材料"账户的在途材料成本	在实际成本法下登记已验收入库材料的实际成本	在实际成本法下发出材料的实际成本
期末余额		期末余额	

3.应付账款

账户类型:负债类账户。

核算内容:核算企业因购买材料、商品和接受劳务供应等经营活动应支付的款项。

账户结构:贷方登记因购货而增加的负债;借方登记因偿还货款而减少的负债或无法支付转销的欠款;期末贷方余额表示尚未归还的货款。

明细账户:按照不同的债权人进行明细核算。

4.应付票据

账户类型:负债类账户。

核算内容:核算企业购买材料、商品和接受劳务供应等而开出、承兑的商业汇票,包括银行承兑汇票和商业承兑汇票。

账户结构:贷方登记开出、承兑的商业汇票价值;借方登记到期以银行存款支付汇票款减少的商业汇票价值;本账户期末贷方余额,反映企业尚未到期的商业汇票的票面金额。

明细账户:按照商业汇票种类进行明细核算。

应付账款			应付票据	
	期初余额			期初余额
因偿还货款而减少的负债或无法支付转销的欠款	购货而增加的负债		到期以银行存款支付汇票款减少的商业汇票价值	开出、承兑的商业汇票价值
	期末余额			期末余额

5. 应交税费

账户类型:负债类账户。

核算内容:核算企业按照税法规定计算应交纳的各种税费,包括增值税、消费税、所得税、资源税、土地增值税、城市维护建设税、房产税、土地使用税、车船使用税、教育费附加、印花税、矿产资源补偿费等。

账户结构:贷方登记新增应交而未交的税费;借记登记实际支付的税费;本账户期末如为贷方余额,反映企业应交但尚未交纳的税费;期末如为借方余额,反映企业多交或尚未抵扣的税金。

明细账户:按照应交税费的税种进行明细核算。

说明:账户期初、期末余额中均标明的,表明该类账户期末余额可能在借方也可能在贷方,其他同理。

6. 预付账款

账户类型:资产类账户。

核算内容:核算企业按照购货合同规定预付给供应单位的款项。

账户结构:借方登记按照合同规定预付给供应单位的货款和补付的款项;贷方登记收到所购货物的货款和退回多付的款项;期末如为借方余额,表示企业实际预付的款项;期末如为贷方余额,表示企业尚未补付的款项。

明细账户:按照供应单位设置明细账,进行明细分类核算。

应交税费			预付账款	
期初余额	期初余额		期初余额	期初余额
实际支付的税费	新增应交而未交的税费		按照合同规定预付给供应单位的货款和补付的款项	收到所购货物的货款和退回多付的款项
期末余额	期末余额		期末余额	期末余额

企业在经营过程中哪些会计账户既可能出现借方余额,又可能出现贷方余额?

二、材料成本计算

（一）材料采购成本的构成

外购材料的采购成本是指为采购原材料而发生的各项费用。材料采购成本应以实际成本计价。

企业的材料采购成本包括：

（1）买价。买价是指在企业购入材料或商品的发票账单上列明的价款，但不包括按规定可以抵扣的增值税进项税额。

（2）运杂费，包括运输费、装卸费、包装费、保险费、仓储费等。

（3）运输途中的合理损耗，指企业与供应或运输部门所签订的合同中规定的合理损耗或必要的自然损耗。

例如，购入甲材料 2 000 公斤，每公斤单价 5 元，验收入库数量为 1 990 公斤，经查验属于合理损耗。材料入库少了 10 公斤，对应的成本是 50 元，但由于是合理损耗，所以不从总成本中扣除，材料总成本是 10 000 元，但单位成本提高了，为 5.03 元/公斤（10 000/1 990）。

（4）入库前的挑选整理费用，指购入的材料在入库前需要挑选整理而发生的费用，包括挑选过程中所发生的工资、费用支出和必要的损耗，但要扣除下脚残料的价值。

（5）购入材料负担的税金（如关税等）等。

其中第（2）—（5）项为采购费用。

？ 采购人员的差旅费用、专设采购机构的经费，是否应列入材料的采购成本？

（二）材料采购费用的分配

在采购过程中发生的采购费用，对于可以直接归属于有关材料的直接费用，应直接计入相关材料的采购成本；几种材料共同发生的采购费用，则应采用适当的方法按一定的分配标准分别计入各种材料的采购成本。实际工作中，可根据具体情况选择重量、体积、件数、买价等作为分配标准。分配共同发生的采购费用时，应先计算采购费用分配率，再计算各种材料应负担的采购费用。计算公式如下：

采购费用分配率＝采购费用总额÷各种材料的重量（买价）等分配标准之和

某种材料应负担的采购费用＝该种材料的重量（买价）等分配标准×采购费用分配率

三、供应过程业务核算示例

【例 5-8】 宇辰公司从万科公司购入面粉一批，增值税专用发票上记载的货款为 100 000 元，增值税额为 17 000 元，另对方代垫运费 1 000 元（收到增值税专用发票，专用发票上记载的税率为 11%，以下涉及运费的相同）和保险费 600 元，全部款项已用转账支票付讫，材料已验收入库。公司在进行会计处理时，应编制的会计分录为：

借：原材料——面粉　　　　　　　　　　　　　　　　　101 600

应交税费——应交增值税（进项税额）　　　　　　　　17 110

贷：银行存款　　　　　　　　　　　　　　　　　　　　　118 710

【例 5-9】 宇辰公司从宏达公司采购白糖 900 千克，增值税专用发票上记载的货款为 13 500元，增值税额为 2 295 元；购买红糖 700 千克，增值税专用发票上记载的货款为 5 600

元,增值税额为952元;白糖、红糖共发生装卸费800元,白糖的保险费为200元。全部款项已用转账支票付讫,材料已验收入库。假设装卸费以白糖、红糖两种材料的重量比例作为分配标准,其分配装卸费如下:

分配率＝800/(900＋700)＝0.5 (元/千克)

白糖应分配的装卸费＝900×0.5＝450 (元)

红糖应分配的装卸费＝700×0.5＝350(元)

借:原材料——白糖   14 150 (13 500＋450＋200)

        ——红糖   5 950(5 600＋350)

    应交税费——应交增值税(进项税额)   3 247(2 295＋952)

    贷:银行存款   23 347

【例 5-10】 宇辰公司从纵横公司购进食品香料一批,增值税专用发票上标明的货款为40 000元,增值税为6 800元,另供货单位代垫运费500元(收到增值税专用发票)。已开出商业汇票一张,材料尚未运抵企业。

①根据增值税专用发票编制会计分录:

借:在途物资——食品香料   40 500

    应交税费——应交增值税(进项税额)   6 855

    贷:应付票据   47 355

②材料到达,验收入库后,根据收料单编制会计分录:

借:原材料——食品香料   40 500

    贷:在途物资——食品香料   40 500

③商业汇票到期,支付款项后编制会计分录:

借:应付票据   47 355

    贷:银行存款   47 355

【例 5-11】 宇辰公司从宏达公司购进食品乳胶一批,增值税专用发票上标明的货款为30 000元,增值税额为5 100元。材料尚未运抵企业,款项也尚未支付。根据增值税专用发票编制会计分录:

借:在途物资——食品乳胶   30 000

    应交税费——应交增值税(进项税额)   5 100

    贷:应付账款——宏达公司   35 100

②材料到达验收入库后,根据收料单编制会计分录:

借:原材料——食品乳胶   30 000

    贷:在途物资——食品乳胶   30 000

③归还所欠宏达公司款项时编制会计分录为:

借:应付账款——宏达公司   35 100

    贷:银行存款   35 100

【例 5-12】 宇辰公司根据合同规定,以银行存款12 000元预付光明工厂购买面粉款。

①预付时,根据预付款收据编制的会计分录为:

借:预付账款——光明工厂   12 000

    贷:银行存款   12 000

②乙材料验收入库,供应单位增值税专用发票载明价款 9 000 元,增值税款 1 530 元,价税合计为 10 530 元。根据收料单、增值税发票编制的会计分录为:

借:原材料——面粉   9 000

  应交税费——应交增值税(进项税额)   1 530

  贷:预付账款——光明工厂   10 530

③收回多付的预付货款时,编制的会计分录为:

借:银行存款   1 470

  贷:预付账款——光明工厂   1 470

？思考: 烘焙工坊的蛋糕多种多样,其中有一种叫做无水蛋糕,同学们你知道制作一个无水蛋糕都需要哪些原料吗？ 除了面粉、白糖等原料费以外,制作无水蛋糕还有需要支付哪些费用呢？

【任务实施】

原材料的采购成本包括买价和采购费用,采购费用包括运杂费、运输途中的合理损耗、入库前的挑选整理费用、购入材料负担的税金(如关税等)等。

公司取得增值税专用发票可以抵扣增值税款。

1.18 000 元购买了制作蛋糕的烘焙工具和保鲜柜等固定资产。编制的会计分录为:

借:固定资产   15 384.62

  应交税费——应交增值税(进项税额)   2 615.38

  贷:银行存款   18 000

进项税额 $= 18\,000 \div (1 + 17\%) \times 17\% = 2\,615.38$(元)

固定资产 $= 18\,000 - 2\,615.38 = 15\,384.62$ (元)

2.2 000 元购进了面粉、奶油和白糖等原材料。编制的会计分录为:

借:原材料   1 709.40

  应交税费——应交增值税(进项税额)   290.60

  贷:银行存款   2 000

进项税额 $= 2\,000 \div (1 + 17\%) \times 17\% = 290.60$(元)

原材料成本 $= 2\,000 - 290.60 = 1\,709.40$(元)

5-3

任务三   生产过程业务核算

【任务布置】

宇辰烘焙工坊经过一段时间的筹备后,开始正式营业,第一天生意非常好,100 公斤无水蛋糕很快就全部卖完,每公斤蛋糕 20 元钱,宇辰烘焙工坊第一天的销售收入共计 2 000 元,为了算出自己的利润,小宇对无水蛋糕的成本进行了详细核算。首先,制作无水蛋糕需要面粉、白糖和纯牛奶三种原材料,制作 100 公斤无水蛋糕共耗用面粉 5 袋,每袋 60 元;白糖 5 公斤,每公斤 10 元;纯牛奶 10 公斤,每公斤 3 元。其次,为了制作出有特色的无水蛋糕,小宇招聘了一名食品工程专业的同学做兼职,日薪 100 元。另外,本日烘焙工坊的水电费共计 100 元,每天房租 200 元,设备折旧费 300 元,小宇和小辰个人工资每天共计 400 元。

请问,上述涉及无水蛋糕成本的经济业务如何进行账务处理? 无水蛋糕每公斤成本是多少元?

【知识准备】

生产过程是产品的制造过程,它是工业企业主要经营过程的第二阶段,是工业企业的中心环节。在这一过程中,消耗的材料物资,支付职工的工资薪酬,房屋、机器设备等资产的磨损和因经营管理活动发生的各项费用,这些都形成了企业的生产费用。这些生产费用,有的是直接因生产产品而发生的,有的是间接因生产产品而发生的。对于这些费用,必须先按一定的方法进行归集,然后按一定标准进行分配,从而计算出产品的生产成本。因此,生产过程核算的内容主要包括生产费用的发生与归集和产品成本的计算。

一、生产过程的主要经济业务

为了核算和监督企业生产经营过程中的耗费情况和产品成本信息,主要设置的账户有"生产成本""制造费用""库存商品""应付职工薪酬""累计折旧""管理费用""销售费用""财务费用"等账户。

1. 生产成本

账户类型:成本类账户。

核算内容:核算企业进行产品生产发生的各项生产费用,包括生产各种产品(包括产成品、自制半成品等)、自制材料、自制工具、自制设备等。

账户结构:借方登记生产产品发生的各项直接生产费用和分配转入的制造费用;贷方登记因产品完工入库转出的完工产品成本,即产品完工时,应将完工产品的"生产成本"结转入"库存商品"账户;本账户期末借方余额,反映企业尚未加工完成的在产品的成本。

明细账户:当企业存在辅助生产部门(如供汽、供水、维修等车间)时,应按照基本生产成本和辅助生产成本进行明细核算。基本生产成本应当分别按照基本生产车间和成本核算对象(如产品的品种、类别、定单、批别、生产阶段等)设置明细账(或成本计算单,下同),并按照规定的成本项目设置专栏。

❓思考:产品的成本项目包括哪些内容? 为什么要为产品成本设置这么严格的明细账? 请到网上查找一张登记完整的生产成本明细账理解一下。

2. 制造费用

账户类型:成本类账户。

核算内容:核算企业生产车间为生产产品而发生的各项间接费用,如固定资产折旧、职工薪酬、物料消耗、水电支出、停工损失等。

账户结构:借方登记产品生产发生的间接费用和分配转入的辅助生产费用;贷方登记分配转入生产成本或受益对象的金额;月末,企业应将本月累计发生的"制造费用"在不同的产品间进行分配,并将其转入相应的产品"生产成本"账户中去。除季节性的生产性企业外,本账户期末应无余额。

明细账户：按不同的生产车间和费用项目进行明细核算。

生产成本	
期初余额	
生产产品发生的各项直接费用和分配转入的制造费用	产品完工入库转出的完工产品成本
期末余额	

制造费用	
期初余额	
产品生产发生的间接费用和分配转入的辅助生产费用	分配转入生产成本或受益对象的金额
期末余额	

3. 应付职工薪酬

账户类型：负债类账户。

核算内容：核算应付职工薪酬的计提、结算、使用等情况。

账户结构：贷方登记已分配计入有关成本费用项目的应付职工薪酬的数额；借方登记实际发放职工薪酬的数额，包括扣还的款项等；期末贷方余额，反映企业应付未付的职工薪酬。

明细账户：按照"工资、奖金、津贴和补贴""职工福利费""非货币性福利""社会保险费""住房公积金""工会经费和职工教育经费""带薪缺勤""利润分享计划""设定提存计划""设定受益计划义务""辞退福利"等职工薪酬项目设置明细账进行明细核算。

4. 库存商品

账户类型：资产类账户。

核算内容：核算企业库存的各种商品的实际成本（或进价）或计划成本（或售价），包括库存产成品、外购商品、存放在门市部准备出售的商品、发出展览的商品以及寄存在外的商品等。接受来料加工制造的代制品和为外单位加工修理的代修品，在制造和修理完成验收入库后，视同企业的产成品，也通过本账户核算。

账户结构：借方登记实际成本法下完工入库产品成本；贷方登记因出售等原因而减少的库存商品成本；期末借方余额，反映企业库存商品的实际成本（或进价）或计划成本（或售价）。

明细账户：本账户可按库存商品的种类、品种和规格等进行明细核算。

应付职工薪酬	
	期初余额
实际发放职工薪酬的数额，包括扣还的款项等	已分配计入有关成本费用项目的应付职工薪酬的数额
	期末余额

库存商品	
期初余额	
实际成本法下完工入库产品成本	因出售等原因而减少库存商品成本
期末余额	

5. 累计折旧

账户类型：资产类账户。

核算内容：核算企业固定资产的累计折旧。

账户结构:贷方登记计提的固定资产折旧;借方登记处置固定资产时,转销的累计折旧金额;期末贷方余额,反映企业固定资产的累计折旧额。

明细账户:应按固定资产的类别或项目进行明细核算。

说明:累计折旧是固定资产的抵减账户,其余额方向在贷方。固定资产账户和累计折旧账户余额相抵后的余额,是固定资产的余值。

6.管理费用

账户类型:损益类(费用)账户。

核算内容:核算企业行政管理部门为组织和管理生产经营活动而发生的费用,包括企业在筹建期间内发生的开办费、董事会和行政管理部门在企业的经营管理中发生的或者应由企业统一负担的公司经费(包括行政管理部门职工工资及福利费、办公费和差旅费等)、工会经费、董事会费、聘请中介机构费、咨询费(含顾问费)、诉讼费、业务招待费、技术转让费、矿产资源补偿费、研究费用、排污费以及企业行政管理部门发生的固定资产修理费等。

账户结构:借方登记发生的各种费用;贷方登记期末转入"本年利润"账户的费用;期末结转后,本账户无余额。

明细账户:按费用项目设置明细账,进行明细分类核算。

累计折旧	
	期初余额
处置固定资产时,转销的累计折旧金额	计提的固定资产折旧
	期末余额

管理费用	
发生的上述列示的各种管理费用	期末转入"本年利润"账户的费用

二、生产过程的业务核算示例

(一)登记生产发生的费用

【例 5-13】 宇辰公司根据当月领料凭证,编制本月材料耗用汇总表,见表 5-1。

表 5-1　材料耗用汇总表

2016 年 12 月 31 日

数量单位:千克

金额单位:元

用　途	面　粉		白　糖		红　糖		合计金额
	数量	金额	数量	金额	数量	金额	
产品生产耗用	8 000	120 000	3 000	24 000	1 500	15 000	159 000
其中:无水蛋糕	5 000	75 000	2 000	16 000	1 000	10 000	101 000
月饼	3 000	45 000	1 000	8 000	500	5 000	58 000
车间一般耗用	1 000	15 000	1 500	12 000			27 000
厂部管理耗用			3 000	24 000	2 000	20 000	44 000
合　计	9 000	135 000	7 500	60 000	3 500	35 000	230 000

宇辰公司根据材料耗用汇总表,应编制如下会计分录:

借:生产成本——无水蛋糕　101 000
　　　　　　——月饼　58 000
　制造费用　27 000
　管理费用　44 000
　贷:原材料——面粉　135 000
　　　　　　——白糖　60 000
　　　　　　——红糖　35 000

【例 5-14】　宇辰公司本月应付工资总额 270 000 元,其中产品生产人员工资为 180 000 元(生产无水蛋糕工人工资 120 000 元,生产月饼工人工资 60 000 元),车间管理人员工资为 40 000 元,企业行政管理人员工资为 50 000 元,公司在进行会计处理时,应编制如下会计分录:

借:生产成本——无水蛋糕　120 000
　　　　　　——月饼　60 000
　制造费用　40 000
　管理费用　50 000
　贷:应付职工薪酬——工资　270 000

【例 5-15】　宇辰公司以银行存款支付职工伙食费、困难补助等各种福利费共计 26 400 元,其中:无水蛋糕生产工人 12 000 元,月饼生产工人 6 000 元,车间管理人员福利费 2 400 元,企业行政管理人员福利费 6 000 元。

①企业实际支付福利费时:

借:应付职工薪酬——职工福利　26 400
　贷:银行存款　26 400

②企业列支福利费时:

借:生产成本——无水蛋糕　12 000
　　　　　　——月饼　6 000
　制造费用　2 400
　管理费用　6 000
　贷:应付职工薪酬——职工福利　26 400

【例 5-16】　根据国家规定的计提标准计算,宇辰公司本月应向社会保险经办机构缴纳职工基本养老保险 110 000 元,其中应计入基本生产车间生产成本的金额为 75 000 元(应计入 A 产品成本的为 50 000 元,应计入 B 产品成本的为 25 000 元),应计入制造费用的金额为 10 000 元,应计入管理费用的金额为 25 000 元。宇辰公司在进行会计处理时,应编制的会计分录为:

借:生产成本——A 产品　50 000
　　　　　　——B 产品　25 000
　制造费用　10 000
　管理费用　25 000
　贷:应付职工薪酬——社会保险费　110 000

【例 5-17】　宇辰公司根据"工资结算汇总表"结算本月应付职工工资总额 286 000 元,代

扣企业代垫职工家属医药费 6 000 元,实发 280 000 元。宇辰公司在进行会计处理时,应编制的会计分录为:

①银行提取现金:

借:库存现金　　　　　　　　　　　　　　　　　　　　　　　280 000
　　贷:银行存款　　　　　　　　　　　　　　　　　　　　　　　　　280 000

②用现金发放工资:

借:应付职工薪酬——工资　　　　　　　　　　　　　　　　　280 000
　　贷:库存现金　　　　　　　　　　　　　　　　　　　　　　　　　280 000

③代扣医药费:

借:应付职工薪酬——工资　　　　　　　　　　　　　　　　　　6 000
　　贷:其他应收款　　　　　　　　　　　　　　　　　　　　　　　　　6 000

【例 5-18】　宇辰公司本月按照期初应计折旧固定资产总值和确定的折旧方法应提取的折旧额为 13 300 元。其中生产车间所用设备应提取的折旧为 7 800 元,行政管理部门所用固定资产应提取的折旧为 5 500 元。宇辰公司在进行会计处理时,应编制的会计分录为:

借:制造费用　　　　　　　　　　　　　　　　　　　　　　　　7 800
　　管理费用　　　　　　　　　　　　　　　　　　　　　　　　5 500
　　贷:累计折旧　　　　　　　　　　　　　　　　　　　　　　　　　13 300

【例 5-19】　宇辰公司支付生产车间劳动保护费 1 200 元,保险费 400 元,办公费 1 100 元,共计 2 700 元。款项用银行存款支付。宇辰公司在进行会计处理时,应编制的会计分录为:

借:制造费用　　　　　　　　　　　　　　　　　　　　　　　　2 700
　　贷:银行存款　　　　　　　　　　　　　　　　　　　　　　　　　2 700

【例 5-20】　采购员李强出差,向财会部门借差旅费 2 000 元,付给其现金。宇辰公司在进行会计处理时,应编制的会计分录为:

借:其他应收款——李强　　　　　　　　　　　　　　　　　　2 000
　　贷:库存现金　　　　　　　　　　　　　　　　　　　　　　　　　2 000

【例 5-21】　李强出差回来报销差旅费 1 800 元,交回现金 200 元。宇辰公司在进行会计处理时,应编制的会计分录为:

借:库存现金　　　　　　　　　　　　　　　　　　　　　　　　　200
　　管理费用　　　　　　　　　　　　　　　　　　　　　　　　1 800
　　贷:其他应收款——李强　　　　　　　　　　　　　　　　　　　2 000

【例 5-22】　宇辰公司分配本月企业制造部门应负担的水电费 3 700 元,款项已通过银行存款支付。宇辰公司在进行会计处理时,应编制的会计分录为:

借:制造费用　　　　　　　　　　　　　　　　　　　　　　　　3 700
　　贷:银行存款　　　　　　　　　　　　　　　　　　　　　　　　　3 700

(二)制造费用的分配结转

【例 5-23】　将例 5-13 到例 5-22 中发生的制造费用记入"制造费用"总分类账户,见表5-2,归集的制造费用按生产工人工资比例进行分配。

表 5-2　制造费用总分类账　　　　　　　　　　　单位:元

2016 年 12 月 31 日

2017 年		摘要	借方	贷方	借或贷	余额
月	日					
略	略	车间一般耗用材料	27 000		借	27 000
		车间管理人员工资	40 000		借	67 000
		车间管理人员福利费	2 400		借	69 400
		车间管理人员养老保险	10 000		借	79 400
		计提折旧费用	7 800		借	87 200
		劳动保护费	2 700		借	89 900
		支付车间水电费	3 700		借	93 600

制造费用分配率＝制造费用总额÷生产工人工资总额＝93 600÷(120 000＋60 000)＝0.52

无水蛋糕应负担的制造费用＝无水蛋糕生产工人工资×分配率

$$=120\ 000×0.52=62\ 400(元)$$

月饼应负担的制造费用＝月饼生产工人工资×分配率

$$=60\ 000×0.52=31\ 200(元)$$

因此,制造费用按生产工人工资比例进行分配见表 5-3。

表 5-3　制造费用分配表　　　　　　　　　　　单位:元

产品名称	生产工人工资	分配率	分配金额
A 产品	120 000	0.52	62 400
B 产品	60 000	0.52	31 200
合　计	180 000	0.52	93 600

根据制造费用分配表进行会计处理时,编制的会计分录为:

借:生产成本——无水蛋糕　　　　　　　　　　　　　　　　　　62 400

　　　　　　——月饼　　　　　　　　　　　　　　　　　　　　31 200

　　贷:制造费用　　　　　　　　　　　　　　　　　　　　　　93 600

(三)完工产品成本的结转

【例 5-24】　宇辰公司本期生产的无水蛋糕、月饼两种产品生产成本明细分类账见表 5-4 和表 5-5,其中无水蛋糕没有全部完工,在产品成本按年初固定数确定,即直接材料 15 000 元, 直接人工费 60 000 元,制造费用 5 000 元。月饼月初和月末不计算在产品成本,本月投产全部 完工,验收入库装箱。

表 5-4　生产成本明细分类账(一)

产品名称:无水蛋糕　　　　　　　　　　　　　　　　　　　　　　　　单位:元

2017 年		凭证号	摘　要	直接材料费	直接人工费	制造费用	合　计
月	日						
12	31		期初在产品成本	15 000	60 000	5 000	80 000
		1	生产耗用材料	101 000			101 000
		2	生产工人工资		120 000		120 000

2017 年		凭证号	摘　要	直接材料费	直接人工费	制造费用	合　计
月	日						
		4	生产工人福利费		12 000		12 000
		5	生产工人养老保险		50 000		50 000
		14	分配制造费用			62 400	62 400
			合　计	116 000	242 000	67 400	425 400

表 5-5　生产成本明细分类账(二)

产品名称:月饼　　　　　　　　　　　　　　　　　　　　　　　　　　　　　单位:元

2017 年		凭证号	摘　要	直接材料费	直接人工费	制造费用	合　计
月	日						
12	31	1	生产耗用材料	58 000			58 000
		2	生产工人工资		60 000		60 000
		4	生产工人补贴		6 000		6 000
		5	生产工人养老保险		25 000		25 000
		14	分配制造费用			31 200	31 200
			合　计	58 000	91 000	31 200	180 200

根据两种产品生产成本明细分类账,分别编制生产成本计算单,见表 5-6 和表 5-7。

表 5-6　生产成本计算单(一)

产品名称:无水蛋糕　　　　　　　　2016 年 12 月 31 日　　　　　　　　　单位:元

摘面	成本项目			
	直接材料费	直接人工费	制造费用	合　计
月初在产品成本	15 000	60 000	5 000	80 000
本月生产费用	101 000	182 000	62 400	345 400
合　计	116 000	242 000	67 400	425 400
完工产品成本	101 000	182 000	62 400	345 400
月末在产品成本	15 000	60 000	5 000	80 000

表 5-7　生产成本计算单(二)

产品名称:月饼　　　　　　　　　2016 年 12 月 31 日　　　　　　　　　　单位:元

摘面	成本项目 8			
	直接材料费	直接人工费	制造费用	合　计
月初在产品成本	0	0	0	0
本月生产费用	58 000	91 000	31 200	180 200
合　计	58 000	91 000	31 200	180 200
完工产品成本	58 000	91 000	31 200	180 200
月末在产品成本	0	0	0	0

根据生产成本计算单,宇辰公司在进行会计处理时,应编制的会计分录为:

借:库存商品——无水蛋糕　　　　　　　　　　　　　　　　345 400

```
　　　　　——月饼　　　　　　　　　　　　　　　　　　　　　180 200
　　贷:生产成本——无水蛋糕　　　　　　　　　　　　　　　345 400
　　　　　——月饼　　　　　　　　　　　　　　　　　　　　　180 200
```

❓ 上述例 5-13 到例 5-24 是一个完整的工业企业成本计算的品种法的应用,你理解品种法的原理了吗? 请谈一谈吧!

【任务实施】

```
借:生产成本——无水蛋糕　　　　　　　　　　　　　　　380
　　贷:原材料——面粉　　　　　　　　　　　　　　　　　　300
　　　　　——白糖　　　　　　　　　　　　　　　　　　　　50
　　　　　——红糖　　　　　　　　　　　　　　　　　　　　30
借:生产成本——无水蛋糕　　　　　　　　　　　　　　　500
　　贷:应付职工薪酬——工资　　　　　　　　　　　　　　　500
借:制造费用　　　　　　　　　　　　　　　　　　　　　600
　　贷:应付账款——水电费　　　　　　　　　　　　　　　　100
　　　　预付账款——房租　　　　　　　　　　　　　　　　　200
　　　　累计折旧　　　　　　　　　　　　　　　　　　　　300
借:库存商品　　　　　　　　　　　　　　　　　　　　1 480
　　贷:生产成本　　　　　　　　　　　　　　　　　　　　　880
　　　　制造费用　　　　　　　　　　　　　　　　　　　　600
```

无水蛋糕单位成本＝1 480÷100＝14.8(元/公斤)

任务四　销售过程业务核算

5-4

【任务布置】

　　宇辰烘焙工坊为了提高销售额,计划在公交车车身上打广告,并且招聘了一批新的销售人员。经过产品研发,目前主要销售的产品有无水蛋糕、月饼、面包等多类食品。

　　请问,销售人员的工资和广告费如何记账? 销售商品取得货币资金或赊销应该如何记账? 结转销售成本的会计分录如何编制?

【知识准备】

　　企业生产出的产品,主要用途是用于销售。企业通过产品销售最终实现收入,获得相应的货款或债权。获得销售收入的代价就是让渡商品的所有权,即企业将库存商品转让给了客户,这种为取得销售收入而让渡的商品生产成本就构成了收入的代价,产生了企业的一项费用。企业收入与费用的差额就形成了企业的利润,并用于股东的分配或留存于企业继续用于生产经营。企业在销售产品的过程中,还会发生其他的相关费用,如销售税金、销售运杂费、产品广告费、销售机构的办公费等。

一、销售过程的业务核算

为了核算和监督产品的销售收入,企业应主要设置"主营业务收入""主营业务成本""其他业务收入""其他业务成本""税金及附加""销售费用""应收账款""应收票据""预收账款"等账户。

1.主营业务收入

账户类型:损益类(收入)账户。

核算内容:核算企业确认的销售商品、提供劳务等主营业务形成的收入。

账户结构:贷方登记实现的营业收入;借方登记退货冲减的收入和期末将本账户的余额转入"本年利润"账户的金额;结转后本账户应无余额。

明细账户:按主营业务的种类进行明细核算。

2.主营业务成本

账户类型:损益类(费用)账户。

核算内容:核算企业确认销售商品、提供劳务等主营业务收入时应结转的成本。

账户结构:借方登记销售产品时发生的主营业务成本;贷方登记退货冲减的主营业务成本和期末将本账户的余额转入"本年利润"账户的金额;结转后本账户应无余额。

明细账户:按主营业务的种类进行明细核算。

主营业务收入		主营业务成本	
退货冲减的收入和期末将本账户的余额转入"本年利润"账户的金额	实现的营业收入	销售产品时发生的主营业务成本	退货冲减的主营业务成本和期末将本账户的余额转入"本年利润"账户的金额

3.其他业务收入

账户类型:损益类(收入)账户。

核算内容:核算企业确认的除主营业务活动以外的其他经营活动实现的收入,包括出租固定资产、出租无形资产、出租包装物和商品、销售材料、用材料进行非货币性交换(非货币性资产交换具有商业实质且公允价值能够可靠计量)或债务重组等实现的收入。

账户结构:贷方登记其他经营活动实现的收入;借方登记期末将本账户的余额转入"本年利润"账户的金额;结转后本账户应无余额。

明细账户:按其他业务收入种类进行明细核算。

4.其他业务成本

账户类型:损益类(费用)账户。

核算内容:核算企业确认的除主营业务活动以外的其他经营活动所发生的支出,包括销售材料的成本、出租固定资产的折旧额、出租无形资产的摊销额、出租包装物的成本或摊销额等。

企业确认发生其他业务成本时,借记本账户;期末将本账户余额转入"本年利润"账户时,贷记本账户;结转后本账户无余额。

账户结构:借方登记发生的其他业务成本;贷方登记期末将本账户的余额转入"本年利润"账户的金额;结转后本账户应无余额。

明细账户:可按其他业务成本的种类进行明细核算。

其他业务收入		其他业务成本	
期末将本账户的余额转入"本年利润"账户的金额	其他经营活动实现的收入	发生的其他业务成本	期末将本账户的余额转入"本年利润"账户的金额

5. 税金及附加

账户类型:损益类(费用)账户。

核算内容:核算企业经营活动发生的消费税、城市维护建设税、资源税、教育费附加、房产税、土地使用税、车船税、印花税等相关税费。

账户结构:借方登记按规定计算确定与经营活动相关的税费;贷方登记期末将本账户余额转入"本年利润"账户的金额;结转后本账户应无余额。

明细账户:本账户应按照费用项目设置明细账,进行明细分类核算。

6. 销售费用

账户类型:损益类(费用)账户。

核算内容:核算企业在销售商品过程中发生的各种费用,包括保险费、包装费、展览费和广告费、运输费、装卸费,以及为销售本企业商品而专设销售机构(含销售网点、售后服务网点等)的职工薪酬、业务费、折旧费等经营费用。

账户结构:借方登记发生的各种销售费用;贷方登记转入"本年利润"账户的销售费用;期末结转后无余额。

明细账户:本账户应按照费用项目设置明细账,进行明细分类核算。

税金及附加		销售费用	
按规定计算确定与经营活动相关的税费	期末将本账户余额转入"本年利润"账户的金额	发生的各种销售费用	转入"本年利润"账户的销售费用

7. 应收账款

账户类型:资产类账户。

核算内容:核算企业因销售商品、提供劳务等而应收货款。

账户结构:借方登记企业销售商品、提供劳务产生应收的账款;贷方登记收回的货款或确认的坏账损失;期末余额在借方,表示尚未收回的欠款。

明细账户:按购货单位开设,用来记录每个客户各项赊销、还款、销售退回及折让等业务,进行分类核算。

8. 应收票据

账户类型:资产类账户。

核算内容:核算企业因销售商品、提供劳务等而收到的商业汇票,包括银行承兑汇票和商业承兑汇票。

账户结构:借方登记企业收到的应收票据的价值;贷方登记票据到期收回的票据账面价值和持有未到期票据向银行贴现的票据账面价值;期末余额在借方,表示尚未到期的应收票据金额。

明细账户:按照开出、承兑商业汇票的单位设置明细账户,进行分类核算。

应收账款

期初余额	期初余额
企业销售商品、提供劳务产生应收的账款	收回的货款或确认的坏账损失
期末余额	期末余额

应收票据

期初余额	
企业收到的应收票据的价值	票据到期收回的票据账面价值和持有未到期票据向银行贴现的票据账面价值
期末余额	

❓总结一下,哪些账户既可能出现借方余额又可能出现贷方余额? 为什么会出现这种情况?

9. 预收账款

账户类型:负债类账户。

核算内容:核算企业向购货单位预收的款项。

账户结构:贷方登记预收购货单位的款项和购货单位补付的款项;借方登记向购货发出商品销售实现的货款和退回多付的款项。该账户期末余额在贷方,表示预收购货单位的款项;期末余额在借方,表示购货单位应补付的货款。

明细账户:按照购货单位设置明细账户,进行明细分类核算。

在途物资

期初余额	期初余额
向购货发出商品销售实现的货款和退回多付的款项	预收购货单位的款项和购货单位补付的款项
期末余额	期末余额

二、销售过程的业务核算示例

【例 5-25】 大发公司为小规模纳税人,适用增值税征收率 3%,将一批产品售出,售价(价税合计)103 000 元,收到款项。

分析:企业将产品售出,款项也已收到,表明企业营业收入增加、存款增加;另外,作为小规模纳税企业,应按收入的一定比率计算应缴纳的增值税额,即在企业营业收入增加的同时,还应同时确认一笔负债(应交税费)。故大发公司应计算该笔业务应缴纳的增值税并编制如下会计分录:

应缴纳的增值税=103 000÷(1+3%)×3%=3 000(元)

主营业务收入=103 000-3 000=100 000(元)

借:银行存款 103 000

　　贷:主营业务收入 100 000

　　　　应交税费——应交增值税

3 000

【例 5-26】 宇辰公司(一般纳税企业,适用增值税税率 17%)销售一批月饼,开具普通发票列明价税合计 11 700 元,收到购货方开出的承兑商业汇票,面值 11 700 元。

分析:一般纳税企业在销售商品时,不仅要向客户收取货款,还应按适用的税率计算并收取增值税。所以,企业在确认收入的同时,还应确认一笔负债(应交税费)。故宇辰公司应计算该笔业务应缴纳的增值税并编制如下会计分录:

应缴纳的增值税=11 700÷(1+17%)×17%=1 700(元)

借:应收票据 11 700

　　贷:主营业务收入 10 000

　　　　应交税费——应交增值税 1 700

【例 5-27】 上例中所售出月饼库存商品的生产成本为 6 000 元。

分析:企业将库存商品的所有权出让并交付了商品,表明企业库存商品减少、主营业务成本增加。故宇辰公司应编制如下会计分录:

借:主营业务成本 6 000

　　贷:库存商品 6 000

【例 5-28】 宇辰公司(一般纳税企业,适用增值税税率 17%)将购进的一批时间较长的花生油售出,普通发票列明价款 11 700 元,收到对方开具的转账支票。

分析:企业通过材料销售业务,取得了货款及增值税税款并实现一笔其他业务收入,同时还产生一笔应纳税负债(应交税费)。故宇辰公司应计算该笔业务应缴纳的增值税并编制如下会计分录:

应缴纳的增值税=11 700÷(1+17%)×17%=1 700(元)

借:银行存款 11 700

　　贷:其他业务收入 10 000

　　　　应交税费——应交增值税 1 700

【例 5-29】 假设上例中所售出花生油的账面成本为 6 000 元。

分析:企业将库存材料的所有权出让并交付了材料,表明企业库存材料减少、其他业务成本增加。故宇辰公司应编制如下会计分录：

借：其他业务成本　　　　　　　　　　　　　　　　　　　　　6 000

　　贷：原材料　　　　　　　　　　　　　　　　　　　　　　　　6 000

【例 5-30】　期末，经计算，企业当期销售商品应缴纳的城市维护建设税 4 000 元，教育费附加 1 000 元。

分析：企业因销售商品必须承担相应的纳税义务，由此而产生的费用增加记入本账户的借方，同时确认相应的负债（应交税费）增加。故企业应编制如下会计分录：

借：税金及附加　　　　　　　　　　　　　　　　　　　　　　5 000

　　贷：应交税费——应交城市维护建设税　　　　　　　　　　　　4 000

　　　　应交税费——应交教育费附加　　　　　　　　　　　　　　1 000

【例 5-31】　宇辰公司为销售商品（或原材料），以现金支付产品运费 1 000 元。

分析：企业以现金支付销售运费，一方面现金减少，同时销售费用增加。故宇辰公司应编制如下会计分录：

借：销售费用　　　　　　　　　　　　　　　　　　　　　　　1 000

　　贷：库存现金　　　　　　　　　　　　　　　　　　　　　　　1 000

【例 5-32】　宇辰公司计提销售部门当期固定资产折旧 1 000 元。

分析：企业计提固定资产折旧，一方面表明累计折旧增加；同时，因计提销售部门固定资产折旧所引起的固定资产价值减少作为一项销售费用增加处理。故宇辰公司应编制如下会计分录：

借：销售费用　　　　　　　　　　　　　　　　　　　　　　　1 000

　　贷：累计折旧　　　　　　　　　　　　　　　　　　　　　　　1 000

【任务实施】

1.支付广告费

借：销售费用

　　贷：银行存款

2.支付销售人员工资

借：销售费用

　　贷：应付职工薪酬

3.销售商品取得货币资金

借：银行存款

　　贷：主营业务收入

　　　　应交税费——应交增值税

4.赊销商品

借：应收账款

　　贷：主营业务收入

　　　　应交税费——应交增值税

5.结转商品销售成本

借：主营业务成本

　　贷：库存商品

任务五　财务成果的核算

【任务布置】

宇辰烘焙工坊经过半年经营,运营效果良好,销售数量不断增加,日营业额已经达到8 000元。工坊现有员工35人,租借厂房一座,年租金30万元。公司准备在年末继续扩大经营规模,转型为有限责任公司,为了吸引风险投资者,公司需要规范财务核算,准确核算公司利润。

你知道企业利润构成项目有哪些吗?你知道如何结转本年利润吗?

【知识准备】

企业的财务成果,是指企业的净利润(或净亏损),是衡量企业经营管理的主要综合性指标。进行财务成果核算的一个重要任务,就是正确计算企业在一定会计期间内的盈亏,而正确计算盈亏的关键在于正确计算每一个会计期间的收入与费用。企业的收入来源除了营业收入外,还包括营业外收入、投资收益和计入当期损益的公允价值变动净收益等;企业的费用,不仅包括为取得营业收入而发生的各种耗费,还包括营业外支出、所得税费用和资产减值损失等。因此,企业在一定会计期间的净利润(或净亏损)是由以下几个部分构成的,其关系式为:

1. 营业利润

营业利润=营业收入-营业成本-税金及附加-销售费用-管理费用-财务费用-资产减值损失+公允价值变动损益+投资收益

其中:

$$营业收入=主营业务收入+其他业务收入$$
$$营业成本=主营业务成本+其他业务成本$$

2. 利润总额

$$利润总额=营业利润+营业外收入-营业外支出$$

3. 净利润

$$净利润=利润总额-所得税费用$$

企业实现的净利润,要按照国家有关规定进行分配,提取法定盈余公积、任意盈余公积,向投资者分配利润(或弥补亏损)等。

因此,确定企业实现的净利润和对净利润进行分配,构成了企业财务成果业务核算的主要工作内容。

一、财务成果的核算

为了核算和监督企业利润的来源和去向,需要设置"营业外收入""营业外支出""本年利润""所得税费用""利润分配""盈余公积""应付股利"等账户。

1. 营业外收入

账户类型：损益类（收入）账户。

核算内容：核算企业取得的与正常生产经营活动无关的利得。

账户结构：贷方登记取得的营业外收入；借方登记期末将本账户的余额转入"本年利润"账户的金额；结转后本账户应无余额。

明细账户：按营业外收入的种类进行明细核算。

2. 营业外支出

账户类型：损益类（费用）账户。

核算内容：核算企业确认发生的与正常生产经营活动无关的损失。

账户结构：借方登记发生的营业外支出；贷方登记期末将本账户的余额转入"本年利润"账户的金额；结转后本账户应无余额。

明细账户：按营业外支出的种类进行明细核算。

营业外收入		营业外支出	
期末将本账户的余额转入"本年利润"账户的金额	取得的营业外收入	发生的营业外支出	期末将本账户的余额转入"本年利润"账户的金额

3. 本年利润

账户类型：所有者权益类账户。

核算内容：核算企业本期实现的净利润（或发生的净亏损）。

账户结构：贷方登记期末从"主营业务收入"、"其他业务收入"、"营业外收入"以及"投资收益"（投资净收益）等账户转入的数额；借方登记期末从"主营业务成本"、"税金及附加"、"其他业务成本"、"销售费用"、"管理费用"、"财务费用"、"营业外支出"、"所得税费用"以及"投资收益"（投资净损失）等账户转入的数额。年度终了，应将本年收入和支出相抵后结出本年实现的净利润（即贷方余额），转入"利润分配——未分配利润"账户的贷方；如为净亏损（即借方余额），转入"利润分配——未分配利润"账户的借方；结转后，本账户应无余额。

明细账户：无。本账户采用专用的"借贷双方多栏式"明细账。

4. 所得税费用

账户类型：损益类（费用类）账户。

核算内容：核算企业确认的应从当期利润总额中扣除的所得税费用。

账户结构：借方登记企业按税法规定的应纳税所得额计算的应纳所得税额和递延所得税；贷方登记企业会计期末转入"本年利润"账户的所得税额；结转后本账户应无余额。

明细账户：按"当期所得税费用""递延所得税费用"设置明细账，进行明细核算。

本年利润		所得税费用	
期末从主营业务成本、税金及附加、其他业务成本、销售费用、管理费用、财务费用、营业外支出、所得税费用以及投资收益（投资净损失）等账户转入的数额	期末从主营业务收入、其他业务收入、营业外收入以及投资收益（投资净收益）等账户转入的数额	按税法规定的应纳税所得额计算的应纳所得税额和递延所得税	企业会计期末转入"本年利润"账户的所得税额

5. 利润分配

账户类型：所有者权益类账户。

核算内容：核算企业利润的分配（或亏损的弥补）和历年分配（或弥补）后的积存余额。

账户结构：借方登记按规定实际分配的利润数，或年终时从"本年利润"账户的贷方转来的全年亏损总额；贷方登记年终时从"本年利润"账户借方转来的全年实现的净利润总额；年终贷方余额表示历年积存的未分配利润，如为借方余额，则表示历年积存的未弥补亏损。利润分配后，要将"利润分配"账户所属其他明细账户借方的余额转入本账户的"未分配利润"明细账户进行对冲，结转后，本账户除"未分配利润"明细账户外，其他明细账户无余额。

明细账户：应当分别"提取法定盈余公积""提取任意盈余公积""应付利润""转作股本的股利""盈余公积补亏""未分配利润"等设置明细账，进行明细核算。

6. 盈余公积

账户类型：所有者权益类账户。

核算内容：核算企业从净利润中提取的盈余公积增减变动。

账户结构：贷方登记从净利润中提取的法定盈余公积和任意盈余公积；借方登记盈余公积的使用，如转增资本、弥补亏损等；期末贷方余额，表示企业按照规定提取的盈余公积余额。

明细账户：应当分别按"法定盈余公积""任意盈余公积"设置明细账，进行明细分类核算。

利润分配		盈余公积	
期初余额	期初余额		期初余额
按规定实际分配的利润数，或年终时从"本年利润"账户的贷方转来的全年亏损总额	年终时从"本年利润"账户借方转来的全年实现的净利润总额	盈余公积的使用，如转增资本、弥补亏损等	从净利润中提取的法定盈余公积和任意盈余公积
期末余额	期末余额		期末余额

7. 应付股利

账户类型：负债类账户。

核算内容：核算企业根据股东大会或类似机构审议确定分配的现金股利或利润。

账户结构:贷方登记根据通过的股利或利润分配方案计算的应支付的现金股利或利润;借方登记实际支付的金额。期末贷方余额,反映企业应付未付的现金股利或利润。

明细账户:应按投资者设置明细账,进行明细分类核算。

应付股利

	期初余额
实际支付的金额	应支付的现金股利或利润
	期末余额

二、财务成果核算示例

为了掌握财务成果的形成和利润分配的步骤和要点,假定宇辰公司下列经济业务均发生在 12 月份。

(一)投资收益的核算

【例 5-33】 宇辰公司投资于 A 公司,11 月 10 日 A 公司宣告分配利润,宇辰公司本期应分得利润 3 400 元。12 月 15 日取得投资利润 3 400 元,存入银行。该公司在进行会计处理时,编制的会计分录为:

A 公司宣告分配利润时:

```
借:应收股利                                    3 400
    贷:投资收益                                      3 400
```

收到利润时:

```
借:银行存款                                    3 400
    贷:应收股利                                      3 400
```

(二)营业外收支的核算

【例 5-34】 因泰仓公司未按合同履约,收到泰仓公司的违约金 20 000 元存入银行。该公司在进行会计处理时,编制的会计分录为:

```
借:银行存款                                   20 000
    贷:营业外收入                                   20 000
```

【例 5-35】 宇辰公司向红十字会进行公益性捐赠支出 15 000 元,款项通过银行汇出。该公司在进行会计处理时,编制的会计分录为:

```
借:营业外支出                                 15 000
    贷:银行存款                                     15 000
```

(三)结转本年利润的核算

根据前述生产过程及销售过程的经济业务汇总出宇辰公司 12 月末损益类账户余额,见表 5-8。

表 5-8 宇辰公司 12 月末损益类账户余额

主营业务收入	730 000	贷方
税金及附加	28 000	借方
销售费用	11 200	借方
其他业务收入	20 000	贷方
其他业务成本	12 000	借方
主营业务成本	455 020	借方
管理费用	132 300	借方
投资收益	3 400	贷方
营业外收入	20 000	贷方
营业外支出	15 000	借方

【例 5-36】 12 月 31 日,将上述损益类账户中收入类账户余额转入"本年利润"账户。该公司进行会计处理时,编制的会计分录为:

借:主营业务收入　　　　　　　　　　　　　　　　　730 000
　其他业务收入　　　　　　　　　　　　　　　　　　20 000
　投资收益　　　　　　　　　　　　　　　　　　　　3 400
　营业外收入　　　　　　　　　　　　　　　　　　　20 000
　贷:本年利润　　　　　　　　　　　　　　　　　　　773 400

【例 5-37】 12 月 31 日,将上述损益类账户中成本费用类账户余额转入"本年利润"账户。该公司进行会计处理时,编制的会计分录为:

借:本年利润　　　　　　　　　　　　　　　　　　　653 520
　贷:主营业务成本　　　　　　　　　　　　　　　　　455 020
　　其他业务成本　　　　　　　　　　　　　　　　　　12 000
　　税金及附加　　　　　　　　　　　　　　　　　　　28 000
　　管理费用　　　　　　　　　　　　　　　　　　　　132 300
　　销售费用　　　　　　　　　　　　　　　　　　　　11 200
　　营业外支出　　　　　　　　　　　　　　　　　　　15 000

【例 5-38】 确定本月的利润总额和应纳所得税。假定该公司无纳税调整项目,即应纳税所得额等于利润总额。

利润总额＝773 400－653 520＝119 880(元)

应纳所得税＝119 880×25％＝29 970(元)

根据计算得出本月应纳所得税,该公司进行会计处理时,编制的会计分录为:

借:所得税费用　　　　　　　　　　　　　　　　　　29 970
　贷:应交税费——应交所得税　　　　　　　　　　　　29 970

【例 5-39】 12 月 31 日,将"所得税费用"账户余额转入"本年利润"账户,该公司进行会计处理时,编制的会计分录为:

借:本年利润　　　　　　　　　　　　　　　　　　　29 970
　贷:所得税费用　　　　　　　　　　　　　　　　　　29 970

　　（四）利润分配业务核算

　　假定宇辰公司 2016 的 12 月初"本年利润"账户的账面余额为 500 000（贷方），为了反映利润分配的步骤和会计分录，假定该公司以前年度既无亏损，也无未分配利润。

　　承例 5-38 和例 5-39 可计算全年的净利润为：

　　全年的净利润＝1 月至 11 月的净利润＋12 月份的净利润

　　　　　　　　＝500 000＋（119 880－29 970）

　　　　　　　　＝589 910（元）

　　【例 5-40】　12 月 31 日，将全年净利润转入"利润分配——未分配利润"账户。该公司进行会计处理时，编制的会计分录为：

　　借：本年利润　　　　　　　　　　　　　　　　　　　　　589 910

　　　　贷：利润分配——未分配利润　　　　　　　　　　　　　　　589 910

　　【例 5-41】　12 月 31 日，按国家相关规定和顺序提取盈余公积金。其中法定盈余公积金按净利润的 10% 提取。该公司在进行会计处理时，编制的会计分录为：

　　借：利润分配——提取法定盈余公积　　　　　　　　　　　58 991

　　　　贷：盈余公积——法定盈余公积　　　　　　　　　　　　　58 991

　　【例 5-42】　12 月 31 日，根据协议或合同以及董事会等权力机构的决定，向投资人分配利润 100 000 元。该公司进行会计处理时，编制的会计分录为：

　　借：利润分配——应付现金股利或利润　　　　　　　　　100 000

　　　　贷：应付股利　　　　　　　　　　　　　　　　　　　　　100 000

　　【例 5-43】　12 月 31 日，将上述利润分配的明细分类账户提取法定盈余公积和应付利润的余额转入"利润分配——未分配利润"明细分类账户，进而确定出企业未分配利润的实际数额，留待以后年度进行分配。该公司进行会计处理时，编制的会计分录为：

　　借：利润分配——未分配利润　　　　　　　　　　　　　158 991

　　　　贷：利润分配——提取法定盈余公积　　　　　　　　　　　58 991

　　　　　　　　　　——应付现金股利或利润　　　　　　　　　　100 000

　　宇辰公司年末未分配利润的数额为：

　　"利润分配——未分配利润"账户贷方数额－借方数额＝589 910－158 991

　　　　　　　　　　　　　　　　　　　　　　　　　　　＝430 919（元）

　　【任务实施】

　　1. 企业利润构成

　　营业利润＝营业收入－营业成本－税金及附加－销售费用－管理费用－财务费用－资产减值损失＋公允价值变动损益＋投资收益

　　其中：

　　营业收入＝主营业务收入＋其他业务收入

　　营业成本＝主营业务成本＋其他业务成本

　　利润总额＝营业利润＋营业外收入－营业外支出

　　净利润＝利润总额－所得税费用

　　2. 结转本年利润时，把收入和利得转入本年利润的贷方，把成本费用转入本年利润的借方。

　　借：主营业务收入

其他业务收入

投资收益

营业外收入

　　贷：本年利润

借：本年利润

　　贷：主营业务成本

　　　　其他业务成本

　　　　税金及附加

　　　　管理费用

　　　　销售费用

　　　　营业外支出

单元小结

• 工业企业会计核算的主要内容包括筹资业务、供应业务、生产过程业务、销售过程业务、财务成果业务。

• 筹资的渠道指企业在筹资活动中客观存在的筹措资金的来源方向与通道。目前我国企业的资金来源渠道，主要有国家财政资金、银行信贷资金、非银行金融机构资金、居民个人资金、企业自留资金等。认识和了解资金的筹集渠道，有利于企业拓宽和利用筹集渠道按时筹集到足够的资金，保证企业生产经营活动的开展。

• 投资者可以用货币资金、存货、固定资产、无形资产等形式向企业投资，成为企业的股东。为了核算和监督企业筹集到的股权资金，企业应设置"实收资本（股本）"与"资本公积"。

• 为核算企业因借款而形成的负债，企业应设置"短期借款"和"长期借款"两个账户。还应设置"应付利息"和"财务费用"账户核算借款的利息费用和应付的借款利息。

• 为了核算和监督企业采购供应过程中的有关资产成本和负债信息，需要设置"在途物资""原材料""应付账款""应付票据""预付账款""应交税费"等账户。

• 外购材料的采购成本是指为采购原材料而发生的各项费用。材料采购成本应以实际成本计价。企业的材料采购成本包括：买价、运杂费、运输途中的合理损耗、入库前的挑选整理费用、购入材料负担的税金（如关税等）等。

• 在采购过程中发生的采购费用，对于可以直接归属于有关材料的直接费用，应直接计入相关材料的采购成本；几种材料共同发生的采购费用，则应采用适当的方法按一定的分配标准分别计入各种材料的采购成本。实际工作中，可根据具体情况选择重量、体积、件数、买价等作为分配标准。

• 为了核算和监督企业生产经营过程中的耗费情况和产品成本信息，主要设置的账户有"生产成本""制造费用""库存商品""应付职工薪酬""累计折旧""管理费用""销售费用""财务费用"等账户。

• 为了核算和监督产品的销售收入，企业应主要设置"主营业务收入""主营业务成本""其他业务收入""其他业务成本""税金及附加""销售费用""应收账款""应收票据""预收账款"等账户。

• 为了核算和监督企业利润的来源和去向，需要设置"营业外收入""营业外支出""本年利润""所得税费用""利润分配""盈余公积""应付股利"等账户。

• 企业的财务成果，是指企业的净利润（或净亏损），是衡量企业经营管理的主要综合性指标。

• 企业在一定会计期间的净利润（或净亏损）是由营业利润、利润总额和净利润（或净亏损）三部分构成实现。

• 企业实现的净利润，要按照国家有关规定进行分配，提取盈余公积、向投资者分配利润、弥补亏损等。因此，确定企业实现的净利润和对净利润进行分配，构成了企业财务成果业务核算的主要工作内容。

复习思考题

一、思考题

1. 工业企业生产经营过程一般可分为哪几个阶段？
2. 资金筹集的渠道和筹资方式有哪些？
3. 资金筹集过程的业务核算需要设置哪些账户？
4. 材料采购成本是由哪些内容构成的？
5. 产品生产过程的业务核算需要设置哪些账户？
6. 销售过程业务核算的主要任务包括哪些？
7. 简述企业财务成果业务核算的主要工作内容。

二、练习题

（一）练习资金筹集业务的核算

资料：甲公司 2016 年 8 月发生下列经济业务：

1. 向银行借入 3 个月期借款 200 000 元存入银行。
2. 向银行借入 3 年期借款 500 000 元存入银行。
3. 从银行存款中支付本季度短期借款利息 43 000 元，本季度前两个月已预提短期借款利息 31 000 元。
4. 计提长期借款利息 80 000 元，其中工程负担资本化借款利息 60 000 元，费用化利息 20 000 元。
5. 以银行存款偿还短期借款本金 90 000 元，长期借款本金 150 000 元。
6. 收到某公司投入本企业商标权一项，投资双方确认的价值为 150 000 元。
7. 按规定将盈余公积 40 000 元转作资本金。
8. 接受外商捐赠汽车 1 辆，价值 120 000 元。

要求：根据上述资料编制会计分录。

（二）练习供应过程业务的核算

资料：甲公司 2016 年 8 月发生下列经济业务：

1.购进一台设备,买价 90 000 元,增值税进项税额 15 300 元,运输费 500 元,包装费 400 元,所有款项均以银行存款支付,设备投入使用。

2.向大华工厂购进甲材料 3 000 千克,单价 30 元,计 90 000 元,增值税 15 300 元;乙材料 4 000 千克,单价 15 元,计 60 000 元,增值税 10 200 元,全部款项以银行存款支付。

3.用银行存款支付上述甲、乙材料的运杂费 14 000 元。

4.向海天工厂购进丙材料 6 000 千克,单价 25 元,计 150 000 元,增值税 25 500 元,款项尚未支付。

5.用现金支付丙材料的运费及装卸费 5 000 元。

6.甲、乙、丙三种材料发生入库前的挑选整理费 6 500 元(按材料重量比例分摊),用现金支付。

7.本期购进的甲、乙、丙材料均已验收入库,结转实际采购成本。

要求:

1.根据上述经济业务编制会计分录(运杂费和挑选整理费按材料重量分摊)。

2.根据有关会计分录,登记"在途物资"总账和明细账。

(三)练习生产过程的核算和产品生产成本的计算

资料:甲公司 2016 年 8 月发生下列有关经济业务:

1.仓库发出 A 材料 100 000 元,其中 80 000 元用于生产甲产品,20 000 元用于生产乙产品;发出 B 材料 200 000 元,其中甲产品耗用 60 000 元,乙产品耗用 120 000 元,车间一般耗用 10 000 元,管理部门耗用 10 000 元。

2.从银行提取现金 48 000 元备发工资。

3.发放本月工资,支付现金 48 000 元。

4.以现金 800 元支付管理用固定资产修理费。

5.以银行存款支付本月水电费 6 000 元,其中生产车间 4 000 元,管理部门 2 000 元。

6.以现金购买行政办公用品 450 元。

7.计提固定资产折旧费 9 000 元,其中车间 6 000 元,管理部门 3 000 元。

8.以银行存款支付本月电话费 6 000 元,其中车间 2 000 元,管理部门 4 000 元。

9.分配本月工资:生产工人工资 35 000 元,其中甲产品 18 000 元,乙产品 17 000 元;车间管理人员工资 4 000 元,行政管理人员工资 9 000 元。

10.按职工工资总额的 14% 计提职工福利费。

11.甲、乙产品共同耗用 D 材料 26 400 元,经过计算,甲耗用材料的成本为 12 000 元,乙耗用材料的成本为 14 400 元。

12.以现金支付车间办公费 1 440 元。

13.王伟出差归来,报销差旅费 800 元,原借款 1 000 元,余款交回。

14.按生产工人工资比例分配本月制造费用,记入甲、乙产品的生产成本。

15.甲产品 400 件和乙产品 600 件全部完工,验收入库,按其实际成本转账。

要求:

1.根据上述经济业务编制会计分录。

2.登记"制造费用""生产成本——甲产品""生产成本——乙产品"的"T"形账户。

(四)练习销售过程和财务成果业务的核算

资料:甲公司8月发生下列经济业务:假设"本年利润"和"利润分配"账户月初无余额。

1.销售A产品100件,单价190元,货款19 000元,销项税额3 230元,款项已存入银行。

2.销售B产品150件,单价650元,计97 500元,销项税额16 575元,款项尚未收到。

3.用银行存款支付销售费用1 560元。

4.计提本月银行借款利息1 600元。

5.结转已销产品生产成本,A产品12 000元,B产品59 000元。

6.计算应交城市维护建设税1 200元,教育费附加520元。

7.销售甲材料200千克,单价25元,计5 000元,销项税额850元,货款已存入银行,其成本为4 600元。

8.以现金510元支付罚款。

9.月末将"主营业务收入""其他业务收入"账户结转"本年利润"账户。

10.月末将"主营业务成本"、"税金及附加"、"其他业务成本"、"销售费用"、"管理费用"(账户余额为5 300元)、"财务费用"、"营业外支出"结转到"本年利润"账户。

11.计算并结转本月应交所得税,按照利润总额计算,税率为25%。

12.将本月实现的净利润转入"利润分配"账户。

13.按税后利润的10%提取盈余公积。

14.该企业决定向投资者分配利润11 000元。

要求:

1.根据经济业务作会计分录。

2.登记"主营业务收入"、"主营业务成本"、"本年利润"和"利润分配"账户。

(五)练习期末"本年利润""利润分配"账户结转

资料:企业2016年12月31日结账前有关账户的余额如下:

1."本年利润"账户贷方余额为60 000元。

2."利润分配"账户贷方余额为65 000元,其所属"未分配利润"明细账户的贷方余额为65 000元,其他明细账户无余额。

要求:编制以下经济业务的会计分录:

1.根据利润总额计算并结转本期应交所得税,企业适用的所得税税率为25%。

2.将"本年利润"的余额结转入"利润分配"账户。

3.按本年税后利润的10%计提法定盈余公积。

4.按本年税后利润的40%分配给投资者。

5.将"利润分配"所属的其他明细分类账户余额结转入"利润分配——未分配利润"账户。

三、理论测试题

(一)单选题

1.企业收到投资人的资本时,应贷记(　　)。

A.资本公积　　　　　B.盈余公积　　　　　C.实收资本　　　　　D.交易性金融资产

2.A公司月初短期借款余额为100万元,本月向银行借入5个月的借款20万元,归还前期的短期借款 60 万元,则本月末短期借款的余额为(　　)万元。

A. 借方 40　　　　　　B. 贷方 60　　　　　　C. 借方 120　　　　　D. 贷方 120

3. 下列项目中,不应记入"财务费用"账户的是(　　)。

A. 利息支出　　　　　　　　　　　　B. 汇兑损失

C. 支付金融机构手续费　　　　　　　D. 财会人员工资

4. 为了反映企业库存材料的增减变化及其结存情况,应设置(　　)账户。

A. 原材料　　　　B. 库存材料　　　　C. 在途物资　　　　D. 存货

5. 在途物资账户的期末余额表示的是(　　)。

A. 在途材料的实际成本　　　　　　　B. 在途材料的计划成本

C. 库存材料的实际成本　　　　　　　D. 库存材料的计划成本

6. 材料采购成本包括材料的价款和(　　)。

A. 运杂费　　　　B. 装卸费　　　　C. 采购费用　　　　D. 业务员的差旅费

7. 下列项目中不构成材料采购实际成本的是(　　)。

A. 买价　　　　B. 采购费用　　　　C. 进口关税　　　　D. 增值税

8. 某企业购买甲材料 500 千克,取得增值税专用发票,单价 20 元,价款 10 000 元,增值税额 1 700 元,发生运杂费 500 元,材料运输途中发生合理损耗 20 千克,入库前发生挑选整理费 300 元,则甲材料的采购成本为(　　)元。

A. 10 800　　　　B. 11 200　　　　C. 12 900　　　　D. 10 400

9. "在途物资"账户期末若有余额,表示(　　)。

A. 已购入但尚未验收入库的材料

B. 企业本月及以前各期累计购买的材料金额

C. 企业目前尚存的原材料

D. 企业已入库和已耗用材料的差额

10. 某企业应付账款账户期初借方余额为 2 500 元,本期新增加的应付款项贷方发生额为 7 000 元,本期实际偿还的应付款项为 4 000 元,则该账户期末余额为(　　)。

A. 借方 7 000 元　　　B. 贷方 7 000 元　　　C. 借方 4 000 元　　　D. 贷方 500 元

11. 车间发生的购买办公用品支出,应记入(　　)账户。

A. 管理费用　　　　B. 销售费用　　　　C. 制造费用　　　　D. 财务费用

12. 企业发生的间接费用应先在"制造费用"账户归集,期末再按一定的标准和方法分配记入到(　　)账户。

A. 管理费用　　　　B. 生产成本　　　　C. 本年利润　　　　D. 库存商品

13. 下列费用中,不构成产品成本的有(　　)。

A. 直接材料　　　　B. 直接人工　　　　C. 期间费用　　　　D. 制造费用

14. 企业生产车间发生的固定资产一般修理费应记入(　　)。

A. 生产成本　　　　B. 制造费用　　　　C. 管理费用　　　　D. 营业外支出

15. 职工预借差旅费应借记(　　)账户。

A. 其他应收款　　　B. 应收账款　　　C. 预付账款　　　D. 预收账款

16. 产品已经销售,但是尚未收到货款,企业在进行会计处理时,应借记(　　)账户。

A. 预收账款　　　　B. 应收账款　　　　C. 应付账款　　　　D. 预付账款

17.下列票据中,应通过"应收票据"账户核算的是(　　)。

A.现金支票　　　　B.银行汇票　　　　C.商业汇票　　　　D.银行本票

18.工业企业将多余闲置的固定资产出租,收取的租金收入应记入(　　)。

A.主营业务收入　　B.其他业务收入　　C.投资收益　　　　D.营业外收入

19.通过累计折旧账户对固定资产进行调整,反映固定资产的(　　)。

A.增加价值　　　　B.原始价值　　　　C.折旧额　　　　D.净值

20.企业主营业务和其他业务交纳的营业税金应借记的科目是(　　)。

A.其他业务成本　　　　　　　　　　　B.应交税费

C.税金及附加　　　　　　　　　　　D.营业外支出

21.结转已经销售产品的销售成本时,贷方账户是(　　)。

A.主营业务成本　　B.其他业务成本　　C.本年利润　　　D.库存商品

22.企业出租固定资产计提的折旧应记入(　　)。

A.制造费用　　　　B.管理费用　　　　C.其他业务成本　　D.营业外支出

23.下列各项中,应记入管理费用的是(　　)。

A.审计费　　　　　B.广告费　　　　　C.采购运费　　　D.自然灾害损失

24.(　　)账户是用来核算企业在销售商品过程中发生的费用。

A.制造费用　　　　B.直接费用　　　　C.管理费用　　　D.销售费用

25.企业发生公益性捐赠时,应借记(　　)。

A.销售费用　　　　B.其他业务成本　　C.营业外支出　　D.财务费用

26.下列企业经营过程发生的各种税金,除了(　　)外,都应在"税金及附加"账户中核算。

A.城建税　　　　　B.印花税　　　　　C.增值税　　　D.教育费附加

27.下列关于"本年利润"账户的表述中,正确的是(　　)。

A.借方登记转入的营业收入、营业外收入等金额

B.贷方登记转入的营业成本、营业外支出等金额

C.年度终了结账后,该账户无余额

D.全年的任何一个月末都不应有余额

28.下列项目中,影响营业利润的因素是(　　)。

A.营业外收入　　B.所得税费用　　　C.投资收益　　　D.营业外支出

29.企业利润分配中,以下项目的分配顺序为(　　)。

①提取任意盈余公积;②弥补亏损;③提取法定盈余公积;④向投资者分配利润

A.②→③→①→④　　　　　　　　　B.①→②→③→④

C.③→①→②→④　　　　　　　　　D.②→①→③→④

30.以下账户中期末一般无余额的是(　　)。

A.应交税费　　　B.本年利润　　　　C.应付利息　　　D.营业外支出

(二)多选题

1.构成企业所有者权益的项目有(　　)。

A.实收资本　　　B.资本公积　　　　C.利润分配　　　D.管理费用

2.以下项目属于企业筹资的主要来源的是(　　)。

A.投资者投入　　B.银行借款　　　　C.销售商品　　　D.支付工资

3. 以下属于筹资费用的是(   )。

A. 短期借款利息   B. 借款手续费   C. 采购人员工资   D. 挑选整理费

4. 以下项目中构成材料采购成本的有(   )。

A. 买价   B. 运杂费   C. 进口关税   D. 入库前挑选整理费

5. 下列项目中构成材料采购实际成本的是(   )。

A. 买价   B. 采购费用   C. 增值税   D. 采购人员差旅费

6. 采购过程核算设置的主要账户有(   )。

A. 原材料   B. 在途物资   C. 应交税费   D. 应收账款

7. 下列票据中,通过"应付票据"账户核算的结算方式有(   )。

A. 商业承兑汇票   B. 转账支票   C. 银行汇票   D. 银行承兑汇票

8. 企业产品成本构成项目包括(   )。

A. 生产成本   B. 制造费用   C. 直接材料   D. 直接人工

9. 企业分配的员工工资费用,可以通过(   )科目核算。

A. 生产成本   B. 制造费用   C. 管理费用   D. 销售费用

10. 工业企业以下收入中应记入其他业务收入的有(   )。

A. 销售产品收入   B. 销售材料收入

C. 固定资产盘盈   D. 出租无形资产使用权收入

11. 以下税费中应记入"税金及附加"的是(   )。

A. 教育费附加   B. 消费税   C. 所得税费用   D. 城市维护建设税

12. 企业的期间费用包括(   )。

A. 制造费用   B. 销售费用   C. 管理费用   D. 财务费用

13. 以下账户中期末一般无余额的是(   )。

A. 投资收益   B. 制造费用   C. 本年利润   D. 管理费用

14. 下列费用不能记入当期损益的有(   )。

A. 财务费用   B. 制造费用   C. 销售费用   D. 生产成本

15. 以下费用中应记入销售费用的是(   )。

A. 销售原材料成本   B. 销售机构人员工资

C. 销售机构人员差旅费   D. 销售产品运杂费

16. 以下费用中应记入财务费用的是(   )。

A. 支付给金融机构手续费   B. 利息支出

C. 汇兑损益   D. 财务部门办公费

17. 工业企业以下业务中应记入营业外收入的是(   )。

A. 固定资产出租   B. 确实无法支付的应付账款

C. 接受捐赠   D. 处置固定资产利得

18. 工业企业以下各项应记入营业外支出的是(   )。

A. 退休人员工资   B. 固定资产盘亏   C. 公益性捐赠   D. 固定资产租金支出

19. 下列会计科目中,可能成为"本年利润"账户的对应科目的有(   )。

A. 主营业务收入   B. 所得税费用   C. 利润分配   D. 制造费用

20. 下列关于"所得税费用"账户的表述中正确的有(   )。

A. 该账户是损益类账户

B. 该账户的余额期末结账时应转入"本年利润"账户

C. 该账户属负债类账户

D. 该账户的期末一般无余额

（三）判断题

1. 投资者可以用货币资金、存货、固定资产、无形资产、劳务等形式向企业投资，成为企业的股东。　　　　　　　　　　　　　　　　　　　　（　　）

2. 核算和监督企业筹集到的股权资金，企业主要应设置"实收资本（股本）"与"资本公积"账户。　　　　　　　　　　　　　　　　　　　　　　　（　　）

3. 财务工作中用"应付利息"和"财务费用"账户核算借款的利息费用和应付的借款利息。　　　　　　　　　　　　　　　　　　　　　　　　　　　（　　）

4. 材料采购成本应以实际成本计价。企业的材料采购成本包括：买价、运杂费、运输途中的合理损耗、入库前的挑选整理费用、购入材料负担的税金（如增值税）等。（　　）

5. 材料采购成本中的买价是指向购买方支付的全部采购账款。　　　　（　　）

6. 在采购过程中发生的采购费用，几种材料共同发生的采购费用，则应采用适当的方法按一定的分配标准分别计入各种材料的采购成本。　　　　　　　　（　　）

7. 生产成本、制造费用、管理费用、销售费用等账户都属于成本账户，是产品成本的组成部分。　　　　　　　　　　　　　　　　　　　　　　　　（　　）

8. 应付账款和预付账款都属于负债类科目。　　　　　　　　　　　　（　　）

9. 管理费用是一种期间费用，按月归集，月末全部转入"本年利润"账户。（　　）

10. 管理费用和制造费用一样，都属于成本类科目。　　　　　　　　　（　　）

11. 增值税对企业的经营成本和损益核算没有影响。　　　　　　　　　（　　）

12. "生产成本"账户是用来计算产品的生产成本，而产品属于资产。因此，"生产成本"账户按照会计要素分类属于资产类账户。　　　　　　　　　　（　　）

13. "累计折旧"是资产类账户，因此，当折旧增加时应记入"累计折旧"账户的借方。　　　　　　　　　　　　　　　　　　　　　　　　　　　　（　　）

14. 企业专设销售机构的固定资产修理费用应记入销售费用。　　　　　（　　）

15. 营业外收入和收入的性质一样，都是企业主要的利润来源。　　　　（　　）

16. 所得税费用、应付股利等账户都有可能存在期末余额。　　　　　　（　　）

17. 企业在一定会计期间的净利润（或净亏损）是由本年利润、营业利润、利润总额和净利润（或净亏损）四部分构成。　　　　　　　　　　　　　（　　）

18. 由于损益类账户期末余额需全额转入"本年利润"账户，因此，损益类账户期末无余额。　　　　　　　　　　　　　　　　　　　　　　　　（　　）

19. "利润分配——未分配利润"账户的年末余额表示本年度的未分配利润金额。（　　）

20. 年度终了，"利润分配"账户所属的各明细账户中，除"未分配利润"明细账户可能有余额外，其他明细账户均无余额。　　　　　　　　　　　　　　　（　　）

实训题

实训课题：企业各项经营业务原始凭证的填制和记账凭证的编制

实训目的：掌握借贷记账法的核算原理

实训组织：每 3~5 名学生为一组，分别负责对方会计凭证的审核

实训内容：

资料：

一、企业基本信息

1. 企业名称：海达有限责任公司

2. 地址：海口市滨海大道 168 号（电话：6896888）

3. 开户行：工商行海口市支行滨海分理处

4. 账号：082124357689

5. 企业纳税人登记号：0238235627123141　（增值税一般纳税人）

6. 企业的生产经营组织：

该公司是一家制造企业，主要生产销售 A、B 两种产品（其中 B 产品为应税消费品），产品生产工艺流程较简单，在同一综合车间进行加工制造，原材料为甲、乙、丙三种。

7. 财务核算方法：

(1) 记账凭证：通用记账凭证。

(2) 财务处理程序：科目汇总表账务处理程序。

(3) 物资采购运杂费用按材料重量分配，月底制造费用按工人工资比例进行分配。

(4) 实际成本计价法。

(5) 不考虑纳税调整因素。

二、企业经济业务资料及要求

(一) 海达有限责任公司 2017 年 12 月份期初有关账户余额（见表 5-9）：

表 5-9　期初账户余额

总账科目	明细科目	期初余额	
		借方	贷方
现金		3 000	
银行存款	工商银行滨海分理处	95 000	
短期投资	科达公司股票	60 000	
应收账款		103 500	
	广华公司	100 000	
	客户李杰	3 500	
其他应收款	业务员王华	2 000	
坏账准备			5 000

总账科目	明细科目	期初余额	
		借方	贷方
原材料		310 000	
	甲材料(单价 5 元 35 000 千克)	175 000	
	乙材料(单价 7 元 15 000 千克)	105 000	
	丙材料(单价 2 元 15 000 千克)	30 000	
库存商品		369 000	
	A 产品(单价 180 元 900 件)	162 000	
	B 产品(单价 138 元 1 500 件)	207 000	
预付账款		1 100	
	房屋租金	1 000	
	报刊杂志费	100	
固定资产		3 840 000	
累计折旧			160 000
应付账款			22 000
	华天公司		6 000
	南岛公司		16 000
应付职工薪酬			95 000
应交税费			60 000
其他应付款	修理费用		2 860
应付利息	借款利息		1 000
短期借款			40 000
实收资本			3 000 000
	张可富		500 000
	天旺股份有限公司		2 500 000
资本公积			90 600
盈余公积			50 000
本年利润			680 000
利润分配	未分配利润		577 140
总账合计		4 783 600	4 783 600

(二)2017 年 12 月份发生的主要经济业务如下：

1.12 月 1 日，出纳开出银行支票，归还前欠南岛公司货款 16 000 元。(转账支票)

2.12 月 1 日，生产车间领用甲材料 11 500 千克，其中，A 产品耗用 4 000 千克，B 产品耗用 6 000 千克，车间修理耗用 1 500 千克。(领料单)

3.12 月 3 日，生产车间领用乙材料 10 000 千克，全部用于 B 产品生产。(领料单)

4.12 月 4 日，收到光华股份有限公司的设备投资，该设备原始价值 90 000 元，已提折旧 20 000 元，双方评估价值为 60 000 元。(协议书略)

5.12 月 4 日，生产车间领用丙材料 5 000 千克，其中，A 产品领用 3 000 千克，B 产品领用 2 000 千克。(领料单)

6.12 月 5 日，向中原贸易公司购进甲材料 35 000 千克，单价 4.98 元；购进乙材料 20 000 千克，单价 6.98 元；丙材料 20 000 千克，单价 1.98 元，增值税共计 60 095 元，以上货税合计款全部用银行存款支付,另外用现金支付运杂费 1 200 元,材料验收入库,结转其实际采购成本(材料运费按购进材料重量分配)。(转账支票、增值税发票、运费分配表)

7.12 月 5 日,开出银行支票 60 000 元,交纳税金,收款单位为海口市国家税务局。(转账支票)

8.12 月 6 日,收到广华股份有限公司还来前欠货款 100 000 元,收到转账支票一张,出纳当日将支票送存银行。(转账支票、银行进账单)

9.12 月 8 日,向欣欣贸易公司购入面值为 2 000 元的一年期债券 35 张,手续费 1 200,用银行存款支付。(转账支票)

10.12 月 9 日,生产车间领用甲材料 30 000 千克,其中生产 A 产品耗用 15 000 千克,生产 B 产品耗用 13 000 千克,车间一般耗用 2 000 千克。(领料单)

11.12 月 9 日,生产车间领用丙材料 17 000 千克,其中,生产 A 产品耗用 8 000 千克,生产 B 产品耗用 7 000 千克,车间一般耗用 2 000 千克。(领料单)

12.12 月 9 日,管理部门领用丙材料 1 000 千克。(领料单)

13.12 月 9 日,销售给广华股份有限公司 A 产品 400 件,单价 280 元,计 112 000 元,应交销项税 19 040 元,收到对方银行汇票一张。(填制增值税发票、银行汇票、出库单)

14.12 月 9 日,以现金 1200 元支付 A 产品的运杂费。(现金收据略,增值税发票)

15.12 月 9 日,销售给蓝天贸易公司 B 产品 1 500 件,单价 200 元,计 300 000 元,产品销项税 51 000 元,款收到,存入银行。(填制增值税发票、进账单、出库单)

16.12 月 9 日,计算已销 B 产品应交纳的消费税,按销售收入 10% 计算。

17.12 月 10 日,以支票结算方式向海口市机电公司购进一台不需要安装的机器,价款 15 000元,当即交付使用。(转账支票、增值税发票)

18.12 月 10 日,出纳员开出现金支票,从银行提取现金 130 000 元备发职工工资。出纳当日发放本月职工工资。(现金支票、工资汇总表)

19.12 月 11 日,预提当月车间机器修理费 260 元。出纳开出现金支票支付全年车间机器修理费 3120 元。(修理费分配表、现金支票)

20.12 月 12 日,通过银行电汇方式偿还前欠华天公司货款 6000 元。(电汇凭证回单)

21.12 月 12 日,销售部门报销展览费 500 元,以现金支付。(增值税发票)

22.12 月 12 日,向旺富贸易公司购进丙材料 10 000 千克,单价 1.95 元,增值税 3 315 元,款项通过银行电汇支付。(增值税发票、电汇凭证回单)

23.12 月 18 日,签发银行现金支票一张 4 000 元,提取现金,以备零用。(现金支票)

24.12 月 18 日,销售给广华股份有限公司 A 产品 500 件,单价 280 元,计 140 000 元,增值税 23 800 元,款收到,存入银行。(增值税发票、进账单、出库单、现金支票)

25.12 月 18 日,用现金支付丙材料运输费 1200 元。(增值税发票)

26.12 月 18 日,12 日所购丙材料 10 000 千克验收入库,结转其实际采购成本。(收料单)

27.12 月 20 日,总经理办公室张江预借差旅费 2 500 元,以现金付讫。(内部借款单)

28.12 月 20 日,出售给金椰贸易公司丙材料 20 000 千克,每千克售价 3 元,计 60 000 元,应交增值税 10 200 元,对方用电汇方式付账,收到工行海口支行滨海分理处到账通知。(增值税发票、进账单、出库单)

29.12 月 20 日,结转上述丙材料的实际成本。(原材料成本计算表)

30.12 月 20 日,7 月份向工商行海口市滨海支行借短期借款 40 000 到期,年利率 6%,还

本付息。（费用分配表、银行放款收回凭证回单、银行放款利息凭证）

31. 12 月 20 日，出纳开出银行支票支付东坡广告公司广告费 3 000 元。（现金支票、增值税发票）

32. 12 月 20 日，摊销当月报纸杂志费 100 元。

33. 12 月 20 日，用银行支票预付下一年度报纸杂志费 1 200 元，收款单位为海口市邮政局。（转账支票、报刊发行发票）

34. 12 月 20 日，向五指山希望小学捐款 8 000 元，款项通过银行电汇支付。（电汇凭证回单）

35. 12 月 21 日，确认客户李杰的坏账损失为 3 500 元。（原始凭证）

36. 12 月 26 日，总理理办公室张江出差归来报销差旅费 2 800 元，补付现金 300 元。（差旅费报销单）

37. 12 月 28 日，管理部门李小华报销办公用品 200 元。（增值税发票）

38. 12 月 31 日，结算本月份工资，其中制造 A 产品工人工资 40 000 元，生产 B 产品生产工人工资 60 000 元，车间管理人员工资 15 000 元，企业管理人员工资 15 000 元。（工资分配计算表）

39. 12 月 31 日，按工资总额的 14% 计提职工福利费，银行转账发放。（福利费分配计算表，银行转账凭证略）

40. 12 月 31 日，用银行支票支付本月水电费，车间用 3 080 元，行政管理部门用 1 860 元。（转账支票、发票）

41. 12 月 31 日，计提本月固定资产折旧费，其中生产车间固定资产应提 2 000 元，企业行政管理部门固定资产应提 1 200 元。（固定资产折旧计算表）

42. 12 月 31 日，摊销本月应由行政管理部门负担的房屋租金费用 1 000 元。（房屋租金摊销分配表）

43. 12 月 31 日，结转本月发生制造费用（按工人工资比例分配）。（制造费用分配表）

44. 12 月 31 日，本月投入生产的 A 产品 1 000 件，B 产品 2 000 件，已全部完工，结转入库。（入库单）

45. 12 月 31 日，结转已销 A 产品 900 件，B 产品 1500 件的实际生产成本。（产品成本计算表）

46. 12 月 31 日，收到南海公司交来违约金 1 200 元。（收款收据）

47. 12 月 31 日，结转损益类账户，计算本月实现的利润总额。

48. 12 月 31 日，按本月利润总额 25% 税率计算应交所得税。

49. 12 月 31 日，将所得税账户余额转入本年利润账户。

50. 12 月 31 日，将本年净利润转入利润分配。

51. 12 月 31 日，按税后利润 10% 提取法定盈余公积，按 5% 提取任意盈余公积金。

52. 12 月 31 日，按税后利润 30% 计算出支付给投资者分配利润，尚未支付。

53. 12 月 31 日，将利润分配各明细账户余额，转入"利润分配——未分配利润"明细账户。

三、实训要求

1. 建账，包括总分类账和明细分类账，并登记各账户期初余额。

2. 填制各项经济业务的原始凭证和记账凭证。

3.根据记账凭证登记现金日记账和银行存款日记账。

4.登记明细分类账。

5.15 天一次根据记账凭证汇总各账户本期发生额(使用丁字账),编制科目汇总表。

6.根据科目汇总表的数据登记总分类账。

四、说明

本综合实训共需记账凭证 61 张;总账 19 张;日记账页 2 张;明细账约 30 张(其中:三栏式 22 张,数量金额账 3 张,多栏式 5 张);科目汇总表 4 张(会计账页按正反两面均可使用计算,以上数量仅供参考,也可根据实训具体条件另行确定)。

各业务中未给出具体资料可由指导老师指定。

五、经济业务的原始凭证

业务 1

业务 2

海达有限责任公司领料单(记账联)

领料部门:

用　途:　　　　　　　　年　月　日　　　　　　　　　　　　　　　编号:8023

材料类别	材料编号	材料名称	材料规格	计量单位	数量		单价	金额
					请领	实领		

记账:　　　　　发料:　　　　　领料部门负责人:　　　　　领料:

业务3

海达有限责任公司领料单(记账联)

领料部门：

用　途：　　　　　　　　年　月　日　　　　　　　　　　　　　　　编号：8024

材料类别	材料编号	材料名称	材料规格	计量单位	数量		单价	金额
					请领	实领		

记账：　　　　　　发料：　　　　　　　　领料部门负责人：　　　　　　　　领料：

业务4

投资协议书略。

业务5

海达有限责任公司领料单(记账联)

领料部门：

用　途：　　　　　　　　年　月　日　　　　　　　　　　　　　　　编号：8025

材料类别	材料编号	材料名称	材料规格	计量单位	数量		单价	金额
					请领	实领		

记账：　　　　　　发料：　　　　　　　　领料部门负责人：　　　　　　　　领料：

业务6

湖南省 增值税 专用发票

N00076291

发票联　　　　开票日期 2017 年 12 月 5 日

购货单位	名称：海达有限责任公司 纳税人识别号：023823567712341 地址、电话：海口市滨海大道 168 号 0898-6696888 开户行及账号：工行海口支行滨海分理处 082124357689				密码区			
货物或应税劳务名称	规格	单位	数量	单价	金额	税率	税额	
运输费		千克	75000	0.016	1081.08	11%	118.92	
合　计					1081.08		118.92	
价税合计（大写）	壹仟壹佰元元整			（小写）1200.00				
销货单位	纳税人名称：湖南长沙天天汽车运输公司 纳税人识别号：444566778899900 地址、电话：长沙市天天路 2 号 0731-45645678 开户行及账号：工行长沙支行芙蓉分理处 654343456456							

收款人：　　　　　　复核：王花　　　　开票人：李一　　　　销货单位：（章）

第二联：发票联 购货方记账凭证

湖南省增值税专用发票

N0007591I

开票日期 2017 年 12 月 5 日

| 购货单位 | 名称：海达有限责任公司 | | | | | 密码区 | | | |

纳税人识别号：023823567712341
地址、电话：海口市滨海大道 168 号 0898-6696888
开户行及账号：工行海口支行滨海分理处 082124357689

货物或应税劳务名称	规格型号	单位	数量	单价	金额	税率	税额
甲材料		千克	35000	4.98	174300.00	17%	29631.00
乙材料		千克	20000	6.98	139600.00	17%	23732.00
丙材料		千克	20000	1.98	39600.00	17%	6732.00
合计			75000		353500.00		60095.00
合　　计							

| 价税合计（大写） | 肆拾壹万叁仟伍佰玖拾伍元整 　　（小写）413595.00 |

| 销货单位 | 名称： 纳税人识别号： 地址、电话： 开户行及账号： | 长沙市中原贸易公司 444566778899900 长沙市芙蓉路 2 号 0731-2344455 工行长沙支行芙蓉分理处 654343334566 |

444566778899900

收款人： 张芝　　　　复核： 王桂花　　　　开票人： 李鸣　　　销货单位：（章）

第二联：发票联 购货方记账凭证

运杂费分配表

2017 年 12 月 5 日

材料名称	材料重量（千克）	分配率	分配金额（元）
甲材料			
乙材料			
丙材料			
合　计			

制表：　　　　　会计：　　　　　复核：　　　　　主管：

中国工商银行
转账支票存根

附加信息

出票日期 年 月 日

收款人：
金　额：
用　途：

单位主管　　会计

本支票付款期限十天

中国工商银行 转账支票

出票日期（大写） 年 月 日　　付款行名称：

收款人：　　　　　　　出票人账号：

人民币
（大写）

用途：

上列款项请从
我账户内支付

出票人签章　　　　　　复核　　记账

业务 7

中国工商银行
转账支票存根

附加信息

出票日期　年　月　日

收款人：

金　额：

用　途：

单位主管　　会计

中国工商银行　转账支票

出票日期（大写）　　年　月　日　付款行名称：

收款人：　　　　　　　　　　出票人账号：

人民币
（大写）　　　　　　　　　亿千百十万千百十元角分

用途

上列款项请从

我账户内支付

出票人签章　　　　　　复核　　记账

本支票付款期限十天

业务 8

中 国 工 商 银 行 进账单（收账通知）

年　月　日

付款人	全　　称		收款人	全　　称	
	账　　号			账　　号	
	开户银行			开户银行	

金额	人民币（大写）	亿	千	百	十	万	千	百	十	元	角	分

票据总类		票据张数	
票据号码			

复核　　　　　　记账　　　　　收款人开户银行签章

此联是银行交给收款人的收账通知

中国工商银行
转账支票存根

附加信息

出票日期　年　月　日

收款人：

金　额：

用　途：

单位主管　　会计

中国工商银行　转账支票

出票日期（大写）　　年　月　日　付款行名称：

收款人：　　　　　　　　　　出票人账号：

人民币
（大写）　　　　　　　　　亿千百十万千百十元角分

用途

上列款项请从

我账户内支付

出票人签章　　　　　　复核　　记账

本支票付款期限十天

业务 9

中国工商银行
转账支票存根

附加信息 ＿＿＿＿＿

本支票付款期限十天

出票日期　年 月 日
收款人：
金　额：
用　途：
单位主管　　会计

中国工商银行 转账支票

出票日期（大写）　年　月　日　付款行名称：
收款人：　　　　　　　　　　　出票人账号：

人民币
（大写）　　　　　　　　　　亿千百十万千百十元角分

用途＿＿＿＿＿
上列款项请从
我账户内支付

出票人签章　　　　　　　　复核　　记账

业务 10

海达有限责任公司领料单（记账联）

领料部门：
用　　途：　　　　　　年　月　日　　　　　　编号：8026

材料类别	材料编号	材料名称	材料规格	计量单位	数量		单价	金额
					请领	实领		

记账：　　　　　发料：　　　　　领料部门负责人：　　　　　领料：

业务 11

海达有限责任公司领料单（记账联）

领料部门：
用　　途：　　　　　　年　月　日　　　　　　编号：8027

材料类别	材料编号	材料名称	材料规格	计量单位	数量		单价	金额
					请领	实领		

记账：　　　　　发料：　　　　　领料部门负责人：　　　　　领料：

业务 12

海达有限责任公司领料单(记账联)

领料部门：

用　　途：　　　　　　　　　年　月　日　　　　　　　　　　　　编号：8028

材料类别	材料编号	材料名称	材料规格	计量单位	数量		单价	金额
					请领	实领		

记账：　　　　　发料：　　　　　　领料部门负责人：　　　　　　领料：

业务 13

海达有限责任公司出库单(记账联)

仓库名称：　　　　　　　　　年　月　日　　　　　　　　　出库编号：533323

产品去向	产品名称	产品规格	计量单位	数量	单价	金额	结算方式
合　计							

制表：　　　　会计：　　　　　复核：　　　　　主管：

增值税专用发票　　　NO

记账联　　　　　　　　开票日期：

购货单位	名　称：		密码区	5<-/566<273>21/0990//	加密版本：01
	纳税人识别号：			>/59220556+4/75>+980/	
	地址、电话：			-7->-0008+8//525889<0	
	开户行及账号：			*1>-28*036+55-170>>0+	

货物或应税劳务名称	规格型号	单位	数量	单价	金额	税率	税额
合　计					¥		¥
价税合计(大写)				(小写)　¥			

销货单位	名称：海达有限责任公司 纳税人识别号：023823567712341 地址、电话：海口市滨海大道 168 号 0898-6696888 开户行及账号：工行海口支行滨海分理处 082124357689	备注

收款人：　　　　　复核：　　　　开票人：　　　　销货单位：章

国家税务[2012]314 号厦门市龙胜印刷有限公司

第三联：记账联 销货方记账凭证

| 付款期限 | 中国建设银行 | | 2 | 江苏 | XX00000000 |
| 壹个月 | **银行汇票** | | | | 第　　号 |

出票日期：　年　月　日　　　　代理付款行：　　　　　　　　　　　行号：
（大写）

收款人：＿＿＿＿＿＿＿＿＿＿＿＿＿＿＿＿＿＿＿＿＿＿

出票金额　人民币
（大写）

| 实际结算金额 | 人民币（大写） | | | | 千 | 百 | 十 | 万 | 千 | 百 | 十 | 元 | 角 | 分 |

申请人：＿＿＿＿＿＿＿＿＿＿＿　　账号或住址：＿＿＿＿＿＿＿＿＿

出票行：＿＿＿＿＿＿＿　　行号：＿＿＿＿＿

备注：＿＿＿＿＿＿＿＿＿＿＿＿＿

凭票付款

出票行签章

科目（借）
对方科目（贷）
兑付日期：　年　月　日

多余金额

| 千 | 百 | 十 | 万 | 千 | 百 | 十 | 元 | 角 | 分 |

复核　　　记账

业务 14

湖 南 省 增 值 税 专 用 发 票

N00076330

发票联　　开票日期 2017 年 12 月 9 日

购货单位	名称：海达有限责任公司 纳税人识别号：023823567712341 地址、电话：海口市滨海大道 168 号 0898-6696888 开户行及账号：工行海口支行滨海分理处 082124357689				密码区			
货物或应税劳务名称 运输费	规格	单位 千克	数量 75000	单价 0.016	金额 1081.08	税率 11%	税额 118.92
合　　计					1081.08		118.92
价税合计（大写）	壹仟壹佰元整　　（小写）1200.00						
销货单位	纳税人名称： 纳税人识别号： 地址、电话： 开户行及账号：	湖南长沙天天汽车运输公司 444566778899900 长沙市天天路 2 号 0731-45645678 工行长沙支行芙蓉分理处 654343456455					

收款人：　　　　　复核：王花　　　　开票人：李一　　　销货单位：（章）

业务 15

増值税专用发票　　　NO

记账联

开票日期：

第三联：记账联　销货方记账凭证

	名　称：							
购货单位	纳税人识别号：					密码区	5<-/566<273>21/0990// >/59220556+4/75>+980/ -7->0008+8//525889<0 *1>-28*036+55-170>>0+	加密版本：01
	地址、电话：							
	开户行及账号：							

货物成应税劳务名称	规格型号	单位	数量	单价	金额	税率	税额
合　计					¥		¥
价税合计(大写)					(小写)　¥		

	名称：海达有限责任公司		
销货单位	纳税人识别号：023823567712341	备注	
	地址、电话：海口市滨海大道 168 号 0898-6696888		
	开户行及账号：工行海口支行滨海分理处 08212435768 9		

收款人：　　　　　复核：　　　　　开票人：　　　　　销货单位：章

海达有限责任公司出库单(记账联)

仓库名称：　　　　　年　　月　　日　　　　　　　出库编号：533324

产品去向	产品名称	产品规格	计量单位	数量	单价	金额	结算方式
合　计							

制表：　　　　　会计：　　　　　复核：　　　　　主管：

中 国 工 商 银 行 进账单（收账通知）

年　　月　　日

	全　　称			收 款 人	全　　称									
付款人	账　　号				账　　号									
	开户银行				开户银行									
金额	人民币（大写）				亿	千	百	十	万	千	百	十	元	角	分
票据总类		票据张数												
票据号码														
	复核　　　记账				收款人开户银行签章									

此联是银行交给收款人的收账通知

业务 16

自行编制税费计算表。

业务 17

海 南 省 增 值 税 专 用 发 票

N00045330

发票联

开票日期 2017 年 12 月 10 日

第二联：发票联　购货方记账凭证

购货单位	名称：海达有限责任公司 纳税人识别号：023823567712341 地址、电话：海口市滨海大道 168 号 0898-6696888 开户行及账号：工行海口支行滨海分理处 082124357689		密码区				
货物或应税劳务名称	规格	单位	数量	单价	金额	税率	税额
打包机	HGh5	台	1	15000	12820.51	17%	2179.49
					12820.51		2179.49
合　计					12820.51		2179.49
价税合计（大写）	壹万伍仟元整　（小写）15000.00						
销货单位	纳税人名称：　海南海口市机电公司 纳税人识别号：444566778555860 地址、电话：海天天路 2 号 47885233 开户行及账号：工行天天路支行分理处 654343456456						

收款人：　　　复核：王小　　　开票人：李大　　　销货单位：（章）

海南海口市机电公司
444566778555860
发票专用章

中国工商银行
转账支票存根

附加信息

出票日期　年　月　日

收款人：	
金　额：	
用　途：	

单位主管　　会计

中国工商银行　转账支票

出票日期（大写）　　年　　月　　日　　付款行名称：

收款人：　　　　　　　　　　　　出票人账号：

人民币
（大写）

亿千百十万千百十元角分

用途

上列款项请从
我账户内支付

出票人签章　　　　　　复核　　　记账

本支票付款期限十天

业务 18

工资汇总表略。

业务 19

自行编制修理费摊销分配表。

业务 20

中国工商银行电汇凭证（回单）　　1

业务 21

海 南 省 增 值 税 专 用 发 票

发 票 联

N00145130

开票日期 2017 年 12 月 02 日

购货单位	名称：海达有限责任公司 纳税人识别号：023823567712341 地址、电话：海口市滨海大道 168 号 0898-6696888 开户行及账号：工行海口支行滨海分理处 082124357689				密码区			
货物或应税劳务名称 产品展览费	规格	单位 平方米	数量 5	单价 100	金额 471.70	税率 6%	税额 28.30
合　计					471.70		28.30
价税合计（大写）	伍佰圆整　（小写）500.00						
销货单位	纳税人名称：海口威尔文化有限公司 纳税人识别号：444566754333340 地址、电话：海天天路 2 号 78564562 开户行及账号：工行天天路支行分理处 6543434112200						

收款人：　　　复核：王三　　　开票人：李品　　　销货单位：（章）

业务 22

海 南 省 增 值 税 专 用 发 票

发 票 联

N00075911

开票日期 2017 年 12 月 12 日

购货单位	名称：海达有限责任公司 纳税人识别号：023823567712341 地址、电话：海口市滨海大道 168 号 0898-6696888 开户行及账号：工行海口支行滨海分理处 082124357689				密码区			
货物或应税劳务名称 丙材料	规格型号	单位 千克	数量 10000	单价 1.95	金额 19500.00	税率 17%	税额 3315.00
合计			10000		19500.00		3315.00
价税合计（大写）	⊗拾贰万贰仟捌佰壹拾伍元整　（小写）22815.00						
销货单位	名称：海口市旺富贸易公司 纳税人识别号：876544097612345 地址、电话：海口市海秀 87 号 8989675 开户行及账号：工行海口支行海秀分理处 8765678997898						

收款人：杨芝　　　复核：李桂花　　　开票人：肖鸣　　　销货单位：（章）

第二联：发票联 购货方记账凭证

中 国 工 商 银 行 电汇凭证（回单）　　　1

☐普通☐加急　　　　　　委托日期年　　月　日

汇款人	全　称		收款人	全　称	
	账　号			账　号	
	汇出地点	省　　　市/县		汇入地点	省　　市/县
汇出行名称			汇入行名称		

金额	人民币 （大写）		亿	千	百	十	万	千	百	十	元	角	分
	支付密码												
	附加信息及用途：												

汇出行签章　　　　　　　复核：　　　　　记账：

此联是汇出行交给汇款人的回单

业务 23

中国工商银行
转账支票存根

附加信息

本支票付款期限十天

出票日期　年　月　日
收款人：
金　额：
用　途：

单位主管　　会计

中国工商银行 **转账支票**

出票日期（大写）　　年　　月　　日　　付款行名称：
收款人：　　　　　　　　　　　　　　出票人账号：

人民币
（大写）　　　　　　　　　　　亿千百十万千百十元角分

用途：
上列款项请从
我账户内支付

出票人签章　　　　　　　　　复核　　记账

业务 24

增值税专用发票　　**NO**

记账联

开票日期：

购货单位	名　　称：					密码区	5<-/566<273>21/0990// >/59220556+4/75>+980/ -7->-0008+8//525889<0 *1>-28*036+55-170>>0+	加密版本：01
	纳税人识别号：							
	地址、电话：							
	开户行及账号：							
	货物成应税劳务名称	规格型号	单位	数量	单价	金额	税率	税额
	合　计					￥		￥
	价税合计（大写）					（小写）￥		
销货单位	名称：海达有限责任公司 纳税人识别号：023823567712341 地址、电话：海口市滨海大道 168 号 0898-6696888 开户行及账号：工行海口支行滨海分理处 082124357689					备注		

收款人：　　　　　　复核：　　　　　开票人：　　　　　销货单位：章

第三联：记账联 销货方记账凭证

海达有限责任公司出库单(记账联)

仓库名称：　　　　　　　　　　年　月　日　　　　　　　　出库编号：533325

产品去向	产品名称	产品规格	计量单位	数量	单价	金额	结算方式
合　计							

制表：　　　　　会计：　　　　　复核：　　　　　主管：

中国工商银行进账单（收账通知）

年　月　日

付款人	全　称		收款人	全　称										
	账　号			账　号										
	开户银行			开户银行										
金额	人民币（大写）				亿	千	百	十	万	千	百	十	元	角	分
票据总类		票据张数												
票据号码														

复核　　　　　记账　　　　　　收款人开户银行签章

此联是银行交给收款人的收账通知

中国工商银行
转账支票存根（琼）
BH78965785
附加信息

出票日期：2017年12月12日
收款人：海达有限责任公司
金　额：163800.00
用　途：货款
单位主管　　会计

中国工商银行转账支票（琼）　　BH78965785

出票日期（大写）贰零零伍年壹拾贰月壹拾贰日　付款行名称：工行海口支行城西
收款人：海达有限责任公司　　　出票人账号：45778899987

人民币（大写）		千	百	十	万	千	百	十	元	角	分
壹拾陆万叁仟捌佰元整	¥	1	6	3	8	0	0	0	0

上列款项请从
我账户内支付
出票人签章
财务专用章

复核　　　　　记账
张光名

业务 25

海 南 省 增值税专用 发 票

N00072330

发 票 联

开票日期 2017 年 12 月 18 日

购货单位	名称：海达有限责任公司 纳税人识别号：023823567712341 地址、电话：海口市滨海大道 168 号 0898-6696888 开户行及账号：工行海口支行滨海分理处 082124357689			密码区			

货物或应税劳务名称	规格	单位	数量	单价	金额	税率	税额
运输费		千克	75000	0.016	1081.08	11%	118.92
合　计					1081.08		118.92

价税合计（大写）	壹仟壹佰元整　（小写）1200.00

销货单位	纳税人名称：　　海口市力达运输公司 纳税人识别号：　84456698832340 地址、电话：　　海口天路 1 号 45645678 开户行及账号：　工行支行芙蓉分理处 654343455464

收款人：　　　　　复核：王花　　　开票人：李一　　　销货单位：（章）

业务 26

海达有限责任公司收料单(记账联)

NO:433221

供货单位：

发票号码：　　　　　　　　　年　月　日　　　　　　　收货仓库：

材料类别	材料名称	材料规格	计量单位	数量		单价	金额
				应收	实收		

采购：　　　　质量检验：　　　　　　收料：　　　　　制单：

业务 27

借 款 单

借款单位：　　　　　　　　　　　　　　　　　　　年　月　日

借款事由：_____

人民币(大写)：_____　　¥：_____

备注：_____

单位负责人：_____　　　借款人：_____

业务 28

增值税专用发票　　NO

记账联

开票日期：

第三联：记账联　销货方记账凭证

购货单位	名　称：		5</566<273>21/0990//		加密版本：01		
	纳税人识别号：		>/59220556+4/75>+980/				
	地址、电话：		-7->-0008+8//525889<0				
	开户行及账号：		*1>-28*036+55-170>>0+				

货物或应税劳务名称	规格型号	单位	数量	单价	金额	税率	税额
合　计					￥		￥
价税合计（大写）					（小写）￥		

销货单位	名称：海达有限责任公司	备注
	纳税人识别号：023823567712341	
	地址、电话：海口市滨海大道 168 号 0898-6696888	
	开户行及账号：工行海口支行滨海分理处 082124357689	

收款人：　　　　　　复核：　　　　　　开票人：　　　　　　销货单位：章

海达有限责任公司出库单（记账联）

仓库名称：　　　　　　　　　年　月　日　　　　　　　出库编号：533326

产品去向	产品名称	产品规格	计量单位	数量	单价	金额	结算方式
合　计							

制表：　　　　　　会计：　　　　　　复核：　　　　　　主管：

中国工商银行进账单（收账通知）

年　月　日

付款人	全　称		收款人	全　称										
	账　号			账　号										
	开户银行			开户银行										
金额	人民币（大写）				亿	千	百	十	万	千	百	十	元	角	分
票据总类		票据张数												
票据号码														

复核　　　　　　记账　　　　　　收款人开户银行签章

此联是银行交给收款人的收账通知

业务 29

原材料成本计算表

2017 年 12 月 20 日

单位:元

成本项目	丙材料	
	总成本（20 000 千克）	单位成本
买价		
采购费用		
原材料成本		

业务 30

自编费用（利息）分配表；放款收回凭证回单、放款利息凭证（略）。

业务 31

中国工商银行
转账支票存根

附加信息

出票日期　年　月　日
收款人：
金　额：
用　途：
单位主管　　会计

中国工商银行　转账支票

出票日期（大写）　年　月　日　付款行名称：
收款人：　　　　　　　　　出票人账号：
人民币
（大写）　　　　　　　　　亿千百十万千百十元角分

用途_____
上列款项请从
我账户内支付
出票人签章　　　　　　复核　　记账

海 南 省 增 值 税 专 用 发 票

发票联

N00195130

开票日期 2017 年 12 月 09 日

购货单位	名称：海达有限责任公司 纳税人识别号：023823567712341 地址、电话：海口市滨海大道 168 号 0898-6696888 开户行及账号：工行海口支行滨海分理处 082124357689	密码区					
货物或应税劳务名称	规格	单位	数量	单价	金额	税率	税额
广告费					2830.19	6%	169.81
合　计					2830.19		169.81
价税合计（大写）	叁仟元整　（小写）3000.00						
销货单位	纳税人名称：海口市时为广告公司 纳税人识别号：84454356778880 地址、电话：海天天路 2 号 78564562 开户行及账号：工行天天路支行分理处 6663434112200						

收款人：　　　　复核：王五　　　　开票人：李厅　　　销货单位：（章）

第二联：发票联　购货方记账凭证

业务 32

自编报纸杂志费摊销分配表。

业务 33

中国工商银行
转账支票存根

附加信息

出票日期 年 月 日
收款人：
金　额：
用　途：
单位主管　会计

中国工商银行 转账支票

出票日期（大写）　年　月　日　付款行名称：
收款人：　　　　　　　　　　出票人账号：
人民币
（大写）

用途：
上列款项请从
我账户内支付

出票人签章　　　　　　复核　记账

本支票付款期限十天
亿千百十万千百十元角分

海南省海口市邮政局报刊发行发票
发 票 联

N08765540

地税

户名：海达有限责任公司
地址：

段别

报刊代号	报刊名称	起止订期	订阅销售份数	每月季单价	总款合计	
3-656	海南日报	2018 年	844543	300	¥1200.00	

开据人：吴玉蓉　　收费人员：夏雪

业务 34

中 国 工 商 银 行 电汇凭证（回单）　　1

□普通□加急　　　　委托日期年　月　日

汇款人	全　称		收款人	全　称		
	账　号			账　号		
	汇出地点	省　　市/县		汇入地点	省　　市/县	
汇出行名称			汇入行名称			

金额	人民币（大写）			亿	千	百	十	万	千	百	十	元	角	分

支付密码

附加信息及用途：

汇出行签章　　　　复核：　　　　记账：

此联是汇出行交给汇款人的回单

业务 35

原始凭证略。

业务 36

差 旅 费 报 销 单

付单据　　张　　　　　　　　　　年　月　日　　　　　　　第　页

姓　名	起止地点	职别		工作部门			出差事由				

起止日期				车船费		市内交通	途中、住勤补助			住宿费				其他费用	金额合计
月	日	月	日	实际费用	奖励个人部分		天数	金额	奖励个人部分	天数	标准费用	实际费用	奖励个人部分		
	至														
	至														
	至														
	至														

核准报销金额总计人民币（大写）　　仟　佰　拾　元　角　分　¥
备注

主管：　　　　　　　　　　会计：　　　　　　　　　　出差人：

业务 37

海 南 省 增 值 税 专 用 发 票
发票联

N00195130

开票日期 2017 年 12 月 25 日

购货单位	名称：海达有限责任公司 纳税人识别号：023823567712341 地址、电话：海口市滨海大道 168 号 0898-6696888 开户行及账号：工行海口支行滨海分理处 082124357689			密码区			
货物或应税劳务名称	规格	单位	数量	单价	金额	税率	税额
笔		支	20	10	170.94	17%	29.06
合　计					170.94		29.06
价税合计（大写）	贰佰元整　（小写）200.00						
销货单位	纳税人名称：海口市家家超市 纳税人识别号：84454333339999 地址、电话：海天一路 2 号 785456455 开户行及账号：工行天天路支行分理处 6663439992200						

收款人：　　　　　复核：王三在　　　　　开票人：　刘二　　　　销货单位：（章）

84454333339999
发票专用章

第二联：发票联　购货方记账凭证

业务 38

应付工资汇总分配表

年 月 日 单位：

车间、部门		应分配金额	应计科目
车间生产人员工资	A产品工人		
	B产品工人		
	车间生产人员工资合计		
车间管理人员工资			
厂部管理人员工资			
合　计			

主管： 审核： 制单：

业务 39

职工福利费发放表

2017 年 12 月 31 日 单位：元

车间、部门		工资总额	计提比例(%)	计提金额	应计科目
车间生产人员工资	A产品工人				
	B产品工人				
	小　计				
车间管理人员					
厂部管理人员					
合　计					

主管： 审核： 制单：

业务 40

水电发票略。

业务 41

自行编制固定资产折旧分配计算表。

业务 42

自行编制房屋租金摊销分配表。

业务 43

制 造 费 用 分 配 表

2017 年 12 月

产品名称	生产工人工资（元）	分配率	分配金额（元）
合　计			

会计主管：　　　　　　　审核：　　　　　　　　制表：

业务 44

海达有限责任公司产品入库单

（记账联）

生产部门：　　　　　　　　年　　月　　日　　　　　　　NO. 34563

编号	产品名称	规格	计量单位	检验结果		数量		单位成本	总成本
				合格	不合格	应收	实收		
合　计									

主管：　　　　　　　记账：　　　　　　　仓库保管：　　　　　　　质量检测：

业务 45

产品生产成本计算表

2017 年 12 月 31 日 单位:元

成本项目		A 产品		B 产品	
		总成本(件)	单位成本	总成本(件)	单位成本
直接材料	甲材料				
	乙材料				
	丙材料				
直接人工	工资				
	福利费				
制造费用					
产品生产成本合计					

制表: 会计: 复核: 主管:

业务 46

收 款 收 据

收款日期 年 月 日 No. 23408

今收到:_____

交 来:_____

人民币(大写)_____ ¥_____

备注:

收款单位:(盖章) 收款人 经办人:

实训考核:

实训完成后的考核标准表见表 5-10。

表 5-10 考核标准表

考核标准						
序号	考核项目	评分标准				
		A(100%)	B(80%)	C(60%)	D(0)	
1	态度(5分)	保质保量完成	书写工整	书写不工整	未写或互相抄袭	
2	质量(10分)	规范、符合实际	基本符合实际	—	未搞清所布置的问题	
评价方式:学生互评,教师总评。						
评分	学生	点评:			得分:	总分
	教师	点评:			得分:	

延伸阅读1:《财政部关于印发〈增值税会计处理规定〉的通知》

延伸阅读2:《企业产品成本核算制度(试行)》

延伸阅读3:《企业会计准则第14号——收入》

延伸阅读4:《企业会计准则第15号——建造合同》

延伸阅读 5：
《企业会计准则第 16 号——政府补助》

延伸阅读 6：
《企业会计准则第 1 号——存货》

延伸阅读 7：
《企业会计准则第 4 号——固定资产》

延伸阅读 8：
《企业会计准则第 9 号——职工薪酬》

延伸阅读 9：
《人民币银行结算账户管理办法》

延伸阅读 10：
《人民币银行结算账户管理办法实施细则》

第三编　会计期末工作

单元六　财产清查

知识目标

● 了解财产清查的作用,熟悉财产清查的种类;

● 熟悉货币资金的清查方法,熟悉银行存款余额调节表的编制方法,掌握货币资金清查结果的账务处理方法;

● 熟悉实物资产的清查方法,掌握实物资产清查结果的账务处理方法;

● 熟悉往来款项的清查方法,掌握往来款项清查结果的账务处理方法。

能力目标

● 能够根据企业经营实际组织安排财产清查活动;

● 会清查盘点现金,编制现金盘点表;

● 会与银行对账,会编制银行存款余额调节表;

● 会进行实物资产和往来款项清查;

● 能够对财产清查结果进行正确的账务处理。

单元描述

　　企业的会计工作,都要通过会计凭证的填制和审核,然后及时地在账簿中进行连续登记。应该说,这一过程能保证账簿记录的正确性,也能真实反映企业各项财产的实有数,各项财产的账实应该是一致的。但是,在工作中,由于种种原因,账簿记录会发生差错,各项财产的实际结存数也会发生差错,造成账存数与实存数发生差异,其原因是多方面的,一般有几种情况:①在收发物资中,由于计量、检验不准确而造成品种、数量或质量上的差错;②财产物资在运输、保管、收发过程中,在数量上发生自然增减变化;③在财产增减变动中,由于手续不齐或计算、登记上发生错误;④由于管理不善或工作人员失职,造成财产损失、变质或短缺等;⑤贪污盗窃、营私舞弊造成的损失;⑥自然灾害造成的非常损失;⑦未达账项引起的账账、账实不符等。上述种种原因都会影响账实的一致性。因此,运用财产清查的手段,对各种财产物资进行定期或不定期的核对和盘点,具有十分重要的意义。

　　会计工作的核心实质是管理,保证企业资产的安全与完整是财务人员的职责所在。资产管理的一项重要工作就是进行财产清查。通过清查结果与账面记录的比对,及时发现管理中的问题,及时处理,防范于未然!

任务一　财产清查认知

【任务布置】

宇辰有限责任公司的库存现金和有价证券由出纳人员保管,银行存款收付业务由出纳人员负责办理,原材料、库存商品由供应部门下属的仓库保管,固定资产由其使用部门负责保管,公司存在大量的往来款项。为了反映财产物资的增减变动情况,企业设置了日记账、总账及明细账,总账由会计机构负责人登记,日记账由出纳人员登记,明细账由会计人员登记。

你认为宇辰公司在经营过程中应在何时组织哪些财产清查活动?

【知识准备】

财产清查也叫财产检查,是指通过对实物、现金的实地盘点和对银行存款、往来款项的核对,查明各项财产物资、货币资金、往来款项的实有数和账面数是否相符的一种会计核算的专门方法。

一、财产清查的作用

1.保证账实相符,使会计资料真实可靠

通过财产清查可以确定各项财产物资的实际结存数,将账面结存数和实际结存数进行核对,可以揭示各项财产物资的溢缺情况,从而及时地调整账面结存数,保证账簿记录真实、可靠。

2.保护财产的安全和完整

通过财产清查,可以查明企业单位财产、商品、物资是否完整,有无缺损、霉变现象,以便堵塞漏洞,改进和健全各种责任制,切实保证财产的安全和完整。

3.挖掘财产潜力,加速资金周转

通过财产清查可以及时查明各种财产物资的结存和利用情况。如发现企业有限制不用的财产物资应及时加以处理,以充分发挥它们的效能;如发现企业有积压的财产物资,也应及时加以处理,并分析原因,采取措施,改善经营管理。这样,可以使采购的物资得到充分合理的利用,加速资金周转,提高企业的经济效益。

4.保证财经纪律和结算纪律的执行

通过对财产、物资、货币资金及往来款项的清查,可以查明有关业务人员是否遵守财经纪律和结算纪律,有无贪污盗窃、挪用公款的情况;查明各项资金使用是否合理,是否符合党和国家的方针政策和法规,从而使工作人员更加自觉地遵纪守法,自觉维护和遵守财经纪律。

二、财产清查的种类

财产清查,按照清查的对象和范围,可以分为全面清查和局部清查;按照清查的时间,可以分为定期清查和不定期清查。

1.全面清查与局部清查

全面清查是指对所有的财产和资金进行全面盘点与核对。其清查对象主要包括：原材料、在产品、自制半成品、库存商品、现金、短期存（借）款、有价证券及外币、在途物资、委托加工物资、往来款项、固定资产等。全面清查范围广，工作量大，一般在年终决算或企业撤销、合并或改变隶属关系时进行。

局部清查也称重点清查，是指根据需要只对某些重点财产进行的清查。如流动资产中变化较频繁的原材料、库存商品等，除年度全面清查外，还应根据需要随时轮流盘点或重点抽查。各种贵重物资要每月至少清查一次，库存现金要天天核对，银行存款要按银行对账单逐笔核对。

2.定期清查和不定期清查

定期清查是指在规定的时间内所进行的财产清查。一般是在年、季、月终了后进行。

不定期清查也称临时清查，是指根据实际需要临时进行的财产清查。一般是在更换财产物资保管人员、企业撤销、合并或发生财产损失等情况时所进行的清查。

定期清查和不定期清查的范围应视具体情况而定，可全面清查也可局部清查。

三、财产清查的准备工作

财产清查是一项复杂细致的工作，它涉及面广、政策性强、工作量大。为了加强领导，保质保量完成此项工作，一般应在企业单位负责人（如厂长、经理等）的领导下，由会计、业务、仓库等有关部门的人员组成财产清查的专门班子，具体负责财产清查的领导工作。在清查前，必须首先做好以下几项准备工作：

（1）清查小组制定财产清查计划，确定清查对象、范围，配备清查人员，明确清查任务。

（2）财务部门要将总账、明细账等有关资料登记齐全，核对正确，结出余额。保管部门对所保管的各种财产物资以及账簿、账卡挂上标签，标明品种、规格、数量，以备查对。

（3）银行存款和银行借款应从银行取得对账单，以便查对。

（4）对需要使用的度量衡器，要提前校验正确，保证计量准确。对应用的所有表册，都要准备妥当。

❓从财产清查的认知中，你都了解到了哪些内容？谈一谈你对财产清查的理解。

【任务实施】

1.库存现金要每天核对，银行存款要按月银行对账单逐笔核对。

2.每月组织人员对各种贵重物资要至少清查一次，对流动资产中变化较频繁的原材料、库存商品等要每月或每季定期盘点，还应根据需要随时轮流盘点或重点抽查。

3.年终决算时，要对所有的财产和资金进行全面盘点与核对。

4.公司更换财产物资保管人员时要进行临时清查。

任务二　熟悉财产清查方法

6-2

【任务布置】

宇辰有限责任公司在清查中发现了下列问题:月末工商银行松北支行账户的"银行存款日记账"余额为 750 000 元,而其"银行对账单"余额为 950 000 元;应收宏达公司的欠款的账面额为 800 000 元,但函询宏达公司后对方记账金额为 600 000 元,宏达公司表示欠款已经转账支付;盘点存货时,发现面粉的账面数为 50 袋,实存数为 49 袋。

假如你是宇辰公司的会计人员,对上述核对结果应如何进行处理?

【知识准备】

库存现金的清查,包括人民币和各种外币的清查,都是采用实地盘点即通过清点票数来确定现金的实存数,然后以实存数与现金日记账的账面余额进行核对,以查明账实是否相符。

一、货币资金的清查方法

(一)库存现金的清查

由于现金的收支业务十分频繁,容易出现差错,需要出纳人员每日进行清查和定期及不定期的专门清查。每日业务终了,出纳人员都应将现金日记账的账面余额与现金的实存数进行核对,做到账款相符。进行清查盘点时,出纳人员必须在场,现钞应逐张查点,还应注意有无违反现金管理制度的现象,编制现金盘点报告表,并由盘点人员和出纳人员签章。现金盘点报告表兼有盘存单和实存账存对比表的作用,是反映现金实有数和调整账簿记录的重要原始凭证。其一般格式如表 6-1 所示。

表 6-1　现金盘点报告表

单位名称:　　　　　　　　　　　年　月　日

实存金额	账存金额	对比结果		备注
		盘盈	盘亏	
现金使用情况	(1)库存现金限额: (2)白条抵库情况: (3)违反规定的现金支出情况: (4)其他违规行为:			
处理决定:				

会计机构负责人:　　　　　　　盘点人:　　　　　　　出纳员:

国库券、其他金融债券、公司债券、股票等有价证券的清查方法和现金相同。

(二)银行存款的清查

银行存款的清查,与实物和现金的清查方法不同,它是采用与银行核对账目的方法来进行的,即将企业的银行存款日记账与从银行取得的对账单逐笔核对,以查明银行存款的收入、付出和结余的记录是否正确。

开户银行送来的银行对账单是银行在收付企业单位存款时登记的账页,它完整地记录了企业单位存放在银行的款项的增减变动情况及结存余额,是进行银行存款清查的重要依据。

在实际工作中,企业银行存款日记账余额与银行对账单余额往往不一致,其主要原因有:一是双方账目发生错账、漏账。所以在与银行核对账目之前,应先仔细检查企业单位银行存款日记账的正确性和完整性,然后再将其与银行送来的对账单逐笔进行核对。二是正常的“未达账项”。所谓“未达账项”,是指由于双方记账时间不一致而发生的一方已经入账,而另一方尚未入账的款项。企业单位与银行之间的未达账项,有以下几种情况:

(1)企业已入账,但银行尚未入账。

①企业送存银行的款项,企业已做存款增加入账,但银行尚未入账;

②企业开出支票或其他付款凭证,企业已作为存款减少入账,但银行尚未付款、未记账。

(2)银行已入账,但企业尚未入账。

①银行代企业收进的款项,银行已作为企业存款的增加入账,但企业尚未受到通知,因而未入账;

②银行代企业支付的款项,银行已作为企业存款的减少入账,但企业尚未受到通知,因而未入账。

上述任何一种情况的发生,都会使双方的账面存款余额不一致。因此,为了查明企业单位和银行双方账目的记录有无差错,同时也是为了发现未达账项,在进行银行存款清查时,必须将企业单位的银行存款日记账与银行对账单逐笔核对;核对的内容包括收付金额、结算凭证的种类和号数、收入来源、支出的用途、发生的时间、某日止的金额等。通过核对,如果发现企业单位有错账或漏账,应立即更正;如果发现银行有错账或漏账,应即时通知银行查明更正;如果发现有未达账项,则应据以编制银行存款余额调节表进行调节,并验证调节后余额是否相等。

【例 6-1】　2017 年 6 月 30 日某企业银行存款日记账的账面余额为 31 000 元,银行对账单的余额为 36 000 元,经逐笔核对,发现有下列未达账项:

(1)29 日,企业销售产品收到转账支票一张计 2 000 元,将支票存入银行,银行尚未办理入账手续。

(2)29 日,企业采购原材料开出转账支票一张计 1 000 元,企业已作银行存款付出,银行尚未收到支票而未入账。

(3)30 日,企业开出现金支票一张计 250 元,银行尚未入账。

(4)30 日,银行代企业收回货款 8 000 元,收款通知尚未到达企业,企业尚未入账。

(5)30 日,银行代付电费 1 750 元,付款通知尚未到达企业,企业尚未入账。

(6)30 日,银行代付水费 500 元,付款通知尚未到达企业,企业尚未入账。

根据以上资料编制银行存款余额调节表如表 6-2 所示。

表 6-2　银行存款余额调节表

2017 年 6 月 30 日　　　　　　　　　　　　　　　　　　单位:元

项　　目	金　额	项　　目	金　额
企业银行存款账面余额	31 000	银行对账单账面余额	36 000
加:银行已收,企业未收		加:企业已收,银行未收	
银行代收货款	8 000	存入的转账支票	2 000
减:银行已付,企业未付		减:企业已付,银行未付	
银行代付电费	1 750	开出转账支票	1 000
银行代付水费	500	开出现金支票	250
调节后银行存款余额	36 750	调节后银行存款余额	36 750

如果调节后双方余额相等,则一般说明双方记账没有差错;若不相等,则表明企业方或银行方或双方记账有差错,应进一步核对,查明原因予以更正。

需要注意的是,对于银行已经入账而企业尚未入账的未达账项,不能根据银行存款余额调节表来编制会计分录,其作为记账依据,必须在收到银行的有关凭证后方可入账。另外,对于长期悬置的未达账项,应及时查明原因,予以解决。

上述银行存款的清查方法,也适用于各种银行借款的清查。但在清查银行借款时,还应检查借款是否按规定的用途使用,是否按期归还。

❓银行存款余额调节表应不应该由出纳编制? 为什么? 例 6-1 中经过银行存款的调整后,企业实际可动用的银行存款数是多少?

二、实物资产的清查方法

对于各种实物如材料、半成品、在产品、产成品、低值易耗品、包装物、固定资产等,都要从数量和质量上进行清查。由于实物的形态、体积、重量、堆放方式等不尽相同,因而所采用的清查方法也不尽相同。实物数量的清查方法,比较常用的有以下几种:

(1)实物盘点。即通过逐一清点或用计量器具来确定实物的实存数量。其适用的范围较广,在多数财产物资清查中都可以采用这种方法。

(2)技术推算。采用这种方法,对于财产物资不是逐一清点计数,而是通过量方、计尺等技术推算财产物资的结存数量。这种方法只适用于成堆量大而价值又不高、难以逐一清点的财产物资的清查。例如,露天堆放的煤炭等。

对于实物的质量,应根据不同的实物采用不同的检查方法,例如有的采用物理方法,有的采用化学方法来检查实物的质量。

实物清查过程中,实物保管人员和盘点人员必须同时在场。对于盘点结果,应如实登记盘存单,并由盘点人和实物保管人签字或盖章,以明确经济责任。盘存单既是记录盘点结果的书面证明,也是反映财产物资实存数的原始凭证。其一般格式如表 6-3 所示。

表 6-3　存货盘存单

单位名称：　　　　　　　　　　　盘点时间：　　　　　　　　　　　　编号：

财产类别：　　　　　　　　　　　存放地点：　　　　　　　　　　　金额单位：

编号	名称	计量单位	数量	单价	金额	备注

盘点人签章：＿＿＿＿＿＿＿＿　　　　　　　实物保管人签章：

为了查明实存数与账存数是否一致，确定盘盈或盘亏情况，应根据盘存单和有关账簿的记录，编制实存账存对比表。实存账存对比表是用以调整账簿记录的重要原始凭证，也是分析产生差异的原因，明确经济责任的依据。实存账存对比表的一般格式如表 6-4 所示。

表 6-4　实存账存对比表

单位名称：　　　　　　　　　　　　年　月　日

编号	类别及名称	计量单位	单价	实存		账存		对比结果				备注
								盘盈		盘亏		
				数量	金额	数量	金额	数量	金额	数量	金额	
处理决定：												

审核人：　　　　　　　　会计：　　　　　　　　　　制表：

对于委托外单位加工、保管的材料、商品、物资以及在途的材料、商品、物资等，可以用询证的方法与有关单位进行核对，以查明账实是否相符。

三、往来款项的清查方法

往来款项的清查，采用对方单位核对账目的方法。在检查各单位结算往来款项账目正确性和完整性的基础上，根据有关明细分类账的记录，按用户编制对账单，送交对方单位进行核对。对账单一般一式两联，其中一联作为回单。如果对方单位核对相符，应在回单上盖章后退回；如果数字不符，则应将不符的情况在回单上注明，或另抄对账单退回，以便进一步清查。在核对过程中，如果发现未达账项，双方都应采用调节账面余额的方法，来核对往来款项是否相符。尤其应注意查明有无双方发生争议的款项、没有希望收回的款项以及无法支付的款项，以便及时采取措施进行处理，避免或减少坏账损失。

? 通过学习财产清查的方法，请总结一下企业在资产管理过程中可能会出现哪些问题？

四、财产清查结果的核算

（一）主要账户设置

财产清查的重要任务之一就是为了保证账实相符，财会部门对于财产清查中所发现的差异必须及时进行账簿记录的调整。由于财产清查结果的处理要报请审批,所以,在账务处理上通常分两步进行。第一步,将财产清查中发现的盘盈、盘亏或毁损数,通过"待处理财产损溢"账户,登记有关账簿,以调整有关账面记录,使账存数和实存数一致。第二步,在审批后,应根据批准的处理意见,再从"待处理财产损溢"账户转入有关账户。

"待处理财产损溢"账户是暂记账户,它是专门用来核算企业在财产清查过程中查明的各种财产物资的盘盈、盘亏和毁损的账户。该账户的借方登记各种财产物资的盘亏、毁损数及按照规定程序批准的盘盈转销数,贷方登记各种财产物资的盘盈数及按照规定程序批准的盘亏、毁损转销数。借方余额表示尚未处理的各种物资的净损失数,贷方余额表示尚未处理的各种财产物资的净溢余数。该账户按流动资产和非流动资产设置明细账进行明细核算。

(二)财产清查结果的账务处理

对于财产清查中各种资产的盘盈和盘亏,分别按不同的情况处理。

(1)属于管理不善或工作人员失职,造成财产损失、变质或短缺的,应由过失人负责赔偿的,应增加其他应收款。

(2)无人领取的现金盘盈,记入营业外收入;无责任人承担的现金盘亏,记入管理费用。

(3)对于材料、在产品和产成品等存货,由于管理不善原因造成的盘盈或盘亏,增加或冲减管理费用。比如,在收发物资中,由于计量、检验不准确;财产物资在运输、保管、收发过程中,在数量上发生自然增减变化;由于手续不齐或计算、登记上发生错误。

(4)属于贪污盗窃、营私舞弊造成的损失或自然灾害造成的非常损失,应增加营业外支出。

(5)对于固定资产盘亏,扣除保险公司和责任人赔偿后的净损失计入营业外支出。

(6)固定资产盘盈,按以前年度差错处理,调整年初留存收益。企业在盘盈固定资产时,首先应确定盘盈固定资产的原值、累计折旧和固定资产净值。根据确定的固定资产原值借记"固定资产",贷记"累计折旧",将两者的差额贷记"以前年度损益调整";其次再计算应缴纳的所得税费用,借记"以前年度损益调整",贷记"应交税费——应交所得税";接着补提盈余公积,借记"以前年度损益调整",贷记"盈余公积";最后调整利润分配,借记"以前年度损益调整",贷记"利润分配——未分配利润"。

【例 6-2】 某企业在财产清查中,盘盈现金 50 元,无人领取,经单位负责人审批按财务规定进行处理。

报经批准前,根据现金盘点表的记录,编制会计记录如下:

借:库存现金　　　　　　　　　　　　　　　　　　　　　　50

　　贷:待处理财产损溢——待处理流动资产损溢　　　　　　　　　50

报经批准后,按财务规定处理,编制会计记录如下:

借:待处理财产损溢——待处理流动资产损溢　　　　　　　　50

　　贷:营业外收入　　　　　　　　　　　　　　　　　　　　　50

【例 6-3】 某企业在财产清查中,盘亏现金 180 元,经单位负责人审批,由出纳赔偿 100 元,待发工资时扣除,其他 80 元按财务规定进行处理。

报经批准前,根据现金盘点表的记录,编制会计记录如下:

借:待处理财产损溢——待处理流动资产损溢　　　　　　　180

　　贷:库存现金　　　　　　　　　　　　　　　　　　　　　180

报经批准后,按财务规定处理,编制会计记录如下:

　　借:管理费用　　　　　　　　　　　　　　　　　　　　　　　　　　　80

　　　其他应收款　　　　　　　　　　　　　　　　　　　　　　　　　　100

　　　　贷:待处理财产损溢——待处理流动资产损溢　　　　　　　　　　　　　180

　　【例 6-4】　某企业在财产清查中,盘盈原材料 600 公斤,价值 18 000 元。

　　报经批准前,根据实存账存对比表的记录,编制会计记录如下:

　　借:原材料　　　　　　　　　　　　　　　　　　　　　　　　　18 000

　　　　贷:待处理财产损溢——待处理流动资产损溢　　　　　　　　　　18 000

　　经查明,这项盘盈材料因计量仪器不准造成生产领用少付多算,所以,经批准冲减本月管理费用,编制会计分录如下:

　　借:待处理财产损溢——待处理流动资产损溢　　　　　　　　　　18 000

　　　　贷:管理费用　　　　　　　　　　　　　　　　　　　　　　18 000

　　【例 6-5】　在财产清查中,发现购进的甲材料实际库存较账面库存短缺 1 500 元。

　　报经批准前,先调整账面余额,编制会计分录如下:

　　借:待处理财产损溢——待处理流动资产损溢　　　　　　　　　　　1 500

　　　　贷:原材料——甲材料　　　　　　　　　　　　　　　　　　　　1 500

　　报经批准,如属于定额内的自然损耗,则应作为管理费用,计入本期损益,编制会计分录如下:

　　借:管理费用　　　　　　　　　　　　　　　　　　　　　　　　1 500

　　　　贷:待处理财产损溢——待处理流动资产损溢　　　　　　　　　　1 500

　　如果属于管理人员过失造成则应由过失人赔偿,编制会计分录如下:

　　借:其他应收款——某某人　　　　　　　　　　　　　　　　　　1 500

　　　　贷:待处理财产损溢——待处理流动资产损溢　　　　　　　　　　1 500

　　如果属于非常灾害造成的损失应经批准列作营业外支出,编制会计分录如下:

　　借:营业外支出　　　　　　　　　　　　　　　　　　　　　　　1 500

　　　　贷:待处理财产损溢——待处理流动资产损溢　　　　　　　　　　1 500

　　【例 6-6】　某企业在财产清查中,盘盈一台笔记本电脑,其账面价值 5 000 元,已提折旧 4 000元。经领导审批后,直接核销。

　　报经批准前,先调整账面余额,编制会计分录如下:

　　借:待处理财产损溢——待处理非流动资产损溢　　　　　　　　　　1 000

　　　累计折旧　　　　　　　　　　　　　　　　　　　　　　　　4 000

　　　　贷:固定资产　　　　　　　　　　　　　　　　　　　　　　5 000

　　报经批准核销时,编制会计分录如下:

　　借:营业外支出——资产盘亏损失　　　　　　　　　　　　　　　1 000

　　　　贷:待处理财产损溢——待处理流动资产损溢　　　　　　　　　　1 000

　　【例 6-7】　甲公司于 2017 年 8 月 30 日对企业全部的固定资产进行盘查,盘盈一台 5 成新的机器设备,该设备同类产品市场价格为 120 000 元。不考虑相关税费的影响。

　　该企业的有关会计处理为:

　　(1)盘盈时:

　　借:固定资产　　　　　　　　　　　　　　　　　　　　　　120 000

贷：累计折旧	60 000
以前年度损益调整	60 000

企业固定资产价值增加了 60 000 元，由于盘盈的固定资产不能计入当期损益，所以需要增加期初的留存收益 60 000 元。原理即是资产＝负债＋所有者权益的会计恒等式。

（2）调整留存收益。

调整盈余公积＝60 000×10％＝6 000（元）

借：以前年度损益调整	6 000
贷：盈余公积——法定盈余公积	6 000

调整未分配利润＝60 000－6 000＝54 000（元）

借：以前年度损益调整	54 000
贷：利润分配——未分配利润	54 000

【例 6-8】　某企业在财产清查中，查明确实无法收回的应收账款 30 000 元，经批准作为坏账损失。

坏账损失是指无法收回的应收账款而使企业遭受的损失。按制度规定，在会计核算中对坏账损失的处理采用备抵法，即会计期末按一定比例预先估计可能发生的坏账损失，提取"坏账准备"计入当期损益（资产减值损失），待实际发生损失时，直接冲减"坏账准备"账户。"坏账准备"是资产类的账户，是"应收账款"的抵减账户，用来核算坏账准备的提取和转销情况，贷方登记提取数和收回的已经确认的坏账损失，借方登记实际发生的坏账损失，余额在贷方表示已经提取尚未冲销的坏账。

因此，对于这笔确属无法收回的应收账款，应按照规定的手续审批后，以批准的文件为原始凭证，作坏账损失处理，冲减"坏账准备"账户。编制会计分录如下：

借：坏账准备	30 000
贷：应收账款	30 000

企业在财产清查中查明的有关债权、债务的坏账收入或坏账损失，经批准后，直接进行转销，不需要通过"待处理财产损溢"账户核算。

❓通过财产清查所发现的财产管理和核算方面存在的问题，应当认真分析研究，以有关的法令、制度为依据进行严肃处理。请你分析一下，如果财产计量不准或管理不善，会对企业造成哪些影响？

【任务实施】

1. 对于"银行存款日记账"和"银行对账单"不一致的情况，应首先检查是否存在记账错误，排除后，检查是否存在未达账项，如果存在未达账项，则编制银行存款余额调节表调节相符。待未达账项到达后再进行正常账务处理。

2. 对于应收宏达公司的欠款双方记账不符的情况，首先应让对方将转账记录传真至公司，然后再通过银行核对该笔货款是否进入公司银行账户。

3. 对于存货账实不符的情况，应首先调整账簿记录，然后调查账实不符原因，如果是收发记录不准造成的，应补齐单据入账，如果属于丢失，则应让责任人赔偿。

单元小结

　　• 财产清查也叫财产检查,是指通过对实物、现金的实地盘点和对银行存款、往来款项的核对,查明各项财产物资、货币资金、往来款项的实有数和账面数是否相符的一种会计核算的专门方法。

　　• 财产清查可以保证账实相符,使会计资料真实可靠、保护财产的安全和完整、挖掘财产潜力、加速资金周转、保证财经纪律和结算纪律的执行。

　　• 按照清查的对象和范围,财产清查可以分为全面清查和局部清查;按照清查的时间,财产清查可以分为定期清查和不定期清查。

　　• 财产清查是一项复杂细致的工作,在清查前,必须首先做好准备工作。

　　• 库存现金的清查,采用实地盘点即通过清点票数来确定现金的实存数,然后以实存数与现金日记账的账面余额进行核对,以查明账实是否相符。

　　• 银行存款的清查,采用与银行核对账目的方法来进行,即将企业的银行存款日记账与从银行取得的对账单逐笔核对,以查明银行存款的收入、付出和结余的记录是否正确。

　　• 未达账项,是指由于双方记账时间不一致而发生的一方已经入账,而另一方尚未入账的款项。如果发现有未达账项,则应据以编制银行存款余额调节表进行调节,并验证调节后余额是否相等。

　　• 对于银行已经入账而企业尚未入账的未达账项,不能根据银行存款余额调节表来编制会计分录,作为记账依据,必须在收到银行的有关凭证后方可入账。

　　• 实物资产的清查,比较常用的盘点方法是实物盘点和技术推算。

　　• 往来款项的清查,采用与对方单位核对账目的方法。

　　• 财产清查结果的处理通常分两步进行。一是将财产清查中发现的盘盈、盘亏或毁损数,通过"待处理财产损溢"账户,登记有关账簿;二是在审批后,应根据批准的处理意见,再从"待处理财产损溢"账户转入有关账户。

　　• 对于财产清查中各种资产的盘盈和盘亏,分别按不同的情况处理。

复习思考题

一、思考题

　　1.什么是财产清查? 财产清查有什么作用?

　　2.财产清查是如何分类的?

　　3.如何对现金、银行存款进行清查? 可能会出现什么问题? 如何解决?

　　4.什么是未达账项? 企业单位能否根据银行存款余额调节表将未达账项登记入账? 为什么?

　　5.财产清查结果如有差异,在账务上应如何处理?

二、练习题

1. 某企业现金盘点时发现现金短缺 100 元,领导审批后按规定进行核销。

要求:编制批准前和批准后的会计分录。

2. 某企业经财产清查,发现盘盈 A 材料 3 200 吨。经查明是由于计量上的错误所造成的,按计划成本每吨 2 元入账。

要求:编制批准前和批准后的会计分录。

3. 企业经财产清查,发现盘亏 B 材料 100 吨,每吨单价 200 元。经查明,属于定额内合理的损耗有 5 吨,计 1 000 元;属于过失人造成的由责任人赔偿 40 吨,计 8 000 元;属于自然灾害造成的损失为 55 吨,计 11 000 元,但由保险公司赔偿 6 000 元。

要求:编制批准前和批准后的会计分录。

4. 企业在财产清查中,发现盘盈机器设备一台,估计原值为 30 万元,估计已提折旧额为 5 万元。企业按 10% 计提盈余公积。不考虑税费影响。

要求:编制盘盈固定资产的会计分录。

5. 企业在财产清查中,发现盘亏机器设备一台,账面原值为 280 000 元,已提折旧额为 100 000元。保险公司赔偿 100 000 元,资产管理部长李涛赔偿 10 000 元,赔偿款尚未收到,其他领导审批后核销。

要求:编制批准前和批准后的会计分录。

三、理论测试题

(一)单选题

1. 财产清查按清查的时间划分,可分为(　　　)。

A. 全面清查和局部清查　　　　　　　　B. 定期清查和不定期清查

C. 详细清查和一般清查　　　　　　　　D. 内部清查和外部清查

2. (　　　)是重要的原始凭证。

A. 银行存款余额调节表　　　　　　　　B. 财产清查计划书

C. 账存实存对比表　　　　　　　　　　D. 清查工作进度表

3. 现金的清查主要采用(　　　)。

A. 询证法　　　　　　B. 技术推算盘点法　　　C. 实地盘点法　　　　D. 审阅法

4. 对银行存款的清查盘点通常采用(　　　)。

A. 审阅账目　　　　　B. 核对对账单　　　　　C. 复核账簿记录　　　D. 询证银行

5. 对往来结算款项的清查通常采用(　　　)。

A. 复核法　　　　　　B. 顺差法　　　　　　　C. 抽查法　　　　　　D. 询证法

6. 采用永续盘存制时,财产清查的目的是检查(　　　)。

A. 账证是否相符　　　B. 账账是否相符　　　　C. 账实是否相符　　　D. 账表是否相符

7. 在永续盘存制下,平时(　　　)。

A. 对各项财产物资的增加、减少都不在账簿中登记

B. 只在账簿中登记增加,不登记减少

C. 只在账簿中登记减少,不登记增加

D. 在账簿记录中既登记增加,又登记减少

8. 银行存款的清查是将银行存款(　　)。

A. 日记账与总账核对

B. 日记账与银行对账单核对

C. 日记账与银行存款收、付款凭证核对

D. 银行存款总账与银行存款收、付款凭证核对

9. 银行存款余额调节表调节后的余额是(　　)。

A. 企业日记账的账面余额　　　　　　　　B. 银行对账单余额

C. 未达账项余额　　　　　　　　　　　　D. 企业实际可动用的存款余额

10. 财产清查结果,经查明是因计量器具原因造成的盘亏时,应作(　　)处理。

A. 待处理财产损失　　B. 营业外支出　　　　C. 其他应收款　　　　D. 管理费用

(二)多选题

1. 财产清查的作用主要有(　　)。

A. 保证会计核算资料的真实可靠

B. 建立健全规章制度,提高企业的管理水平

C. 为上级主管部门进行宏观调控提供参考资料

D. 有利于挖潜增效,加速资金周转

E. 便于国家税务部门加强对企业经济活动的监督检查

2. 造成财产物资实有数与账面结存数不符的原因主要有(　　)。

A. 保管过程中的自然损耗　　　　　　　　B. 计量器具的不准确

C. 自然灾害造成的数量变化　　　　　　　D. 贪污盗窃、营私舞弊

E. 保管人员多收多付

3. 不定期清查通常在(　　)情况下进行。

A. 企业更换保管、出纳人员时　　　　　　B. 发生自然灾害或意外损失时

C. 上级主管单位或审计部门进行检查时　　D. 年末编制会计报表时

E. 临时性的清产核资时

4. 在财产清查中可以作为原始凭证的表格有(　　)。

A. 盘存单　　　　　　B. 账存实存对比表　　C. 银行存款余额调节表

D. 库存现金盘点报告单　　　　　　　　　E. 往来款项对账单

5. 实地盘点法一般适用于(　　)。

A. 库存现金的盘点　　　　　　　　　　　B. 银行存款的盘点

C. 往来款项的盘点　　　　　　　　　　　D. 各项实物资产的盘点

E. 短期借款的盘点

6. 产生未达账项的原因,主要有以下几种情况(　　)。

A. 企业已收,银行未收的款项　　　　　　B. 企业已付,银行未付的款项

C. 银行已收,企业未收的款项　　　　　　D. 企业和银行均已收付入账的款项

E. 银行已付,企业未付的款项

7. 财产清查中发现账外机器一台,九成新,审批前的会计分录应为(　　)。

A. 借:累计折旧　　　　　　　　　　　　B. 借:固定资产

C.借:待处理财产损溢　　　　　　　　　D. 贷:待处理财产损溢

E. 贷:固定资产

8.财产清查中发现因保管员失职造成材料短缺,审批后的会计分录应为(　　)。

A.借:其他应收款　　　　　　　　　　　B. 借:管理费用

C.贷:待处理财产损溢　　　　　　　　　D. 借:待处理财产损溢

E.贷:营业外支出

9.财产物资的盘存制度有(　　)两种。

A.永续盘存制　　　　　　　　　　　　B. 实地盘存制

B.实地盘点法　　　　　　　　　　　　C. 技术推算盘点法

10.如果存在未达账项,请选择正确的表达方式(　　)。

A.企业银行存款账户余额＋银行已收企业未收－银行已付企业未付＝企业银行存款调整后余额

B.企业银行存款账户余额＋银行已付企业未付－银行已收企业未收＝企业银行存款调整后余额

C.银行存款对账单余额＋企业已付银行未付－企业已收银行未收＝银行对账单调整后余额

D.银行存款对账单余额＋企业已收银行未收－企业已付银行未付＝银行对账单调整后余额

(三)判断题

1.通过财产清查,可以挖掘财产物资的潜力,有效利用财产物资,加速资金周转。(　　)

2.未达账项是企业与银行之间由于记账的时间不一致,而发生的一方已登记入账,另一方漏记的项目。(　　)

3.未达账项只在企业与开户银行之间发生,企业与其他单位之间不会发生未达账项。(　　)

4.财产清查的内容包括货币资金、财产物资、应收应付款项和对外投资。(　　)

5.财产清查是对各项财产进行盘点和核对,确定其实存数,并查明其账存数与实存数是否相符的一种专门方法。(　　)

6.对库存现金的清查应采用的方法是检查现金日记账。(　　)

7.企业在遭受自然灾害后,对其受损的财产物资进行的清查,属于局部清查和不定期清查。(　　)

8.对应收账款进行清查时,应采用的方法是实地盘点法。(　　)

9.银行存款清查,主要采用与银行核对账目的方法进行。(　　)

10.对往来款项进行清查,主要是和债权、债务单位进行对账,因此,应采用函证法。(　　)

实训题一

实训课题:银行存款清查方法

实训目的:掌握银行存款余额调节表编制方法

实训组织:每3～5名学生为一组,分别负责对方银行存款余额调节表的审核

实训内容：

资料：

丰收公司 2017 年 8 月 31 日银行存款日记账余额 37 685 元，银行送来的对账单余额为 47 570。经逐笔核对，发现两者有下列不符之处：

(1)8 月 30 日，本公司开出转账支票一张向方圆公司购买文具用品，价值 1 045 元，方圆公司尚未到银行办理转账手续。

(2)8 月 30 日，本公司委托银行代收一笔贷款 7 800 元，款项银行已收妥入账，公司尚未收到通知入账。

(3)8 月 30 日，收到申花公司交来的转账支票 4 700 元，本公司已送交银行办理，并已入账，但银行尚未入账。

(4)8 月 31 日，银行扣收手续费 12 元，公司尚未入账。

(5)8 月 31 日，银行代付公用事业费 3 456 元，公司尚未收到通知入账。

(6)8 月 31 日，本月银行存款利息 208 元，公司尚未收到通知入账。

要求：

根据以上有关内容，编制"银行存款余额调节表"(见表 6-5)，并分析调节后是否需要编制有关会计分录。

表 6-5　银行存款余额调节表

2017 年 8 月 31 日　　　　　　　　　　　　　　　　　　　　　　单位：元

项　目	金　额	项　目	金　额
银行存款日记账余额 加：银行已收企业未收 减：银行已付企业未付		银行对账单余额 加：企业已收银行未收 减：企业已付银行未付	
调节后的存款余额		调节后的存款余额	

实训题二

实训课题：银行存款清查方法

实训目的：掌握银行存款余额调节表编制方法

实训组织：每 3～5 名学生为一组，分别负责对方银行存款余额调节表的审核

实训内容：

资料：

某企业 2017 年 7 月 31 日的银行存款日记账账面余额为 691 600 元，而银行对账单上企业存款余额为 681 600 元，经逐笔核对，发现有以下未达账项：

(1)7 月 26 日企业开出转账支票 3 000 元，持票人尚未到银行办理转账，银行尚未登记入账。

(2)7 月 28 日企业委托银行代收款项 4 000 元,银行已收款入账,但企业未接到银行的收款通知,因而未登记入账。

(3)7 月 29 日,企业送存购货单位签发的转账支票 15 000 元,企业已登记入账,银行尚未登记入账。

(4)7 月 30 日,银行代企业支付水电费 2 000 元,企业尚未接到银行的付款通知,故未登记入账。

要求:

根据以上有关内容,编制"银行存款余额调节表"(见表 6-6),并分析调节后是否需要编制有关会计分录。

表 6-6　银行存款余额调节表

2017 年 7 月 30 日　　　　　　　　　　　　　　　　　单位:元

项　　目	金　　额	项　　目	金　　额
银行存款日记账余额		银行对账单余额	
加:银行已收企业未收		加:企业已收银行未收	
减:银行已付企业未付		减:企业已付银行未付	
调节后的存款余额		调节后的存款余额	

实训考核:

实训完成后的考核标准表见表 6-7。

表 6-7　考核标准表

		考核标准			
序号	考核项目	评分标准			
		A(100%)	B(80%)	C(60%)	D(0)
1	态度(5 分)	保质保量完成	书写工整	书写不工整	未写或互相抄袭
2	质量(10 分)	规范、符合实际	基本符合实际	—	未搞清所布置的问题
评价方式:学生互评,教师总评。					

评分	学生	点评:		得分:	总分
	教师	点评:		得分:	

延伸阅读1：
《财产清查》

延伸阅读2：
《如何对企业的财产进行清查》

单元七　编制财务报表

知识目标

● 熟悉财务报表的编制要求,掌握财务报表的构成内容和分类;

● 了解资产负债表的概念、作用,熟悉资产负债表的结构和列报原理,掌握资产负债表中各项目的填制方法;

● 了解利润表的概念、作用,熟悉利润表的结构和列报原理,掌握利润表中各项目的填制方法;

● 了解现金流量表的作用,熟悉现金流量表的结构和填制原理;

● 了解所有者权益变动表的结构,熟悉所有者权益变动表的内容;

● 了解会计报表附注的内容。

能力目标

● 会计算资产负债、利润表和现金流量表的主要项目;

● 会编制资产负债表;

● 会编制利润表。

单元描述

企业经营情况的好坏最终是通过财务报表来反映的。通过财务报表可以了解企业拥有多少资产、欠多少债务、净资产是多少;在经营期间内产生了多少收入、发生了多少费用、净利润是多少;在经营期间内收入了多少现金、支出了多少现金,现金从哪来、付到哪去;在经营期间内所有者权益是增加还是减少、是如何变动的等信息。这些问题我们在资产负债、利润表和现金流量表中可以找到答案。

7-1

任务一　财务报表认知

【任务布置】

财务报表能够反映企业的财务状况、经营成果和现金流量。投资者对目标企业进行投资、银行对企业进行贷款等都是通过企业的财务报表来进行分析决策的。通过财务报表可以了解企业的资产、债务规模,可以分析其偿债能力、发展能力、盈利能力、运营能力等。

1.企业的财务报表包括哪些？是如何分类的？

2.编制财务报表有什么要求？

【知识准备】

财务报表,是指企业对外提供的反映企业某一特定日期的财务状况和某一会计期间的经营成果、现金流量等会计信息的文件。

财务报表是对企业财务状况、经营成果和现金流量的结构性表述。一套完整的财务报表至少应当包括"四表一注",即资产负债表、利润表、现金流量表、所有者权益(或股东权益,下同)变动表以及报表附注。

一、财务报表的分类

财务报表可以按照不同的标准进行分类。

1.按财务报表的编制时间分类

按财务报表的编制时间不同,分为年度财务报表和中期财务报表。年度财务报表是指按日历年度所涵盖的会计期间所编报的报表,即从 1 月 1 日至 12 月 31 日的报表。中期财务报表是以短于一个完整会计年度的报告期间为基础编制的财务报表,包括月报、季报和半年报。其中,月报要求简明扼要、及时;年报要求揭示完整、反映全面;季报在会计信息的详细程度方面,介于月报和年报之间。

2.按财务报表的编报主体分类

按财务报表的编报主体不同,分为个别财务报表和合并财务报表。个别财务报表是由企业在自身会计核算基础上对账簿记录进行加工而编制的财务报表,它主要用以反映企业自身的财务状况、经营成果和现金流量情况。合并财务报表是以母公司和子公司组成的企业集团为会计主体,根据母公司和所属子公司的财务报表,由母公司编制的综合反映企业集团财务状况、经营成果及现金流量的财务报表。

3.按财务报表的服务对象分类

按财务报表的服务对象不同,分为外部财务报表和内部财务报表。外部财务报表是企业定期向外部报告使用者(潜在投资者、贷款人、供应商和其他债权人、顾客、政府机构、社会公众等)报送的财务报表,这类报告是按企业会计准则编制的,有统一规定的格式和信息指标体系。内部财务报表是为了适应企业内部经营者管理的需要而编制的,一般不对外公开,因此不需要统一规定的格式。

4.按财务报表反映财务活动的方式分类

按财务报表反映财务活动的方式不同,分为静态财务报表和动态财务报表。静态财务报表是指反映企业特定时点上有关资产、负债和所有者权益情况的财务报表,一般应根据有关账户的"余额"填列,如资产负债表。动态财务报表是指反映企业一定时期内资金耗费和收回情况以及经营成果的财务报表,一般应根据有关账户的"发生额"填列,如利润表。

二、财务报表的编制要求

编制和提供财务报表的最终目的,是为了达到社会资源的合理配置,因此,财务报表所提供的信息应能真实、公允地反映企业的财务状况、经营成果和现金流量。因此,在我国,编制财务报表的基本要求是便于理解、真实可靠、相关可比、内容完整和编报及时。

1. 便于理解

可理解性是指财务报表提供的财务信息可以为使用者所理解。企业对外提供的财务报表是为了供广大阅读者使用，以提供企业过去、现在和未来的财务信息资料，为投资者、债权人以及潜在的投资者和债权人提供决策所需的经济信息，因此，编制的财务报表应清晰易懂。如果提供的财务报表晦涩难懂，不可理解，使用者就不能做出可靠的判断，所提供的财务报表也毫无用途。

2. 真实可靠

会计首先是一个信息系统，如实反映编表单位经济活动情况是信息的基本要求。对外提供的财务报表主要是满足不同的使用者对信息资料的要求，便于使用者根据所提供的财务信息做出决策、判断，因此，财务报表所提供的数据必须做到真实可靠。如果财务报表所提供的财务信息不真实可靠，甚至是虚假的信息资料，这样的财务报表不仅不能发挥会计应有的作用，反而会由于错误的信息，导致报告的使用者对企业财务状况做出相反的结论，使其决策失误。

3. 相关可比

相关可比是指财务报表提供的财务信息必须与使用者的决策需要相关并且具有可比性。如果财务报表提供的信息资料能够使使用者了解过去、现在或未来事项的影响及其变化趋势，并为使用者提供有关的可比信息，则可以认为财务报表提供的财务信息相关可比。

4. 内容完整

为方便报表的阅读、理解和汇总，企业应当按照会计准则所规定的财务报表格式和内容，根据登记完整、核对无误的会计账簿记录和其他有关资料编制财务报表。凡是会计准则要求提供的财务报表，各企业必须全部编制报表，不得漏编、漏报；对于应当填列的报表指标，不论是表内的项目还是表外的补充资料，必须全部填列，不得少列、漏列，更不可随意取舍。

5. 编报及时

财务报表必须在规定的期限内编制完成，以便报告阅读者及时了解情况，发现问题。为此，各个企业平时就应做好记账、算账和对账工作，做到日清月结，在任何情况下都不能为赶编财务报表而提前结账。月度财务报表，应当于月度终了后 6 天内（节假日顺延，下同）对外提供；季度财务报表应当于季度终了后 15 天内对外提供；半年度财务报表应当于半年度结束后 60 天内（相当于两个连续的月份）对外提供；年度财务报表应当于年度终了后 5 个月内对外提供。

企业对外提供的财务报表应当依次编定页数，加具封面，装订成册，加盖公章。封面上应当注明企业名称、企业统一代码、组织形式、地址、报表所属年度或者月份、报出日期，并由企业负责人和主管会计工作的负责人、会计机构负责人（会计主管人员）签名并盖章；设置总会计师的企业，还应当由总会计师签名并盖章。

❓企业每个月向税务局申报纳税时需要编制报送哪些财务报表？

【任务实施】

1. 一套完整的财务报表至少应当包括"四表一注"，即资产负债表、利润表、现金流量表、所有者权益(或股东权益)变动表以及报表附注。

按财务报表的编制时间不同,分为年度财务报表和中期财务报表。按财务报表的编报主体不同,分为个别财务报表和合并财务报表。按财务报表的服务对象不同,分为外部财务报表和内部财务报表。按财务报表反映财务活动的方式不同,分为静态财务报表和动态财务报表。

2.财务报表的编制要求:便于理解、真实可靠、相关可比、内容完整、编报及时。

任务二　编制资产负债表

【任务布置】

宇辰有限责任公司 2017 年 12 月 31 日有关科目余额见表 7-1:

表 7-1　科目余额表

2017 年 12 月 31 日

单位:万元

科　目	借方科目余额	贷方科目余额
应收账款	100	20
预收账款	30	40
坏账准备		0.5
库存商品	50	
生产成本	10	
存货跌价准备		0.1
固定资产	100	
累计折旧		10

请问,该公司 2017 年 12 月 31 日资产负债表中应收账款、预收账款、存货和固定资产应列示的金额是多少?

【知识准备】

资产负债表是反映企业在某一特定日期财务状况的会计报表。它是根据"资产＝负债＋所有者权益"这一会计恒等式,按照一定的分类标准和顺序,把企业在特定日期的资产、负债、所有者权益等项目予以适当编排,并对日常工作中形成的大量数据进行高度浓缩整理后编制而成的。

资产负债表可提供的信息有:①流动资产实有情况的信息,包括货币资金、应收及预付款项、交易性金融资产和存货等流动资产实有情况的信息。②非流动资产实有情况的信息,包括可供出售金融资产、持有至到期金融资产、长期股权投资、固定资产、无形资产等非流动资产实有情况的信息。③流动负债的信息,包括短期借款、交易性金融负债、应付及预收款项等流动负债的信息。④非流动负债的信息,包括长期借款、应付债券、长期应付款等信息。⑤所有者权益的信息,包括实收资本、盈余公积和未分配利润的信息。

一、资产负债表的作用

资产负债表总括地提供了企业的经营者、投资者和债权人等各方面所需要的信息,其具体作用如下:

(1)通过资产负债表可以了解企业所掌握的经济资源及其分布的情况,经营者可据此分析企业资产分布是否合理,以改进经营管理,提高管理水平。

(2)通过资产负债表可以了解企业资金的来源渠道和构成,投资者和债权人可据此分析企业所面临的财务风险,以监督企业合理使用资金。

(3)通过资产负债表可以了解企业的财务实力、短期偿债能力和支付能力,投资者和债权人可据此做出投资和贷款的正确决策。

(4)通过对前后期资产负债表的对比分析,可了解企业资金结构的变化情况,经营者、投资者和债权人可据此掌握企业财务状况的变化趋势。

二、资产负债表的结构与格式

我国企业资产负债表的格式采用账户式结构,将资产负债表分为左右两方,它是根据"资产＝负债＋所有者权益"这一会计等式,依照一定分类标准和顺序对资产、负债和所有者权益进行适当分类、汇总、排列后编制而成的。左方反映企业所拥有的全部资产,按流动性强弱排列。右方反映企业的负债和所有者权益,上部分为负债项目,按负债偿还期限长短排列,下部分为所有者权益项目,一般按权益来源的先后排列。

根据会计等式的基本原理,左方的资产总额等于右方的负债和所有者权益的总额,即资产负债表左方和右方平衡。

(一)资产的排列顺序

(1)流动资产。包括在一年或超过一年的一个经营周期以内可以变现或耗用、售出的全部资产。在资产负债表上排列为:货币资金、交易性金融资产、应收票据、应收账款、预付款项、应收利息、其他应收款、存货、一年内到期的非流动资产等。

(2)非流动资产。包括变现能力在一年或超过一年的一个经营周期以上的资产。在资产负债表上排列为:可供出售金融资产、持有至到期投资、长期股权投资、长期应收款、投资性房地产、固定资产、在建工程、工程物资、固定资产清理、生产性生物资产、油气资产、无形资产、开发支出、商誉、长期待摊费用、递延所得税资产等。

(二)负债的排列顺序

(1)流动负债。包括偿还期在一年以内的全部负债。在资产负债表上排列顺序为:短期借款、交易性金融负债、应付票据、应付账款、预收款项、应付职工薪酬、应交税费、应付利息、应付股利、其他应付款、一年内到期的非流动负债等。

(2)非流动负债。包括偿还期在一年或超过一年的一个经营周期以上的债务。在资产负债表上排列顺序为:长期借款、应付债券、长期应付款、专项应付款、预计负债、递延所得税负债等。

(三)所有者权益的排列顺序

所有者权益包括所有者投资、企业在生产经营过程中形成的盈余公积和未分配利润。在资产负债表上的排列顺序为:实收资本、资本公积、盈余公积和未分配利润等。

　　资产负债表左、右两方各项目通过账户式资产负债表，可以反映资产、权益之间的内在关系，即"资产＝负债＋所有者权益"。一般企业的资产负债表基本格式如表 7-2 所示。

表 7-2　资产负债表

会企 01 表

编制单位：　　　　　　　　　　　年　月　日　　　　　　　　　　　　单位：元

资　产	期末余额	年初余额	负债和所有者权益	期末余额	年初余额
流动资产：			流动负债：		
货币资金			短期借款		
以公允价值计量且其变动计入当期损益的金融资产			以公允价值计量且其变动计入当期损益的金融负债		
应收票据			应付票据		
应收账款			应付账款		
预付款项			预收款项		
应收利息			应付职工薪酬		
应收股利			应交税费		
其他应收款			应付利息		
存货			应付股利		
一年内到期的非流动资产			其他应付款		
其他流动资产			一年内到期的非流动负债		
流动资产合计			其他流动负债		
非流动资产：			流动负债合计		
可供出售金融资产			非流动负债：		
持有至到期投资			长期借款		
长期应收款			应付债券		
长期股权投资			长期应付款		
投资性房地产			专项应付款		
固定资产			预计负债		
在建工程			递延所得税负债		
工程物资			其他非流动负债		
固定资产清理			非流动负债合计		
生产性生物资产			负债合计		
油气资产			所有者权益：		
无形资产			实收资本		
开发支出			资本公积		
商誉			减：库存股		
长期待摊费用			盈余公积		
递延所得税资产			未分配利润		
其他非流动资产			所有者权益合计		
非流动资产合计					
资产总计			负债和所有者权益总计		

　　？ 从格式上来说，资产负债表分成哪两种？哪种更科学合理？我国采用的是何种格式？

三、资产负债表各项目的填列方法

资产负债表的各项目均需填列"年初余额"和"期末余额"两栏。其中"年初余额"栏内各项数字,应根据上年末资产负债表的"期末余额"栏内所列数字填列。"期末余额"栏主要有以下几种填列方法:

(1)根据总账科目的余额直接或汇总填列。资产负债表中的有些项目,可直接根据有关总账科目的余额填列,如"交易性金融资产""短期借款""应付票据""应付职工薪酬""实收资本""资本公积""盈余公积"等项目;有些项目,则需根据几个总账科目的期末余额汇总填列,如"货币资金"项目,需根据"库存现金""银行存款""其他货币资金"三个总账科目期末余额合计填列。

(2)根据有关明细科目的余额计算填列。如"应付账款"项目,需要分别根据"应付账款"和"预付账款"两科目所属明细科目的期末贷方余额计算填列;"应收账款"项目,需要分别根据"应收账款"和"预收账款"两科目所属明细科目的期末借方余额计算填列。

【例 7-1】 大发公司 2017 年 12 月 31 日结账后有关科目余额见表 7-3。

表 7-3　科目余额　　　　　　单位:万元

总账科目	明细科目	借方余额		贷方余额	
		总账科目	明细科目	总账科目	明细科目
应收账款		800			
	——甲公司		1 000		
	——乙公司				200
预收账款				5 000	
	——丙公司				7 000
	——丁公司		2 000		
坏账准备				100	

假设此处坏账准备均属于为应收账款计提。

要求:计算 2017 年 12 月 31 日资产负债表中应收账款和预收款项的金额。

【解析】

大发公司 2017 年 12 月 31 日资产负债表中相关项目的金额为:

企业"应收账款"的实际金额为应收账款明细账借方金额加上预收账款明细账借方金额的合计,报表中还要扣除坏账准备。

"应收账款"在资产负债表中的金额为:1 000＋2 000－100＝2 900(万元)

"预收账款"的实际金额为应收账款明细账贷方金额加上预收账款明细账贷方金额的合计。

"预收款项"在资产负债表中的金额为:200＋7 000＝7 200(万元)。

【例 7-2】 金源公司 2017 年 12 月 31 日结账后有关科目余额见表 7-4。

表 7-4　科目余额　　　　　　　　　　　　单位:万元

总账科目	明细科目	借方余额		贷方余额	
		总账科目	明细科目	总账科目	明细科目
应收账款				6 000	
	——甲公司				8 000
	——乙公司		2 000		
应收账款		3 000			
	——丙公司		4 000		
	——丁公司				1 000

要求:计算 2017 年 12 月 31 日资产负债表中应付账款和预付款项应列示的金额。

【解析】

"预付账款"的实际金额为预付账款明细账借方金额加上应付账款明细账借方金额的合计。

"预付款项"在资产负债表中的金额为:2 000＋4 000＝6 000(万元)

企业"应付账款"的实际金额为应付账款明细账贷方金额加上预付账款明细账贷方金额的合计。

"应付账款"在资产负债表中的金额为:8 000＋1 000＝9 000(万元)。

(3)根据总账科目和明细科目的余额分析计算填列。如"长期借款"项目,应根据"长期借款"总账科目余额扣除"长期借款"科目所属的明细科目中将在资产负债表日起一年内到期且企业不能自主地将清偿义务展期的长期借款后的金额填列。

【例 7-3】 某公司 2017 年 12 月 31 日长期借款情况见表 7-5。

表 7-5　长期借款　　　　　　　　　　　　单位:万元

借款起始日期	借款期限(年)	金额
2017 年 1 月 1 日	3	100
2015 年 1 月 1 日	5	200
2014 年 6 月 1 日	4	150

"长期待摊费用"科目的期末余额为 100 万元,将于一年内摊销的数额为 50 万元。

要求:计算 2017 年 12 月 31 日资产负债表中"长期借款""一年内到期的非流动负债""长期待摊费用""一年内到期的非流动资产"应列示的金额。

【解析】

2017 年 12 月 31 日资产负债表中"长期借款"项目金额为:100＋200＝300(万元);

2017 年 12 月 31 日资产负债表中"一年内到期的非流动负债"项目金额为 150 万元;

2017 年 12 月 31 日资产负债表中的"长期待摊费用"项目金额为:100－50＝50(万元);

该企业 2017 年 12 月 31 日资产负债表中的"一年内到期的非流动资产"项目为 50 万元。

(4)根据有关科目余额减去其备抵科目余额后的净额填列。如资产负债表中的"应收账款""长期股权投资"等项目,应根据"应收账款""长期股权投资"等科目的期末余额减去"坏账准备""长期股权投资减值准备"等科目余额后的净额填列;"固定资产"项目,应根据"固定资产"科目期末余额减去"累计折旧""固定资产减值准备"科目余额后的净额填列;"无形资产"项目,应根据"无形资产"科目期末余额减去"累计摊销""无形资产减值准备"科目余额后的净额填列。

【例 7-4】 甲公司 2017 年 12 月 31 日有关科目余额见表 7-6。

表 7-6 科目余额 单位:万元

科 目	借方科目余额	贷方科目余额
长期股权投资	200	
长期股权投资减值准备		6
投资性房地产	1 000	
投资性房地产累计折旧		450
投资性房地产减值准备		150
固定资产	1 000	
累计折旧		90
固定资产减值准备		200
在建工程	220	
在建工程减值准备		20
无形资产	488	
累计摊销		48.8
无形资产减值准备		93

要求:计算该企业 2017 年 12 月 31 日资产负债表中"长期股权投资"、"投资性房地产"、"固定资产"、"在建工程"和"无形资产"应该填列的金额。

【解析】

根据表 7-6,计算该企业 2017 年 12 月 31 日资产负债表中的相关科目金额为:

"长期股权投资"项目金额＝200－6＝194(万元)

"投资性房地产"项目金额＝1 000－450－150＝400(万元)

"固定资产"项目金额＝1 000－90－200＝710(万元)

"在建工程"的项目金额＝220－20＝200(万元)

"无形资产"项目金额＝488－48.8－93＝346.2(万元)

(5)综合运用以上各种方法分析填列。如资产负债表中的"存货"项目,需根据"材料采购""在途物资""原材料""生产成本""库存商品""发出商品""委托加工物资""周转材料""材料成本差异"等总账科目期末余额的分析汇总数,再减去"存货跌价准备"备抵科目余额后的净额填列。

【例 7-5】 鑫龙公司采用实际成本核算存货,2017 年 12 月 31 日有关科目余额见表 7-7。

表 7-7 科目余额 单位:万元

科 目	借方科目余额	贷方科目余额
在途采购	100	
原材料	2 600	
周转材料	200	
库存商品	5 000	
发出商品	300	
委托代销商品	400	

续表 7-7

科　　目	借方科目余额	贷方科目余额
生产成本	1 000	
劳务成本	50	
存货跌价准备		400
受托代销商品	123	
受托代销商品款		123

要求:计算该企业 2017 年 12 月 31 日资产负债表中"存货"应填列的金额。

【解析】

该企业 2017 年 12 月 31 日资产负债表中的"存货"项目金额

$=100+2\ 600+200+5\ 000+300+400+1\ 000+50-400+123-123$

$=9\ 250(万元)$

四、资产负债表编制示例

【例 7-6】　甲公司 2017 年末有关科目余额资料,如表 7-8 所示。

表 7-8　账户余额表　　　　　　　　　　　　　单位:万元

账户名称	借方余额	贷方余额	账户名称	借方余额	贷方余额
现金	70 000		短期借款		235 000
银行存款	250 000		应付票据		220 000
其他货币资金	205 000		应付账款		500 000
交易性金融资产	25 000		预收账款		20 000
应收票据	35 000		应付职工薪酬		135 000
应收股利	35 000		应付股利		120 000
应收利息	10 000		应交税费		45 000
应收账款	356 000		其他应付款		35 000
坏账准备		6 000	长期借款		500 000
预付账款	60 000		实收资本		1 500 000
其他应收款	10 000		资本公积		89 000
原材料	350 000		盈余公积		256 000
库存商品	165 000		利润分配		125 000
生产成本	185 000				
可供出售金融资产	350 000				
长期股权投资	140 000				
长期股权投资减值准备		20 000			
固定资产	2 000 000				
累计折旧		650 000			
在建工程	120 000				
无形资产	90 000				
	4 456 000	676 000			3 780 000

说明:以上资料中有三个账户,经查明应在列表时按规定予以调整:在"应收账款"账户中有明细账贷方余额 10 000 元;在"应付账款"账户中有明细账借方余额 20 000 元;在"预付账款"账户中有明细账贷方余额 5 000 元。

现编制该企业资产负债表,如表7-9所示。

表7-9 资产负债表

编制单位:甲公司　　　　　　　　2017 年 12 月 31 日　　　　　　　　单位:元

资　产	期末余额	年初余额	负债和所有者权益	期末余额	年初余额
流动资产:		略	流动负债:		略
货币资金	525 000		短期借款	235 000	
交易性金融资产	25 000		交易性金融负债		
应收票据	35 000		应付票据	220 000	
应收账款	360 000		应付账款	525 000	
预付款项	85 000		预收款项	30 000	
应收利息	10 000		应付职工薪酬	135 000	
应收股利	35 000		应交税费	45 000	
其他应收款	10 000		应付利息		
存货	700 000		应付股利	120 000	
一年内到期的非流动资产			其他应付款	35 000	
其他流动资产			一年内到期的非流动负债		
流动资产合计	1 785 000		其他流动负债		
非流动资产:			流动负债合计	1 345 000	
可供出售金融资产	350 000		非流动负债:		
持有至到期投资			长期借款		
长期应收款			应付债券	500 000	
长期股权投资	120 000		长期应付款		
投资性房地产			专项应付款		
固定资产	1 350 000		预计负债		
在建工程	120 000		递延所得税负债		
工程物资			其他非流动负债		
固定资产清理			非流动负债合计	500 000	
无形资产	90 000		负债合计	1 845 000	
商誉			所有者权益:		
长期待摊费用			实收资本	1 500 000	
递延所得税资产			资本公积	89 000	
其他非流动资产			盈余公积	256 000	
非流动资产合计	2 030 000		未分配利润	125 000	
			所有者权益合计	1 970 000	
资产总计	3 815 000		负债及所有者权益总计	3 815 000	

说明:(1)将"库存现金""银行存款""其他货币资金"科目余额合并列入货币资金项目(70 000+250 000+205 000=525 000),共计 525 000 元;

（2）将坏账准备项目 6 000 元从应收账款项目中减去；将应收账款明细账中的贷方余额 10 000元列入预收账款项目。计算结果，应收账款项目的账面价值为 360 000 元（356 000－ 6 000＋10 000＝360 000）；预收账款项目为 30 000 元（20 000＋10 000＝30 000）。

（3）将应付账款明细账中的借方余额 20 000 元列入预付账款项目；将"预付账款"账户明细账中的贷方余额 5 000 元列入应付账款项目。计算结果，预付账款项目的余额为 85 000 元（60 000＋20 000＋5 000＝85 000），应付账款项目的余额为 525 000 元（500 000＋20 000＋ 5 000＝525 000）。

（4）将"原材料""库存商品""生产成本"，即其他存货账户余额合并为存货项目（350 000＋ 165 000＋185 000＝700 000），共计 700 000 元。

（5）从"长期股权投资"账户中减去"长期股权投资减值准备"20 000 元，长期股权投资项目的余额为 120 000 元（140 000－20 000＝120 000）。

（6）其余各项目按账户余额表数字直接填入报表。

？总结一下，资产负债表中哪些项目的计算是特殊的？

【任务实施】

2017 年 12 月 31 日资产负债表中各项目应列示的金额如下：

应收账款＝应收账款借方＋预收账款借方－坏账准备

　　　　　＝100＋30－0.5＝129.5（万元）

预收账款＝应收账款贷方＋预收账款贷方

　　　　　＝20＋40＝60（万元）

存货＝库存商品＋生产成本－存货跌价准备

　　　　＝50＋10－0.1＝59.9（万元）

固定资产＝100－10＝90（万元）

任务三　编制利润表

【任务布置】

宇辰有限责任公司下属的宇辰商业 2017 年度部分损益类科目累计发生额见表 7-10。

表 7-10　损益类科目累计发生额　　　　　　　　单位:元

科目名称	借方发生额	贷方发生额
主营业务收入		370 000
其他业务收入		70 000
投资收益		30 000
营业外收入		40 000

科目名称	借方发生额	贷方发生额
主营业务成本	222 000	
其他业务成本	30 000	
税金及附加	2 000	
销售费用	13 000	3 000
管理费用	43 000	
财务费用	17 000	
资产减值损失	1 000	
营业外支出	9 800	
所得税费用	25 000	

请计算该公司 2017 年度利润表中营业收入、营业成本、营业利润、利润总额和净利润。

【知识准备】

利润表是反映企业在一定会计期间经营成果的报表。该表以"收入－费用＝利润"会计等式为依据,将一定会计期间(如年度、季度、月份)的收入与其同一会计期间相关的费用进行配比,据以计算出企业一定时期的净利润(或净亏损)。

利润表可以提供的信息有:①企业在一定时期内取得的全部收入和利得,包括营业收入、投资收益和营业外收入;②企业在一定时期内发生的全部费用和损失,包括营业成本、销售费用、管理费用、财务费用和营业外支出;③全部收入、利得与费用、损失相抵后计算出企业一定时期内实现的利润(或亏损)总额。

一、利润表的作用

通过利润表可以了解企业利润(或亏损)的形成情况,据以分析、考核企业经营目标及利润计划的执行结果,分析企业利润增减变动的原因,以促进企业改善经营管理,不断提高管理水平和盈利水平;通过利润表可以评比对企业投资的价值和报酬,判断企业的资本是否保全;根据利润表提供的信息可以预测企业在未来期间的经营状况和盈利趋势。

二、利润表的格式

常见的利润表格式一般有单步式和多步式两种,我国现行的利润表采用多步式结构。

多步式利润表的结构主要包括以下几部分内容:

(1)以营业收入为基础,减去营业成本、税金及附加、销售费用、管理费用、财务费用、资产减值损失,加(或减)公允价值变动收益,加(或减)投资收益,计算出营业利润。

(2)以营业利润为基础,加上营业外收入,减去营业外支出,计算出利润总额。

(3)以利润总额为基础,减去所得税费用,计算出净利润。

多步式利润表的具体格式如表 7-11 所示。

表 7-11 利润表

会企 02 表

编制单位： 年 单位:元

项 目	本期金额	上期金额
一、营业收入		
减:营业成本		
税金及附加		
销售费用		
管理费用		
财务费用		
资产减值损失		
加:公允价值变动收益(损失以"—"号填列)		
投资收益(损失以"—"号填列)		
其中:对联营企业和合营企业的投资收益		
二、营业利润(亏损以"—"号填列)		
加:营业外收入		
减:营业外支出		
其中:非流动资产处置损失		
三、利润总额(亏损总额以"—"号填列)		
减:所得税费用		
四、净利润(净亏损以"—"号填列)		
五、其他综合收益的税后净额		
(一)以后不能重分类进损益的其他综合收益		
1.重新计量设定受益计划净负债或净资产的变动		
2.权益法下在被投资单位不能重分类进损益的其他综合收益中享有的份额		
……		
(二)以后将重分类进损益的其他综合收益		
1.权益法下在被投资单位以后将重分类进损益的其他综合收益中享有的份额		
2.可供出售金融资产公允价值变动损益		
3.持有至到期投资重分类为可供出售金融资产损益		
4.现金流量套期损益的有效部分		
5.外币财务报表折算差额		
……		
六、综合收益总额		
七、每股收益		
(一)基本每股收益		
(二)稀释每股收益		

三、利润表各项目的填列说明

利润表同时提供"本期金额"和"上期金额"的资料。其中"上期金额"栏根据上年度利润表各项目的数字填列;"本期金额"栏内各项数字,应当按照各损益类科目的本期发生额分析填列。具体方法如下：

（1）"营业收入"项目。反映企业经营主要业务和其他业务所确认的收入总额。本项目应根据"主营业务收入"和"其他业务收入"科目的发生额分析填列。

【例 7-7】　A 企业 2017 年度"主营业务收入"科目的贷方发生额为 6 000 万元，借方发生额为 1 000 万元（系 11 月份发生的购买方退货），"其他业务收入"科目的贷方发生额为 100 万元。

要求：计算该企业 2017 年度利润表中"营业收入"项目金额。

【解析】

该企业 2017 年度利润表中"营业收入"项目金额＝（6 000－1 000）＋100＝5 100（万元）

（2）"营业成本"项目。反映企业经营主要业务和其他业务所发生的成本总额。本项目应根据"主营业务成本"和"其他业务成本"科目的发生额分析填列。

【例 7-8】　A 企业 2017 年度"主营业务成本"科目的借方发生额为 2 000 万元，贷方发生额为 700 万元（系 11 月份发生的购买方退货），"其他业务成本"科目的借方发生额为 50 万元。

要求：计算该企业 2017 年度利润表中的"营业成本"项目金额。

【解析】

该企业 2017 年度利润表中的"营业成本"项目金额＝（2 000－700）＋50＝1 350（万元）

（3）"税金及附加"项目。反映企业经营业务应负担的消费税、城市维护建设税、资源税、土地增值税和教育费附加等。本项目应根据"税金及附加"科目的发生额分析填列。

（4）"销售费用"项目。反映企业在销售商品过程中发生的包装费、广告费等费用和为销售本企业商品而专设的销售机构的职工薪酬、业务费等经营费用。本项目应根据"销售费用"科目的发生额分析填列。

（5）"管理费用"项目。反映企业为组织和管理生产经营活动发生的管理费用。本项目应根据"管理费用"科目的发生额分析填列。

（6）"财务费用"项目。反映企业筹集生产经营所需资金等而发生的筹资费用。本项目应根据"财务费用"科目的发生额分析填列。

（7）"资产减值损失"项目。反映企业根据资产减值等准则计提各项资产减值准备所形成的损失。本项目应根据"资产减值损失"科目的发生额分析填列。

（8）"公允价值变动收益"项目。反映企业应当计入当期损益的资产或负债公允价值变动收益。本项目应根据"公允价值变动损益"科目的发生额分析填列，如为净损失，本项目以"－"号填列。

（9）"投资收益"项目。反映企业以各种方式对外投资所取得的收益。本项目应根据"投资收益"科目的发生额分析填列，如为投资损失，本项目以"－"号填列。

（10）"营业利润"项目。反映企业实现的营业利润。如为亏损，本项目以"－"号填列。

（11）"营业外收入"项目。反映企业发生的与经营业务无直接关系的各项收入。本项目应根据"营业外收入"科目的发生额分析填列。

（12）"营业外支出"项目。反映企业发生的与经营业务无直接关系的各项支出。本项目应根据"营业外支出"科目的发生额分析填列。

（13）"利润总额"项目。反映企业实现的利润总额。如为亏损，本项目以"－"号填列。

（14）"所得税费用"项目。反映企业应从当期利润总额中扣除的所得税费用。本项目应根据"所得税费用"科目的发生额分析填列。

（15）"净利润"项目。反映企业实现的净利润。如为亏损，本项目以"—"号填列。

（16）"每股收益"项目，包括基本每股收益和稀释每股收益两项指标。反映普通股或潜在普通股已公开交易的企业，以及正处在公开发行普通股或潜在普通股过程中的企业每股收益信息。

（17）"其他综合收益的税后净额"项目。反映企业根据《企业会计准则》规定未在损益中确认的各项利得和损失扣除所得税影响后的净额。

（18）"综合收益总额"项目。反映企业净利润与其他综合收益的合计金额。

四、利润表编制举例

【例 7-9】　截至 2017 年 12 月 31 日，某企业"主营业务收入"科目发生额为 1 990 万元，"主营业务成本"科目发生额为 630 万元，"其他业务收入"科目发生额为 500 万元，"其他业务成本"科目发生额为 150 万元，"税金及附加"科目发生额为 780 万元，"销售费用"科目发生额为 60 万元，"管理费用"科目发生额为 50 万元，"财务费用"科目发生额为 170 万元，"资产减值损失"科目发生额为 50 万元，"公允价值变动损益"科目为借方发生额 450 万元（无贷方发生额），"投资收益"科目贷方发生额为 850 万元（无借方发生额），"营业外收入"科目发生额为 100 万元，"营业外支出"科目发生额为 40 万元，"所得税费用"科目发生额为 171.6 万元。

要求：计算该企业 2017 年度利润表中营业利润、利润总额和净利润。

【解析】

该企业 2017 年度利润表中营业利润、利润总额和净利润的计算过程如下：

（1）营业利润＝营业收入（1 990＋500）－营业成本（630＋150）－税金及附加（780）－销售费用（60）－管理费用（50）－财务费用（170）－资产减值损失（50）－公允价值变动损益（450）＋投资收益（850）＝1 000（万元）

（2）利润总额＝营业利润（1 000）＋营业外收入（100）－营业外支出（40）＝1 060（万元）

（3）净利润＝利润总额（1 060）－所得税费用（171.6）＝888.4（万元）

【例 7-10】　宇辰有限责任公司 2017 年度有关损益类科目本年累计发生净额如表 7-12 所示，假设该公司不存在未在损益中确认的利得和损失。

表 7-12　宇辰有限责任公司 2017 年度损益类科目累计发生额　　　　　　单位：元

科目名称	借方发生额	贷方发生额
主营业务收入		370 000
投资收益		30 250
营业外收入		40 000
主营业务成本	222 000	
税金及附加	2 000	
销售费用	13 000	
管理费用	43 700	
财务费用	17 084	
资产减值损失	1 335	
营业外支出	9 800	
所得税费用	24 999	

宇辰有限责任公司根据上述资料编制 2017 年度的利润表,如表 7-13 所示。

【注】宇辰有限责任公司相关明细资料提示:

(1)投资收益中,有 30 000 元是国债利息收入。

(2)所得税费用的组成:当期所得税 25 332.75 元,递延所得税收益 333.75 元。

表 7-13　利润表

会企 02 表

编制单位:宇辰有限责任公司　　　　　　　　　2017 年度　　　　　　　　　　　　单位:元

项　目	本期金额	上期金额
一、营业收入	370 000	(略)
减:营业成本	222 000	
税金及附加	2 000	
销售费用	13 000	
管理费用	43 700	
财务费用	17 084	
资产减值损失	1 335	
加:公允价值变动收益(损失以"—"号填列)		
投资收益(损失以"—"号填列)	30 250	
其中:对联营企业和合营企业的投资收益		
二、营业利润(亏损以"—"号填列)	101 131	
加:营业外收入	40 000	
减:营业外支出	9 800	
其中:非流动资产处置损失		
三、利润总额(亏损总额以"—"号填列)	131 331	
减:所得税费用	24 999	
四、净利润(净亏损以"—"号填列)	106 332	
五、其他综合收益的税后净额		
(一)以后不能重分类进损益的其他综合收益		
1.重新计量设定受益计划净负债或净资产的变动		
2.权益法下在被投资单位不能重分类进损益的其他综合收益中享有的份额		
……		
(二)以后将重分类进损益的其他综合收益		
1.权益法下在被投资单位以后将重分类进损益的其他综合收益中享有的份额		
2.可供出售金融资产公允价值变动损益		
3.持有至到期投资重分类为可供出售金融资产损益		
4.现金流量套期损益的有效部分		
5.外币财务报表折算差额		
……		
六、综合收益总额		
七、每股收益	(略)	
(一)基本每股收益		
(二)稀释每股收益		

【任务实施】

营业收入＝主营业务收入＋其他业务收入

　　　　　＝370 000＋70 000＝440 000(元)

营业成本＝主营业务成本＋其他业务成本

　　　　　＝222 000＋30 000＝252 000(元)

营业利润＝营业收入－营业成本＋投资收益－税金及附加－销售费用－管理费用－财务

　　　　　费用－资产减值损失

　　　　　＝440 000－252 000＋30 000－2 000－(13 000－3 000)－43 000－17 000－1 000

　　　　　＝145 000(元)

利润总额＝营业利润＋营业外收入－营业外支出

　　　　　＝145 000＋40 000－9 800

　　　　　＝175 200(元)

净利润＝利润总额－所得税费用

　　　　　＝175 200－25 000＝150 200(元)

7-4

任务四　编制现金流量表

【任务布置】

宇辰有限责任公司下属的宇辰食品批发公司 2017 年有关资料如下:

(1)应收账款项目:年初数 120 万元,年末数 100 万元;

(2)应收票据项目:年初数 20 万元,年末数 30 万元;

(3)预收账款项目:年初数 10 万元,年末数 20 万元;

(4)主营业务收入 600 万元;

(5)应交税费——应交增值税(销项税额)103 万元;

(6)其他资料:本期计提坏账准备 5 万元;

请计算该公司销售商品、提供劳务收到的现金。

【知识准备】

现金流量表是反映企业在一定会计期间现金和现金等价物流入和流出的报表。

现金是指企业库存现金以及可以随时用于支付的存款,包括库存现金、银行存款和其他货币资金等。不能随时用于支付的存款不属于现金。

现金等价物是指企业持有的期限短、流动性强、易于转换为已知金额现金、价值变动风险很小的投资。期限短一般是指从购买日起三个月内到期。现金等价物通常包括三个月内到期的债券投资等,权益性投资变现的金额通常不确定,因而不属于现金等价物。企业应当根据具体情况确定现金等价物的范围,一经确定不得随意变更。

一、现金流量表的作用

现金流量表的作用主要表现在以下几个方面：

（1）可以提供企业的现金流量信息，从而对企业整体财务状况做出客观评价。通过现金流量表揭示的企业现金流量情况，可以大致判断其经营周转是否顺畅。

（2）投资者和债权人通过现金流量表，可以对企业的支付能力和偿债能力，以及企业对外部资金的需求情况做出较为可靠的判断。

（3）可以了解企业当前的财务状况，预测企业未来的发展情况。

二、现金流量的分类

现金流量，是指一定会计期间内企业现金和现金等价物的流入和流出。具体可分为三大类，即经营活动产生的现金流量、投资活动产生的现金流量和筹资活动产生的现金流量。

1.经营活动产生的现金流量

经营活动，是指企业投资活动和筹资活动以外的所有交易和事项，包括销售商品或提供劳务、购买商品或接受劳务、收到的税费返还、支付的职工薪酬、支付的各项税费等。

2.投资活动产生的现金流量

投资活动，是指企业长期资产的购建和不包括在现金等价物范围内的投资及其处置活动。这里的"投资"既包括对外投资，又包括对内投资。具体包括取得和收回投资、购建和处置固定资产、购买和处置无形资产等。

3.筹资活动产生的现金流量

筹资活动，是指导致企业资本及债务规模和构成发生变化的活动。其中的资本是指实收资本（股本）和资本溢价（股本溢价），一般包括发行股票或接受投入资本、分配利润、支付股利等；其中的债务是指企业对外举债所借入的款项，如取得和偿还银行借款、发行和偿还公司债券等。偿付应付账款、应付票据等商业应付款属于经营活动，不属于筹资活动。

三、现金流量表的内容和结构

现金流量表的结构包括现金流量表正表和现金流量表补充资料两部分。

现金流量表正表是现金流量表的主体，企业一定会计期间现金流量的信息主要由正表提供。正表采用报告式的结构，按照现金流量的性质，依次分类反映经营活动产生的现金流量、投资活动产生的现金流量和筹资活动产生的现金流量，最后汇总反映企业现金及现金等价物净增加额。在有外币现金流量及境外子公司的现金流量折算为人民币的企业，正表中还应单设"汇率变动对现金及现金等价物的影响"项目，以反映企业外币现金流量及境外子公司的现金流量折算为人民币时，所采用的现金流量发生日的汇率或平均汇率折算的人民币金额与"现金及现金等价物增加额"中外币现金净增加额按期末汇率折算的人民币金额之间的差额。

现金流量表补充资料包括三部分：①将净利润调节为经营活动现金流量（即按间接法反映的经营活动现金流量），与正表中的"经营活动产生的现金流量净额"应当相等；②不涉及现金收支的投资和筹资活动；③现金及现金等价物净变动情况。

❓现金流量表与资产负债表和利润表之间是何关系？

四、现金流量表的编制

(一)现金流量表的编制方法

列报经营活动现金流量的方法有两种:一是直接法,二是间接法。

直接法,是指通过现金收入和现金支出的主要类别列示经营活动的现金流量。采用直接法编制经营活动产生的现金流量时,一般以利润表中的营业收入为起算点,按照利润表项目自上而下逐项分析,并调整与经营活动有关的项目的增减变动,然后计算出经营活动产生的现金流量。

间接法,是指以本期净利润为起算点,按照利润表项目自下而上逐项分析,调整不涉及现金的收入、费用、营业外收支以及经营性应收、应付等项目的增减变动,然后计算出经营活动产生的现金流量。

在具体编制现金流量表时,企业可根据业务量的大小及复杂程度,采用工作底稿法、T 型账户法,或直接根据有关科目的记录分析填列。

(二)现金流量表正表各项目的内容和填列方法

1.“经营活动产生的现金流量”各项目的内容和填列方法

(1)“销售商品、提供劳务收到的现金”项目。

该项目反映企业销售商品、提供劳务实际收到的现金(含应向购买者收取的增值税销项税额),包括本期销售商品、提供劳务收到的现金,以及前期销售商品、提供劳务本期收到的现金和本期预收的款项,减去本期销售本期退回的商品和前期销售本期退回的商品所支付的现金。企业销售材料和代购代销业务收到的现金,也在本项目反映。

销售商品、提供劳务收到的现金

＝本期销售商品、提供劳务收到的现金＋前期销售商品、提供劳务本期收到的现金＋本期预收的款项

＝营业收入＋增值税的销项税额＋(应收票据年初余额－应收票据期末余额)＋(应收账款年初余额－应收账款期末余额)＋(预收账款期末余额－预收账款年初余额)－当期计提的坏账准备－应收票据贴现息

公式解析:

企业销售商品时,如果收到了现金,则借记“银行存款”科目,贷记“主营业务收入或其他业务收入”“应交税费——应交增值税(销项税额)”科目。上述公式的原理是假设利润表中的“营业收入”全部实现了现金收入,对应的增值税销项税也都收到了现金,然后再对本期未收到现金的应收款项等进行调整。上述公式中应收和预收项目是资产负债表中列示的金额,不是账簿中的数。

例如,应收账款账簿中年初余额 100 万元,年末余额 200 万元。坏账准备按应收款账余额的 5% 计提,年初坏账准备余额为 $100 \times 5\% = 5$(万元),本期计提坏账准备则为 $(200-100) \times 5\% = 5$(万元),年末坏账准备的余额为 $200 \times 5\% = 10$(万元)。年初资产负债表中应收账款应列示 95 万元(100－5),年末资产负债表中应收账款应列示 190 万元(200－10),根据账簿,本期应收账款增加(200－100)＝100(万元)是未收到现金的销售,在公式中应减掉。用资产负债表中的数计算也是 100 万元[(应收账款年初余额 95－应收账款年末余额 190)－本期计提的坏账准备 5]。

【例 7-11】　某企业 2017 年有关资料如下：

（1）应收账款项目：年初数 100 万元，年末数 120 万元；

（2）应收票据项目：年初数 40 万元，年末数 20 万元；

（3）预收账款项目：年初数 80 万元，年末数 90 万元；

（4）主营业务收入 6 000 万元；

（5）应交税费——应交增值税（销项税额）1 037 万元；

（6）其他资料：本期计提坏账准备 5 万元；工程领用的本企业产品市价 100 万元，产生增值税销项税额 17 万元。

要求：计算销售商品、提供劳务收到的现金。

【解析】

销售商品、提供劳务收到的现金

＝（6 000＋1 037－17）＋（100－120）＋（40－20）＋（90－80）－5

＝7 025（万元）

（2）"收到的税费返还"项目。

该项目反映企业收到返还的各种税费，包括收到返还的增值税、消费税、所得税、教育费附加等。

（3）"收到其他与经营活动有关的现金"项目。

该项目反映企业除了上述各项目外，收到的其他与经营活动有关的现金流入，如罚款收入、流动资产损失中由个人赔偿的现金收入、经营租赁租金收入等，若其他与经营活动有关的现金流入金额较大，则单列项目反映。

（4）"购买商品、接受劳务支付的现金"项目。

该项目反映企业购买商品、接受劳务实际支付的现金（含增值税进项税额），包括本期购入商品、接受劳务支付的现金，以及本期支付前期购入商品、接受劳务的未付款项和本期预付款项，减去本期发生的购货退回收到的现金。企业购买材料和代购代销业务支付的现金，也在本项目反映。

购买商品、接受劳务支付的现金

＝本期购入商品、接受劳务支付的现金＋前期购入商品、接受劳务本期支付的现金＋本期预付现金

＝营业成本＋增值税的进项税额＋（存货期末余额－存货年初余额）＋（应付账款年初余额－应付账款期末余额）＋（应付票据年初余额－应付票据期末余额）＋（预付账款期末余额－预付账款年初余额）－当期列入生产成本、制造费用的职工薪酬－当期列入生产成本、制造费用的折旧费

公式解析：

按照企业购买材料、加工、销售商品的流程，最终购买材料的成本转入了"主营业务成本"或"其他业务成本"；采购商品如果支付了现金，则借记"存货""应交税费——应交增值税（进项税额）"科目，贷记"银行存款"科目。上述公式的原理是假设利润表中的"营业成本"都是本期采购的存货并在本期全部销售，对应的增值税进项税也都支付了现金，然后再对本期未支付现金的应付款项等、当期由于生产加工增加的存货价值（列入生产成本、制造费用的职工薪酬）和当期未支付现金而增加的存货价值（列入生产成本、制造费用的折旧费）进行调整。上述公式

中应付和预付项目是资产负债表中列示的金额,不是账簿中的数。

【例 7-12】 某企业 2017 年度有关资料如下:

(1)应付账款项目:年初数 100 万元,年末数 120 万元;

(2)应付票据项目:年初数 40 万元,年末数 20 万元;

(3)预付账款项目:年初数 80 万元,年末数 90 万元;

(4)存货项目:年初数 100 万元,年末数 180 万元;

(5)主营业务成本 4 000 万元;

(6)应交税费——应交增值税(进项税额)600 万元;

(7)当期列入生产成本、制造费用的职工薪酬为 60 万元,当期列入生产成本、制造费用的折旧费为 40 万元。

要求:计算购买商品、接受劳务所支付的现金。

【解析】

购买商品、接受劳务所支付的现金

＝4 000＋600＋(100－120)＋(40－20)＋(90－80)＋(180－100)－60－40

＝4 590(万元)

(5)"支付给职工以及为职工支付的现金"项目。

该项目反映企业实际支付给职工的薪酬和为职工支付的其他现金,不包括支付的离退休人员的各项费用和支付给在建工程人员的职工薪酬等。企业支付给离退休人员的各项费用,包括支付的统筹退休金及未参加统筹的退休人员的费用,在"支付其他与经营活动有关的现金"项目中反映;支付给在建工程人员的职工薪酬,在购建固定资产、无形资产和其他长期资产支付的现金项目中反映。

支付给职工以及为职工支付的现金

＝生产成本、制造费用、管理费用、销售费用中职工薪酬(非货币性薪酬除外)＋应付职工薪酬(在建工程人员薪酬除外)(期初余额－期末余额)

(6)"支付的各项税费"项目。

该项目反映企业本期发生并支付、以前各期发生本期支付及预交的各项税费,包括所得税、增值税、消费税、印花税、房产税、土地增值税、车船税、教育费附加等。但不包括计入固定资产价值,实际支付的耕地占用税,也不包括本期退回的增值税、所得税。本期退回的增值税、所得税在"收到的税费返还"项目反映。

(7)"支付其他与经营活动有关的现金"项目。

该项目反映企业除上述各项目外,支付的其他与经营活动有关的现金流出,如经营租赁支付的租金、支付的罚款、差旅费、业务招待费、保险费等。若其他与经营活动有关的现金流出金额较大,则单列项目反映。

2."投资活动产生的现金流量"各项目的内容和填列方法

(1)"收回投资收到的现金"项目。

该项目反映企业出售、转让或到期收回除现金等价物以外的交易性金融资产、可供出售金融资产、长期股权投资(不包括处置子公司)及收回持有至到期投资本金而收到的现金。

(2)"取得投资收益收到的现金"项目。

该项目反映企业因股权性投资而分得的现金股利、利润,因债权性投资而分得的利息等。

（3）"处置固定资产、无形资产和其他长期资产收回的现金净额"项目。

该项目反映企业出售、报废固定资产、无形资产和其他长期资产所取得的现金（包括因资产毁损而收到的保险赔偿收入），减去为处置这些资产而支付的有关费用后的净额。如所收回的现金净额为负数，则应在"支付其他与投资活动有关的现金"项目反映。

（4）"处置子公司及其他营业单位收到的现金净额"项目。

该项目反映企业处置子公司及其他营业单位所取得的现金，减去子公司或其他营业单位持有的现金和现金等价物以及相关处置费用后的净额。

（5）"收到其他与投资活动有关的现金"项目。

该项目反映企业除了上述各项以外，收到的其他与投资活动有关的现金流入。若其他与投资活动有关的现金流入金额较大，则单列项目反映。

（6）"购建固定资产、无形资产和其他长期资产支付的现金"项目。

该项目反映企业购买、建造固定资产、取得无形资产和其他长期资产支付的现金（含增值税款等），包括购买机器设备所支付的现金、建造工程支付的现金、支付在建工程人员的职工薪酬等现金支出。不包括资本化借款利息、融资租入固定资产支付的租赁费。企业支付的借款利息和融资租入固定资产支付的租赁费，在筹资活动产生的现金流量中反映。企业以分期付款方式购建的固定资产，其首次付款时支付的现金作为投资活动的现金流出，以后各期支付的现金作为筹资活动的现金流出。

【例 7-13】 某企业 2017 年发生下列业务：

（1）购买固定资产价款为 500 万元，款项已付；

（2）购买工程物资价款为 100 万元，款项已付；

（3）支付工程人员薪酬 60 万元；

（4）预付工程价款 800 万元；

（5）长期借款资本化利息 789 万元、费用化利息 70 万元，本年已支付；

（6）支付购买专利权的价款 600 万元。

要求：计算购建固定资产、无形资产和其他长期资产而支付的现金。

【解析】

"购建固定资产、无形资产和其他长期资产而支付的现金"项目

$=500+100+60+800+600=2\ 060$（万元）

注意：资本化的长期借款利息 789 万元、费用化利息 70 万元，虽本年已支付，但不在本项目中反映，而在筹资活动现金流量中"分配股利、利润或偿付利息支付的现金"项目中反映。

（7）"投资支付的现金"项目。

该项目反映企业进行各种性质的投资所支付的现金，包括企业取得除现金等价物以外的交易性金融资产、持有至到期投资、可供出售金融资产而支付的现金及支付的佣金、手续费等交易费用，但取得子公司及其他营业单位支付的现金净额除外。

（8）"取得子公司及其他营业单位支付的现金净额"项目。

该项目反映企业取得子公司及其他营业单位购买出价中以现金支付的部分，减去子公司或其他营业单位持有的现金和现金等价物后的净额。

（9）"支付其他与投资活动有关的现金"项目。

该项目反映企业除上述各项以外所支付的其他与投资活动有关的现金流出，若其他与投

资活动有关的现金流出金额较大,则单列项目反映。

企业购买股票和债券时,实际支付的价款中包含的已宣告但尚未领取的现金股利或已到付息期但尚未领取的债券利息,在投资活动的"支付其他与投资活动有关的现金"项目中反映;收回购买股票和债券时支付的已宣告但尚未领取的现金股利或已到付息期但尚未领取的债券利息,在投资活动的"收到其他与投资活动有关的现金"项目中反映。

3."筹资活动产生的现金流量"各项目的内容和填列方法

(1)"吸收投资收到的现金"项目。

该项目反映企业收到的投资者投入的现金,包括以发行股票方式筹集资金实际收到的股款净额、发行债券实际收到的现金等。以发行股票方式筹集资金而由企业直接支付的审计、咨询等费用以及发行债券支付的发行费用在"支付的其他与筹资活动有关的现金"项目中反映,不从本项目中扣除。

(2)"取得借款收到的现金"项目。

该项目反映企业举借各种短期、长期借款而收到的现金。

(3)"收到其他与筹资活动有关的现金"项目。

该项目反映企业除上述各项目外,收到的其他与筹资活动有关的现金流入,如接受现金捐赠等。若其他与筹资活动有关的现金流入金额较大,则单列项目反映。

(4)"偿还债务支付的现金"项目。

该项目反映企业偿还债务本金所支付的现金,包括偿还金融企业的借款本金、偿还企业到期的债券本金等。企业支付的借款利息和债券利息在"分配股利、利润或偿付利息支付的现金"项目中反映,不包括在本项目内。

(5)"分配股利、利润或偿付利息支付的现金"项目。

该项目反映企业实际支付的现金股利、支付给其他投资单位的利润和支付的借款利息、债券利息等。

【例 7-14】 某企业 2017 年发生下列业务:

(1)偿还短期借款,本金 2 000 万元,利息 10 万元;

(2)偿还长期借款,本金 5 000 万元,应付利息 66 万元,其中资本化利息费用 60 万元;

(3)支付到期一次还本付息的应付债券,面值 1 000 万元,3 年期,利率 5%;

(4)支付现金股利 200 万元。

要求:分别计算"偿还债务支付的现金"和"分配股利、利润或偿付利息支付的现金"项目的金额。

【解析】

"偿还债务支付的现金"项目 $= 2\,000 + 5\,000 + 1\,000 = 8\,000$(万元)

"分配股利、利润或偿付利息支付的现金"项目 $= 10 + 66 + 150 + 200 = 426$(万元)

(6)"支付其他与筹资活动有关的现金"项目。

该项目反映企业除了上述各项目外,支付的其他与筹资活动有关的现金流出,如对外捐赠现金支出、支付的融资租赁费、分期付款购建固定资产除首付款外其他各期支付的款项。

4."汇率变动对现金及现金等价物的影响"项目的内容和填列方法

该项目反映下列两个项目之间的差额:①企业外币现金流量折算为记账本位币时,所采用的现金流量发生日的即期汇率或按照系统合理的方法确定的、与现金流量发生日即期汇率近似的汇率折算的金额;②"现金及现金等价物净增加额"中外币现金净增加额按期末汇率折算的金额。

在编制现金流量表时,可逐笔计算外币业务所发生的汇率变动对现金流量的影响,也可采用简化的计算方法,即通过报表中的"现金及现金等价物净增加额"与"经营活动产生的现金流量净额""投资活动产生的现金流量净额""筹资活动产生的现金流量净额"三项之和比较,其差额即为"汇率变动对现金及现金等价物的影响"项目的金额。

(三)现金流量表补充资料各项目的内容和填列方法

现金流量表补充资料包括三个项目,即将净利润调节为经营活动现金流量、不涉及现金收支的投资和筹资活动、现金及现金等价物净变动情况。

1. 将净利润调节为经营活动现金流量

补充资料中的"将净利润调节为经营活动现金流量",实际上是以间接法编制的经营活动产生的现金流量,是以本期净利润为起点,调整不涉及现金的收入、费用、营业外收支及应收、应付等项目的增减变动,据此计算出经营活动的现金流量。

需调整:实际没有支付现金的费用;实际没有收到现金的收益;不属于经营活动的损益;经营性应收、应付项目的增减变动。

间接法原理:有的费用发生时,并没有现金流出,但在计算净利润时,已经减去了,所以应当加回,如:提取的固定资产折旧和无形资产摊销;在备抵法下提取的坏账准备;在直接转销法下核销的坏账;待摊费用摊销;预提费用的计提。有的现金流出时,当时并没有计入当期净利润,所以在调整经营活动现金流量时,应当减去,如:发生的待摊费用;支付的预提费用。

综合而言,需要调整的项目可分为三大类:一是没有付现的费用;二是不属于经营活动的损益;三是与净利润无关但影响现金流量的经营性应收应付项目的增减变动。

(1)没有付现的费用。

①"资产减值准备"项目。

该项目反映企业本期实际计提的各项资产减值准备。该项目可根据"资产减值损失"科目的记录分析填列。

②"固定资产折旧"项目。

该项目反映本期计提的固定资产折旧费用。该项目可根据"累计折旧"科目的贷方发生额分析填列。

③"无形资产摊销"和"长期待摊费用摊销"项目。

这两个项目分别反映企业本期累计摊入成本费用的无形资产的价值和长期待摊费用。这两个项目根据"无形资产""长期待摊费用"科目的贷方发生额分析填列。

④"递延所得税资产减少"项目。

递延所得税资产减少使计入所得税费用的金额大于当期应交的所得税金额,其差额没有发生现金流出,在计算净利润时已经扣除,则加回。反之则扣除。本项目可根据"递延所得税资产"科目期初、期末余额分析填列。

⑤"递延所得税负债增加"项目。

递延所得税负债增加使计入所得税费用的金额大于当期应交的所得税金额,其差额没有发生现金流出,在计算净利润时已经扣除,则加回。反之则扣除。本项目可以根据"递延所得税负债"科目期初、期末余额分析填列。

(2)不属于经营活动的损益。

①"处置固定资产、无形资产和其他长期资产的损失"项目。

该项目反映企业本期由于处置固定资产、无形资产和其他长期资产而发生的净损失,如为净收益以"－"号填列。该项目可以根据"营业外收入""营业外支出"等科目所属有关明细科目的记录分析填列。处置固定资产、无形资产和其他长期资产,不属于经营活动,而属于投资活动,如果处置固定资产、无形资产和其他长期资产产生的损失,则在调整净利润时加回。

②"固定资产报废损失"项目。

该项目反映企业本期固定资产盘亏(减盘盈)后的净损失。可以根据"营业外支出""营业外收入"科目所属有关明细科目的记录分析填列。固定资产盘亏、报废损失,均计入营业外支出,列入了利润表。这部分损失既没有发生现金流出,也不属于经营活动的现金流量,所以在调节净利润时加回。如果发生固定资产盘盈和报废清理收益,则在调节净利润时减去。

③"公允价值变动损失"项目。

该项目反映企业在初始确认时划分为以公允价值计量且变动计入当期损益的交易性金融资产或金融负债等业务中公允价值变动形成的应计入当期损益的利得或损失。该项目根据"公允价值变动损益"科目的发生额填列。如为持有损失,则加回;如为持有利得,则扣除。

④"财务费用"项目。

该项目反映企业本期发生的应属于投资活动或筹资活动的财务费用。可以根据"财务费用"科目的本期借方发生额分析填列,如为收益,则以"－"号填列。

企业发生的财务费用可以分别归属于经营活动、投资活动和筹资活动。比如应收票据贴现、销售产品和购买原材料所产生的汇兑损益属于经营活动;购买固定资产所产生的汇兑损益属于投资活动;支付的利息属于筹资活动等。调整净利润时,把属于投资活动和筹资活动的部分调整出去。

⑤"投资损失"项目。

该项目反映企业本期投资所发生的净损失。可以根据利润表"投资收益"项目的数字填列;如为投资收益,则以"－"号填列。

投资损益是因投资活动所引起的,不属于经营活动,在调节净利润时,若为投资收益,则调节净利润时减去;若为投资损失,则调节净利润时加回。

(3)与净利润无关但影响现金流量的经营性应收应付项目的增减变动项目。

①"存货的减少"项目。

该项目反映企业本期存货项目的期初与期末余额的差额。存货的增减变动属于经营活动。在不存在赊购的情况下,如某一期间期末存货比期初存货增加了,则说明当期购入的存货除耗用或销售外,还余留了一部分,即除了当期销货成本包含的存货发生现金支出外,还为增加的存货发生了现金支出,故在调节净利润时应减去,反之则应加回。

②"经营性应收项目的减少"项目。

该项目反映企业本期经营性应收项目的期初与期末余额的差额。经营性应收项目主要指应收账款、应收票据、预付账款、长期应收款和其他应收款等与经营活动有关的部分以及应收的增值税销项税额等。如某一期间期末应收账款或应收票据余额大于期初应收账款或应收票据余额,则说明本期销售收入中有一部分没有收到现金,但在利润表中已将销售收入全数列入,所以在调整时将应收账款和应收票据的增加额从净利润中减去,反之则应加回。

③"经营性应付项目的增加"项目。

该项目反映企业本期经营性应付项目的期初余额与期末余额的差额。经营性应付项目主要是指应付账款、应付票据、预收账款、应付职工薪酬、应交税费和其他应付款中与经营活动有关的部分以及应付的增值税进项税额等。如某一期间期末应付账款或应付票据余额大于期初应付账款或应付票据余额,则说明本期购入的存货中有一部分没有支付现金,但在利润表中已将销售成本全部列入,所以在调整时将应付账款和应付票据的增加额加回到净利润中,反之则应减去。

2.不涉及现金收支的投资和筹资活动

该项目反映企业一定期间内影响资产或负债但不形成该期现金收支的所有投资和筹资活动的信息。这些投资和筹资活动虽然不涉及当期现金收支,但对以后各期的现金流量将产生重大影响。如融资租入设备,记入"长期应付款"账户,当期并不支付或支付较少的设备款及租金,但以后各期必须为此支付大量的现金,从而在一定期间内形成了一项固定的现金支出。

3.现金及现金等价物净变动情况

该项目反映企业一定会计期间现金及现金等价物的期末余额减去期初余额后的净增加额(或净减少额),该项目的金额应与正表"现金及现金等价物净增加额"项目的金额相一致。

五、现金流量表编制举例

【例7-15】　宇辰有限责任公司2017年12月31日资产负债表和简化利润表如表7-14和表7-15所示。

表7-14　资产负债表

2017 年 12 月 31 日

资　产	年末数	年初数	负债和股东权益	年末数	年初数
流动资产:			流动负债:		
货币资金	795 435.00	1 406 300.00	短期借款	50 000.00	300 000.00
交易性金融资产		15 000.00	交易性金融负债		
应收票据	66 000.00	246 000.00	应付票据	100 000.00	200 000.00
应收账款	598 200.00	299 100.00	应付账款	953 800.00	953 800.00
预付款项	100 000.00	100 000.00	预收款项		
应收利息			应付职工薪酬	180 000.00	110 000.00
应收股利			应交税费	226 731.00	36 600.00
其他应收款	5 000.00	5 000.00	应付利息		1 000.00
存货	2 484 700.00	2 580 000.00	应付股利	32 215.85	
一年内到期的非流动资产			其他应付款	50 000.00	50 000.00
其他流动资产	90 000.00	100 000.00	一年内到期的非流动负债		1 000 000.00
流动资产合计	4 139 335.00	4 751 400.00	其他流动负债		
非流动资产:			流动负债合计	1 582 746.85	2 641 400.00
可供出售金融产			非流动负债:		
持有至到期投资			长期借款	1 160 000.00	600 000.00
长期应收款			应付债券		

资　产	年末数	年初数	负债和股东权益	年末数	年初数
长期股权投资	250 000.00	250 000.00	长期应付款		
投资性房地产			专项应付款		
固定资产	2 201 000.00	1 100 000.00	预计负债		
在建工程	578 000.00	1 500 000.00	递延所得税负债		
工程物资	150 000.00		其他非流动负债		
固定资产清理			非流动负债合计	1 160 000.00	600 000.00
生产性生物资产			负债合计	2 742 746.85	3 241 400.00
油气资产			股东权益：		
无形资产	540 000.00	600 000.00	股本	5 000 000.00	5 000 000.00
开发支出			资本公积		
商誉			减：库存股		
长期待摊费用			盈余公积	124 770.40	100 000.00
递延所得税资产	9 900.00		未分配利润	190 717.75	50 000.00
其他非流动资产	200 000.00	200 000.00	股东权益合计	5 315 488.15	5 150 000.00
非流动资产合计	3 928 900.00	3 650 000.00			
资产总计	8 068 235.00	8 401 400.00	负债和股东权益总计	8 068 235.00	8 401 400.00

表 7-15　利　润　表
2017 年

项　目	注　释	本年数	上年数
一、营业收入		1 250 000	略
减：营业成本		750 000	
税金及附加		2 000	
销售费用		20 000	
管理费用		157 100	
财务费用		41 500	
资产减值损失		30 900	
加：公允价值变动收益（损失以"－"号填列）		—	
投资收益（损失以"－"号填列）		31 500	
其中：对联营企业和合营企业的投资收益		—	
二、营业利润（损失以"－"号填列）		290 000	
加：营业外收入		50 000	
减：营业外支出		19 700	
其中：非流动资产处置损失		略	
三、利润总额（亏损总额以"－"号填列）		320 300	
减：所得税费用		112 596	
四、净利润（净亏损以"－"号填列）		197 704	
五、其他综合收益的税后净额		197 704	

其他资料如下：

(1)2017 年度利润表有关项目的明细资料如下：

①管理费用的组成:职工薪酬 17 100 元,无形资产摊销 60 000 元,摊销印花税 10 000 元,折旧费 20 000 元,支付的其他费用 50 000 元。

②财务费用的组成:计提借款利息 21 500 元,支付应收票据贴现利息 20 000 元。

③资产减值损失的组成:计提坏账准备 900 元,计提固定资产减值准备 30 000 元,上年年末坏账准备余额为 1 800 元。

④投资收益的组成:收到股息收入 30 000 元,与本金一起收回的交易性股票投资收益 500 元,自公允价值变动损益结转投资收益 1 000 元。

⑤营业外收入的组成:处置固定资产净收益 50 000 元(其所处置固定资产原价为 400 000 元,累计折旧为 150 000 元,收到处置收入 300 000 元)。假定不考虑与固定资产处置有关的税费。

⑥营业外支出的组成:报废固定净损失 19 700 元(其所报废固定资产原价为 200 000 元,累计折旧 180 000 元,支付清理费用 500 元,收到残值收入 800 元)。

⑦所得税费用的组成:当期所得税费用为 122 496 元,递延所得税收益 9 900 元。

除上述项目外,利润表中的销售费用至期末尚未支付。

(2)与资产负债表有关项目的明细资料如下:

①本期收回交易性股票投资本金 15 000 元,公允价值变动 1 000 元,同时实现投资收益 500 元。

②存货中生产成本、制造费用的组成:职工薪酬 324 900 元,折旧费用 80 000 元。

③有关税费资料:本期增值税进项税额 42 466 元,增值税销项税额 212 500 元,已交增值税 100 000 元;应交所得税期末余额为 20 097 元,应交所得税期初余额为 0 元。应交税费期末数中应由在建工程负担的部分为 100 000 元。

④应付职工薪酬的期初数无应付在建工程人员的部分,本期支付在建工程人员职工薪酬 200 000 元。应付职工薪酬的期末数中应付在建工程人员的部分为 28 000 元。

⑤应付利息均为短期借款利息,其中本期计提利息 11 500 元,支付利息 12 500 元。

⑥本期用现金购买固定资产 101 000 元,购买工程物资 150 000 元。

⑦本期用现金偿还短期借款 250 000 元,偿还一年内到期的长期借款 1 000 000 元,借入长期借款 400 000 元。

要求:据以上资料,采用分析填列方法,编制企业 2017 年度的现金流量表。

【解析】

根据上述资料填制的该企业现金流量表主表和附表,如表 7-16 和 7-17 所示。

表 7-16　现金流量表

会企 03 表

编制单位:宇辰有限责任公司　　　　　　　　2017 年度　　　　　　　　　　　　单位:元

项　　目	行　次	本期金额	上期金额
一、经营活动产生的现金流量			(略)
销售商品、提供劳务收到的现金	1	1 322 500	
收到的税费返还	3		
收到其他与经营活动有关的现金	8		
经营活动现金流入小计	9	1 322 500	

项　目	行　次	本期金额	上期金额
购买商品、接受劳务支付的现金	10	392 266	
支付给职工以及为职工支付的现金	12	300 000	
支付的各项税费	13	204 399	
支付其他与经营活动有关的现金	18	50 000	
经营活动现金流出小计	20	946 665	
经营活动产生的现金流量净额	21	375 835	
二、投资活动产生的现金流量			
收回投资收到的现金	22	16 500	
取得投资收益收到的现金	23	30 000	
处置固定资产、无形资产和其他长期资产收回的现金净额	25	300 300	
处置子公司及其他营业单位收到的现金净额	26		
收到其他与投资活动有关的现金	28		
投资活动现金流入小计	29	346 800	
购建固定资产、无形资产和其他长期资产支付的现金	30	451 000	
投资支付的现金	31		
取得子公司及其他营业单位支付的现金净额	32		
支付其他与投资活动有关的现金	35		
投资活动现金流出小计	36	451 000	
投资活动产生的现金流量净额	37	−104 200	
三、筹资活动产生的现金流量			
吸收投资收到的现金	38		
取得借款收到的现金	40	400 000	
收到其他与筹资活动有关的现金	43		
筹资活动现金流入小计	44	400 000	
偿还债务所支付的现金	45	1 250 000	
分配股利、利润和偿付利息所支付的现金	46	12 500	
支付的其他与筹资活动有关的现金	52	20 000	
筹资活动现金流出小计	53	1 282 500	
筹资活动产生的现金流量净额	54	−882 500	
四、汇率变动对现金及现金等价物的影响	55		
五、现金及现金等价物净增加额	56	−610 865	
加：期初现金及现金等价物余额	57	1 406 300	
六、期末现金及现金等价物余额	58	795 435	

表 7-17　现金流量表补充资料　　　　　　　　　　　　单位：元

补　充　资　料	金　额
1.将净利润调节为经营活动现金流量：	
净利润	197 704
加：资产减值准备	30 900
固定资产折旧、油气资产折耗、生产生物资产折旧	100 000
无形资产摊销	60 000

补　充　资　料	金　额
长期待摊费用摊销	
处置固定资产、无形资产和其他长期资产的损失(减:收益)	−50 000
固定资产报废损失	19 700
公允价值变动损失(减:收益)	0
财务费用	41 500
投资损失(减:收益)	−31 500
递延所得税资产减少(减:增加)	−9 900
递延所得税负债增加(减:减少)	
存货的减少(减:增加)	95 300
经营性应收项目的减少(减:增加)	−120 000
经营性应付项目的增加(减:减少)	32 131
其他	10 000
经营活动产生的现金流量净额	375 835
2.不涉及现金收支的投资和筹资活动:	
债务转为资本	0
一年内到期的可转换公司债券	0
融资租入固定资产	0
3.现金及现金等价物净增加情况:	
现金的期末余额	795 435
减:现金的期初余额	1 406 300
加:现金等价物的期末余额	0
减:现金等价物的期初余额	0
现金及现金等价物净增加额	−610 865

说明:

(1)销售商品、提供劳务收到的现金

=1 250 000+212 500+(299 100−598 200)+(246 000−66 000)−900−20 000

=1 322 500(元)

(2)购买商品、接受劳务支付的现金

=750 000+42 466+(2 484 700−2 580 000)+(953 800−953 800)+(200 000−100 000)+

(100 000−100 000)−324 900−80 000

=392 266(元)

(3)支付给职工以及为职工支付的现金

=列入生产成本、制造费用、管理费用等的工资、福利费+(应付工资、应福利费期初数−

期末数)−(应付工资及福利费在建工程期初数−期末数)

=324 900+17 100+(110 000−180 000)−(0−28 000)

=300 000(元)

(4)支付的各项税费

=当期实际支付的各项税费(不包括耕地占用税)

=当期所得税费用−(应交所得税费用期末−期初)+税金及附加+应交税费(增值税−

已交税金)

$=122\ 496-(20\ 097-0)+2\ 000+100\ 000$

$=204\ 399(元)$

(5)支付其他与经营活动有关的现金

$=$剔除各项因素后的销售、管理费用、营业外支出(罚款、办公费用、业务招待费用、差旅费用、经营租赁租金、保险费等)

$=50\ 000(元)$

(6)收回投资所收到的现金

$=$交易性金融资产贷方发生额与取得的收益+权益工具投资收到的现金+债务工具投资收到的现金(不包括债务工具投资收回的利息)

$=15\ 000+1\ 000+500$

$=16\ 500(元)$

(7)处置固定资产、无形资产和其他长期资产收回的现金净额

$=300\ 000+(800-500)$

$=300\ 300(元)$

(8)购建固定资产、无形资产和其他长期资产支付的现金

$=$本期购买、建造支付的现金+现金支付的应由在建工程和无形资产负担的职工薪酬(不包括借款利息资本化及融资租赁的租赁费)

$=101\ 000+150\ 000+200\ 000$

$=451\ 000(元)$

(9)偿还债务所支付的现金

$=$偿还借款本金+债券本金

$=250\ 000+1\ 000\ 000$

$=1\ 250\ 000(元)$

(10)支付的其他与筹资活动有关的现金

$=$除上述筹资活动支付的现金以外的与筹资活动有关的现金流出(如捐赠现金支出、融资租赁租赁费、贴现息等)

$=20\ 000(元)$

(11)现金及现金等价物净增加额

$=375\ 835+(-104\ 200)+(-882\ 500)$

$=-610\ 865(元)$

(12)期末现金及现金等价物余额

$=1\ 406\ 300+(-610\ 865)$

$=795\ 435(元)$

【任务实施】

销售商品、提供劳务收到的现金

$=$营业收入+增值税的销项税额+(应收票据年初余额-应收票据期末余额)+(应收账款年初余额-应收账款期末余额)+(预收账款期末余额-预收账款年初余额)-当期计提的坏账准备

$=(600+103)+(20-30)+(120-100)+(20-10)-5$

$=718(万元)$

任务五　编制所有者权益变动表

7-5

【任务布置】

宇辰有限责任公司新招聘了一名会计张颖,财务部门负责人让其编制所有者权益变动表。请问:什么是所有者权益变动表? 其有什么作用?

【知识准备】

所有者权益(或股东权益)变动表是反映构成所有者权益各组成部分当期的增减变动情况的报表。

通过所有者权益变动表,既可以为报表使用者提供一定时期所有者权益总量增减变动的信息,也能为其提供所有者权益增减变动的结构性信息,特别是能够让报表使用者准确理解所有者权益增减变动的原因。

一、所有者权益变动表的结构

我国的所有者权益变动表以矩阵的形式列示,如表7-18所示。表7-18的纵列,列示导致所有者权益变动的交易或事项,按所有者权益变动的根源对一定时期所有者权益变动情况进行全面反映;表7-18的横列,按照所有者权益各组成部分(包括实收资本(或股本)、资本公积、其他综合收益、盈余公积、未分配利润和库存股)列示交易或事项对所有者权益的影响。而且,所有者权益变动表还要就各项目在"本年金额"和"上年金额"两栏分别填列。

二、所有者权益变动表项目的列报方法

所有者权益变动表各项目均需填列"本年金额"和"上年金额"两栏。

所有者权益表变动表"上年金额"栏内各项数字,应根据上年度所有者权益变动表"本年金额"内所列数字填列。上年度所有者权益变动表规定的各个项目的名称和内容同本年度不一致的,应对上年度所有者权益变动表各项目的名称和数字按照本年度的规定进行调整,填入所有者权益变动表的"上年金额"栏内。

所有者权益变动表"本年金额"栏内各项数字一般应根据"实收资本(或股本)""资本公积""其他综合收益""盈余公积""利润分配""库存股""以前年度损益调整"科目的发生额分析填列。

企业的净利润及其分配情况作为所有者权益变动的组成部分,不需要单独编制利润分配表列示。

三、所有者权益变动表主要项目说明

1."上年年末余额"项目

该项目反映企业上年资产负债表中实收资本(或股本)、资本公积、库存股、其他综合收益、

盈余公积、未分配利润的年末余额。

2."会计政策变更""前期差错更正"项目

该项目分别反映企业采用追溯调整法处理的会计政策变更的累计影响金额和采用追溯重述法处理的会计差错更正的累积影响金额。该项目根据"盈余公积""利润分配""以前年度损益调整"等科目分析填列。

3."本年增减变动金额"项目

(1)"综合收益总额"项目,反映企业当年实现的净利润(或净亏损)和其他综合收益扣除所得税影响后的净额相加后的合计金额,根据当年利润表填列,并对应列在"其他综合收益"和"未分配利润"栏。

(2)"所有者投入和减少资本"项目,反映企业当年所有者投入的资本和减少的资本。

①"所有者投入资本"项目,反映企业接受投资者投入形成的实收资本(或股本)和资本溢价(或股本溢价),并对应列在"实收资本"和"资本公积"栏。

②"股份支付计入所有者权益的金额"项目,反映企业处于等待期中的权益结算的股份支付当年计入资本公积的金额,并对应列在"资本公积"栏。

(3)"利润分配"项目,反映企业当年的利润分配金额。

①"提取盈余公积"项目,反映企业当年按照规定提取的盈余公积金额,并对应列在"未分配利润"和"盈余公积"栏。

②"对所有者(或股东)的分配"项目,反映企业对所有者(或股东)分配的利润(或股利)金额,并对应列在"未分配利润"栏。

(4)"所有者权益内部结转"项目,反映企业构成所有者权益各组成部分之间的增减变动情况。

①"资本公积转增资本(或股本)"项目,反映企业以资本公积转增资本或股本的金额,并对应列在"资本公积"和"实收资本"栏。

②"盈余公积转增资本(或股本)"项目,反映企业以盈余公积转增资本或股本的金额,并对应列在"盈余公积"和"实收资本"栏。

③"盈余公积弥补亏损"项目,反映企业以盈余公积弥补亏损的金额,并对应列在"盈余公积"和"未分配利润"栏。

4."本年年末余额"项目

该项目反映企业本年资产负债表中实收资本(或股本)、资本公积、库存股、其他综合收益、盈余公积、未分配利润的年末余额。

四、所有者权益变动表编制举例

【例 7-16】 承例 7-15,根据上述资料,宇辰有限责任公司编制 2017 度的所有者权益变动表,如表 7-18 所示。

表 7-18 所有者权益变动表

会企 04 表

编制单位：宇辰有限责任公司　　　　2017 年 12 月 31 日　　　　单位：元

项　目	本年金额							上年金额						
	股本（或实收资本）	资本公积	减：库存股	其他综合收益	盈余公积	未分配利润	所有者权益合计	股本（或实收资本）	资本公积	减：库存股	其他综合收益	盈余公积	未分配利润	所有者权益合计
一、上年年末余额	5 000 000				100 000	50 000	5 150 000	略						
加：会计政策变更														
前期差错更正														
二、本年年初余额	5 000 000				100 000	50 000	5 150 000							
三、本年增减变动金额（减少以"－"号填列）														
（一）综合收益总额						197 704	197 704							
（二）所有者投入和减少资本														
1. 所有者投入资本														
2. 股份支付计入所有者权益的金额														
3. 其他														
（三）利润分配														
1. 提取盈余公积					24 770.40	−24 770.40	0							
2. 对所有者（或股东）的分配						−32 215.85	−32 215.85							
3. 其他														

续表 7-18

项目	本年金额							上年金额						
	股本(或实收资本)	资本公积	减:库存股	其他综合收益	盈余公积	未分配利润	所有者权益合计	股本(或实收资本)	资本公积	减:库存股	其他综合收益	盈余公积	未分配利润	所有者权益合计
(四)所有者权益内部结转														
1.资本公积转增资本(或股本)														
2.盈余公积转增资本(或股本)														
3.盈余公积弥补亏损														
4.其他														
四、本年年末余额	5 000 000				124 770.40	190 717.75	5 315 488.15							

？通过上述四张财务报表,你能否真正了解企业的财务状况、经营成果和现金流量等信息?

【任务实施】

所有者权益(或股东权益)变动表是反映构成所有者权益各组成部分当期的增减变动情况的报表。

通过所有者权益变动表,既可以为报表使用者提供一定时期所有者权益总量增减变动的信息,也能为其提供所有者权益增减变动的结构性信息,特别是能够让报表使用者准确理解所有者权益增减变动的原因。

任务六　认知财务报表附注

【任务布置】

宇辰有限责任公司拟于 2019 年筹资在新三板上市筹资。公司决定规范财务核算工作,聘请了某会计师事务所进行审计和辅导工作。会计师事务所指出了该公司会计报表附注不规范,不符合上市要求。

请问：什么是会计报表附注？其有什么作用？

【知识准备】

附注是对资产负债表、利润表、现金流量表和所有者权益变动表等报表中列示项目的文字描述或明细资料，以及未能在这些报告中列示项目的说明等。附注是财务报表的重要组成部分。

一、报表附注的作用

附注主要作用体现在以下两个方面：第一，附注是对资产负债表、利润表、现金流量表和所有者权益变动表列示项目的含义的补充说明，帮助使用者更准确地把握其含义。例如，通过阅读附注中披露的固定资产折旧政策的说明，使用者可以掌握报告企业与其他企业在固定资产折旧政策上的异同，以便进行更准确的比较。第二，附注提供了对资产负债表、利润表、现金流量表和所有者权益变动表中未列示项目的详细或明细说明。例如，通过阅读附注中披露的存货增减变动情况，使用者可以了解资产负债表中未单列的存货分类信息。

通过附注与资产负债表、利润表、现金流量表和所有者权益变动表列示项目的相互参照，以及对未能在报表中列示项目的说明，可以使报表使用者全面了解企业的财务状况、经营成果和现金流量等信息。

二、附注披露的主要内容

附注应当按照以下顺序披露有关内容。

(1)企业的基本情况。

①企业注册地、组织形式和总部地址。

②企业的业务性质和主要经营活动。

③母公司以及集团最终母公司的名称。

④财务报表的批准报出者和财务报表的批准报出日。

(2)财务报表的编制基础。

财务报表的编制基础是指财务报表是在持续经营基础上还是非持续经营基础上编制的。企业一般是在持续经营基础上编制财务报表，清算、破产属于非持续经营基础。

(3)遵循企业会计准则的声明。

企业应当明确说明编制的财务报表符合企业会计准则体系的要求，真实、完整地反映了企业的财务状况、经营成果和现金流量。

(4)重要会计政策和会计估计。

企业应当披露重要的会计政策和会计估计，不重要的会计政策和会计估计可以不披露。在披露重要会计政策和会计估计时，应当披露重要会计政策的确定依据和财务报表项目的计量基础，以及会计估计中所采用的关键假设和不确定因素。

(5)会计政策和会计估计变更以及差错更正的说明。

企业应当按照《企业会计准则第28号——会计政策、会计估计变更和差错更正》及应用指南的规定，披露会计政策和会计估计变更及差错更正的有关情况。

(6)报表重要项目的说明。

企业应当尽可能以列表的形式披露重要报表项目的构成或当期的增减变动情况。对重要报表项目的明细说明,应当按照资产负债表、利润表、现金流量表、所有者权益变动表的顺序以及报表项目列示的顺序进行披露,采用文字和数字描述相结合的方式,并与报表项目相互参照。

报表中的重大项目主要有(不限于以下项目):①交易性金融资产;②应收款项;③存货;④可供出售金融资产;⑤持有至到期投资;⑥长期股权投资;⑦投资性房地产;⑧固定资产;⑨无形资产;⑩交易性金融负债;⑪应付职工薪酬;⑫应交税费;⑬短期借款;⑭长期借款;⑮应付债券;⑯长期应付款;⑰营业收入;⑱公允价值变动收益;⑲投资收益;⑳资产减值损失;㉑营业外收入;㉒营业外支出;㉓所得税费用;等等。

(7)或有和承诺事项、资产负债表日后非调整事项、关联方关系及其交易等需要说明的事项。

(8)有助于财务报表使用者评价企业管理资本的目标、政策及程序的信息。

【任务实施】

附注是对资产负债表、利润表、现金流量表和所有者权益变动表等报表中列示项目的文字描述或明细资料,以及未能在这些报告中列示项目的说明等。附注是财务报表的重要组成部分。

附注主要作用体现在以下两个方面:第一,附注是对资产负债表、利润表、现金流量表和所有者权益变动表列示项目的含义的补充说明,帮助使用者更准确地把握其含义。第二,附注提供了对资产负债表、利润表、现金流量表和所有者权益变动表中未列示项目的详细或明细说明。

单元小结

• 完整的财务报表至少应当包括"四表一注",即资产负债表、利润表、现金流量表、所有者权益(或股东权益)变动表以及附注。

• 资产负债表是反映企业在某一特定日期财务状况的会计报表。采用账户式结构,以本期账户期初、期末余额为基础,依据"资产=负债+所有者权益"这一会计恒等式进行编制,是对日常工作中形成的大量数据进行高度浓缩整理后编制而成的。

• 利润表是反映企业在一定会计期间经营成果的报表。该表以"收入-费用=利润"会计等式为依据,采用多步式结构,根据当期损益类账户的发生额进行计算、填列,据以计算出企业一定时期的净利润(或净亏损)。

• 现金流量表是反映企业在一定会计期间现金和现金等价物流入和流出的报表。由正表和补充资料构成,现金流量包括经营活动产生的现金流量、投资活动产生的现金流量、筹资活动产生的现金流量。列报经营活动现金流量的方法有两种:一是直接法,二是间接法。

• 所有者权益变动表是反映构成所有者权益各组成部分当期的增减变动情况的报表。该表全面反映一定时期所有者权益变动的情况,让报表使用者准确理解所有者权益增减变动的原因。

• 附注是对资产负债表、利润表、现金流量表和所有者权益变动表等报表中列示项目的文字描述或明细资料,以及未能在这些报告中列示项目的说明等。

复习思考题

一、思考题

1. 企业财务报表有哪些？编制财务报表应遵循哪些基本要求？

2. 资产负债表有什么作用？简述资产负债表的结构及编制方法。

3. 利润表有什么作用？简述利润表的结构及编制方法。

4. 现金流量表中的现金包括哪些？现金流量表有什么作用？现金流量表的结构是什么样式？现金流量分为哪几类？编制现金流量表的方法有哪些？

5. 销售商品、提供劳务收到的现金和采购商品、支付劳务收到的现金的计算原理是什么？

6. 所有者(股东)权益变动表能提供哪些信息？

二、练习题

1. 甲有限责任公司(简称甲公司)为增值税一般纳税人,适用的增值税税率为17%。原材料等存货按实际成本进行日常核算。2017 年 1 月 1 日有关账户余额如表 7-19 所示。

表 7-19　账户金额　　　　　　　　　　　　　　金额单位:万元

科目名称	借方余额	贷方余额
银行存款	450	
应收票据	32	
应收账款	300	
原材料	350	
库存商品	300	
周转材料	100	
生产成本——A产品	110	
长期股权投资——丁公司	550	
坏账准备		30
存货跌价准备		76
长期股权投资减值准备		0

2017 年甲公司发生的交易或事项如下:

(1)收到已作为坏账核销的应收乙公司账款 50 万元并存入银行。

借:银行存款　　　　　　　　　　　　　　　　　　　　　500 000

　　贷:坏账准备　　　　　　　　　　　　　　　　　　　　　　　　500 000

或者

借:银行存款　　　　　　　　　　　　　　　　　　　　　500 000

　　贷:应收账款　　　　　　　　　　　　　　　　　　　　　　　　500 000

借:应收账款　　　　　　　　　　　　　　　　　　　　　500 000

　　贷:坏账准备　　　　　　　　　　　　　　　　　　　　　　　　500 000

(2)收到丙公司作为资本投入的原材料并验收入库。投资合同约定该批原材料价值840万元(不含允许抵扣的增值税进项税额142.8万元),丙公司已开具增值税专用发票。假设合同约定的价值与公允价值相等,未发生资本溢价。

借:原材料　　　　　　　　　　　　　　　　　　　　　　　　8 400 000

　　应交税费——应交增值税(进项税额)　　　　　　　　　　1 428 000

　　贷:实收资本　　　　　　　　　　　　　　　　　　　　　　　　9 828 000

(3)行政管理部门领用低值易耗品一批,实际成本2万元,采用一次转销法进行摊销。

借:管理费用　　　　　　　　　　　　　　　　　　　　　　　　20 000

　　贷:周转材料　　　　　　　　　　　　　　　　　　　　　　　　20 000

(4)因某公司破产,应收该公司账款80万元不能收回,经批准确认为坏账并予以核销。

借:坏账准备　　　　　　　　　　　　　　　　　　　　　　　　800 000

　　贷:应收账款　　　　　　　　　　　　　　　　　　　　　　　　800 000

(5)因火灾毁损原材料一批,其实际成本100万元,应负担的增值税进项税额17万元。该毁损材料未计提存货跌价准备,尚未经有关部门批准处理。

借:待处理财产损溢　　　　　　　　　　　　　　　　　　　　1 170 000

　　贷:原材料　　　　　　　　　　　　　　　　　　　　　　　　1 000 000

　　　　应交税费——应交增值税(进项税额转出)　　　　　　　　170 000

(6)甲公司采用权益法核算对丁公司的长期股权投资,其投资占丁公司有表决权股份的20%。丁公司宣告分派2016年度现金股利1 000万元。

借:应收股利　　　　　　　　　　　　　　　　　　　　　　　2 000 000

　　贷:长期股权投资——损益调整　　　　　　　　　　　　　　2 000 000

(7)收到丁公司发放的2016年度现金股利200万元并存入银行。

借:银行存款　　　　　　　　　　　　　　　　　　　　　　　2 000 000

　　贷:应收股利　　　　　　　　　　　　　　　　　　　　　　　2 000 000

(8)丁公司2017年度实现净利润1 500万元,甲公司确认实现的投资收益。

借:长期股权投资——损益调整　　　　　　　　　　　　　　3 000 000

　　贷:投资收益　　　　　　　　　　　　　　　　　　　　　　　3 000 000

(9)将持有的面值为32万元的未到期、不带息银行承兑汇票背书转让,取得一批材料并验收入库,增值税专用发票上注明的价款为30万元,增值税进项税额为5.1万元。其余款项以银行存款支付。

借:原材料　　　　　　　　　　　　　　　　　　　　　　　　300 000

　　应交税费——应交增值税(进项税额)　　　　　　　　　　51 000

　　贷:应收票据　　　　　　　　　　　　　　　　　　　　　　　320 000

　　　　银行存款　　　　　　　　　　　　　　　　　　　　　　　31 000

(10)年末,甲公司经减值测试,确认对丁公司的长期股权投资可收回金额为560万元;存货的可变现净值为1 800万元;决定按年末应收账款余额的10%计提坏账准备。

借:资产减值损失　　　　　　　　　　　　　　　　　　　　　900 000

　　贷:长期股权投资减值准备　　　　　　　　　　　　　　　　900 000

借:存货跌价准备　　　　　　　　　　　　　　　　　　　　　760 000

贷:资产减值损失   760 000
借:资产减值损失   220 000
  贷:坏账准备   220 000

要求:计算甲公司 2017 年年末资产负债表中下列项目的期末数:

①货币资金;②存货;③应收账款;④长期股权投资。

2.甲企业 2017 年 12 月 31 日的有关资料如下:

(1)科目余额表(单位:元),见表 7-20:

表 7-20 科目余额表

科目名称	借方余额	贷方余额
库存现金	10 000	
银行存款	57 000	
应收票据	60 000	
应收账款	80 000	
预付账款		30 000
坏账准备——应收账款		5 000
原材料	70 000	
周转材料	10 000	
发出商品	90 000	
材料成本差异		55 000
库存商品	100 000	
交易性金融资产	2 000	
固定资产	800 000	
累计折旧		300 000
在建工程	40 000	
无形资产	150 000	
短期借款		10 000
应付账款		70 000
预收账款		10 000
应付职工薪酬	4 000	
应交税费		13 000
长期借款		80 000
实收资本		500 000
盈余公积		200 000
未分配利润		200 000

(2)债权债务明细科目余额:

应收账款明细资料如下:

应收账款——A 公司   借方余额 100 000 元

应收账款——B 公司   贷方余额 20 000 元

预付账款明细资料如下:

预付账款——C 公司   借方余额 20 000 元

预付账款——D 公司   贷方余额 50 000 元

应付账款明细资料如下：

应付账款——E 公司　　　　贷方余额 100 000 元

应付账款——F 公司　　　　借方余额 30 000 元

预收账款明细资料如下：

预收账款——G 公司　　　　贷方余额 40 000 元

预收账款——H 公司　　　　借方余额 30 000 元

(3)长期借款共 2 笔,均为到期一次性还本付息。金额及期限如下：

①从工商银行借入 30 000 元(本利和),期限从 2015 年 6 月 1 日至 2018 年 6 月 1 日。

②从建设银行借入 50 000 元(本利和),期限从 2016 年 8 月 1 日至 2019 年 8 月 1 日。

要求:填制甲企业 2017 年 12 月 31 日的资产负债表中的有关项目(见表 7-21)。

表 7-21　资产负债表

编制单位:　　　　　　　　　2017 年 12 月 31 日　　　　　　　　　单位:元

资　产	期末余额	负债和所有者权益	期末余额
流动资产:		流动负债	
货币资金	(　　)	短期借款	10 000
交易性金融资产	2 000	应付账款	(　　)
应收票据	60 000	预收款项	(　　)
应收账款	(　　)	应付职工薪酬	−4 000
预付款项	(　　)	应交税费	13 000
存货	(　　)	一年内到期的非流动负债	(　　)
流动资产合计	519 000	流动负债合计	259 000
固定资产	500 000	非流动负债:	
在建工程	40 000	长期借款	(　　)
无形资产	150 000	非流动负债合计	(　　)
非流动资产合计	690 000	负债合计	(　　)
		所有者权益:	
		实收资本	500 000
		盈余公积	200 000
		未分配利润	200 000
		所有者权益合计	900 000
资产总计	1 209 000	负债和所有者权益总计	1 209 000

3.请根据下列相关会计资料(见表 7-22),计算大海公司 2017 年 10 月利润表中"营业利润""利润总额""所得税(或所得税费用)""净利润"共四个项目的"本月数"和"本年累计数"栏的金额。

表 7-22　会计资料表

损益类账户	10 月份发生额	1—9 月累计发生额
主营业务收入	600 000	9002 055
主营业务成本	300 000	5 574 000
税金及附加	30 000	945 000
其他业务收入	60 000	600 000
其他业务成本	45 000	450 000
管理费用	6 000	933 000
财务费用	3 000	600 000
销售费用	3 690	405 000
投资收益	16 800	1 500 000
营业外收入	13 500	0
营业外支出	9 900	150 000
所得税费用	25％	25％

(1)本月数。

营业利润＝

利润总额＝

所得税费用＝

净利润＝

(2)本年累计数。

营业利润＝

利润总额＝

所得税费用＝

净利润＝

4. 华天公司所得税税率 25％，该公司 2017 年 11 月份的利润表如表 7-23 所示。

表 7-23　利润表(简表)

2017 年 11 月

编制单位:华天公司　　　　　　　　　　　　　　　　　　　　　　　　　单位:元

项　目	本期金额	本年累计金额
一、营业收入	略	1 289 600
减:营业成本		885 400
税金及附加		21 700
销售费用		18 500
管理费用		40 900
财务费用		2 000
资产减值准备		3 500
二、营业利润(损失以"－"号填列)		317 600
加:营业外收入		1 400
减:营业外支出		3 000

续表 7-23

项　目	本期金额	本年累计金额
三、利润总额(损失以"－"号填列)		316 000
减:所得税费用		79 000
四、净利润(亏损以"－"号填列)		237 000

华天公司 12 月份发生以下经济业务:

(1)对外销售甲商品 1 000 件,单价 135 元,增值税税率 17%,收到对方开来的一张金额为 157 950 元的商业汇票。

(2)经批准处理财产清查中的账外设备一台,估计原价 10 000 元,七成新。

(3)计算分配本月应付职工工资共计 45 000 元,其中管理部门 30 000 元,专设销售机构人员工资 15 000 元。

(4)计提本月办公用固定资产折旧 1 200 元。

(5)结转已销售的 1 000 件甲商品的销售成本 87 000 元。

(6)将本月实现的损益结转至"本年利润"账户。

要求:根据上述资料,完成华天公司 2017 年利润表的编制(见表 7-24)。

表 7-24　利润表(简表)
2017 年度

编制单位:华天公司　　　　　　　　　　　　　　　　　　　　　　　　单位:元

项　目	本期金额	上年金额
一、营业收入	(1)	略
减:营业成本	972 400	
税金及附加	21 700	
销售费用	33 500	
管理费用	(2)	
财务费用	2 000	
资产减值准备	3 500	
二、营业利润(损失以"－"号填列)	(3)	
加:营业外收入	8 400	
减:营业外支出	3 000	
三、利润总额(损失以"－"号填列)	(4)	
减:所得税费用	(5)	
四、净利润(亏损以"－"号填列)	(6)	

5.甲股份有限公司为商品流通企业。2016 年度会计报表的有关资料如下:

(1)2016 年 12 月 31 日资产负债表有关项目年初、年末数见表 7-25(单位:万元):

表 7-25　资产负债表有关项目年初、年末数

资　产	年初余额	期末余额	负债和股东权益	年初余额	期末余额
应收票据	300	200	应付账款	400	250
应收账款	495	693	应付职工薪酬	50	60
预付款项	100	150	其他应付款	2	10
存货	1 000	700			

(2)2016年度利润表有关项目本年累计数见表7-26(单位:万元):

表7-26 利润表有关项目本年累计数

项　目	本期金额
营业收入	8 000
营业成本	4 500
税金及附加	64.60
销售费用	2 000
所得税费用	400

(3)其他有关资料如下:

①本期增值税销项税额为1 360万元,进项税额为714万元,已交增值税为650万元。已交税金及附加64.60万元,已交所得税费用400万元。

②其他应付款为收取的出借包装物押金8万元。

③应收款项计提坏账准备2万元。

④未单独设置"管理费用"科目;销售费用中包含职工薪酬1 140万元、折旧费22万元、摊销的预付保险费50万元,其余以银行存款支付。

⑤本年以银行存款700万元(不含税价款)购入不需要安装的设备一台,另外以银行存款支付增值税119万元。本年对一台管理用设备进行清理。该设备账面原价为460万元,清理时的累计折旧为370万元。该设备清理过程中,以银行存款支付清理费用6万元,变价收入76万元已存入银行。

要求:计算现金流量表中下列项目的金额:

(1)销售商品、提供劳务收到的现金;

(2)收到的其他与经营活动有关的现金;

(3)购买商品、接受劳务支付的现金;

(4)支付给职工以及为职工支付的现金;

(5)支付的各项税费;

(6)支付的其他与经营活动有关的现金;

(7)处置固定资产、无形资产和其他长期资产收到的现金净额;

(8)购建固定资产、无形资产和其他长期资产支付的现金。

三、理论测试题

(一)单选题

1.在会计报表中,根据"资产=负债+所有者权益"这一会计等式编制的是(　　)。

A.资产负债表　　　　B.利润表　　　　C.现金流量表　　　　D.利润分配表

2.资产负债表是反映企业(　　)财务状况的会计报表。

A.一定时期内　　　　B.一年内　　　　C.一定时间　　　　D.某一特定日期

3.企业现金流量表是(　　)。

A.月报表　　　　B.季报表　　　　C.年报表　　　　D.旬报表

4.下列选项中,属于静态报表的是(　　)。

A. 现金流量表　　　　　B. 利润表　　　　　　C. 所有者权益变动表　　D. 资产负债表

5. 资产负债表中资产项目的排列顺序是(　　)。

A. 相关性大小　　　　　B. 流动性强弱　　　　C. 可比性高低　　　　D. 重要性大小

6. 下列各项中,会影响营业利润金额增减的是(　　)。

A. 营业外支出　　　　　B. 营业外收入　　　　C. 投资收益　　　　　D. 所得税费用

7. 在编制资产负债表时,应当根据(　　)及"预收账款"明细账户的余额填列。

A. 预付账款　　　　　　B. 应付账款　　　　　C. 应收账款　　　　　D. 存货

8. 某企业"应收账款"科目月末借方余额 40 000 元,其中:"应收甲公司账款"明细科目借方余额 60 000 元,"应收乙公司账款"明细科目贷方余额 20 000 元;"预收账款"科目月末贷方余额 5 000 元,其中:"预收 A 工厂账款"明细科目贷方余额 30 000 元,"预收 B 工厂账款"明细科目借方余额 25 000 元,坏账准备科目余额 7 000 元(由于应收账款产生的坏账准备 5 000元)。该企业月末资产负债表中"应收账款"项目的金额为(　　)元。

A. 80 000　　　　　　　B. 60 000　　　　　　C. 50 000　　　　　　D. 85 000

9. 在我国,利润表的结构大多采用(　　)。

A. 账户式　　　　　　　B. 报告式　　　　　　C. 多步式　　　　　　D. 单步式

10. 资产负债表中的"未分配利润"项目,应根据(　　)填列。

A. "本年利润"账户余额

B. "利润分配"账户余额

C. "资本公积"账户余额

D. "本年利润"和"利润分配"账户余额计算填列

11. 下列项目中,不应在资产负债表"存货"项目下反映的是(　　)。

A. 在途物资　　　　　　　　　　　　B. 委托代销商品

C. 工程物资　　　　　　　　　　　　D. 材料成本差异

12. 下列项目中,属于资产负债表中非流动负债项目的是(　　)。

A. 应付一年内到期的非流动负债　　　B. 其他应付款

C. 应付股利　　　　　　　　　　　　D. 应付债券

13. 下列资产负债表项目中,应根据多个总账科目余额计算填列的是(　　)。

A. 预收款项　　　　　　B. 应付账款　　　　　C. 货币资金　　　　　D. 盈余公积

14. 某企业"应付账款"科目月末贷方余额 50 000 元,其中:"应付甲公司账款"明细科目贷方余额 45 000 元,"应付乙公司账款"明细科目贷方余额 20 000 元,"应付丙公司账款"明细科目借方余额 15 000 元;"预付账款"科目月末贷方余额 20 000 元,其中:"预付 A 工厂账款"明细科目贷方余额 30 000 元,"预付 B 工厂账款"明细科目借方余额 10 000 元。该企业月末资产负债表中"应付账款"项目的金额为(　　)元。

A. 95 000　　　　　　　B. 45 000　　　　　　C. 20 000　　　　　　D. 25 000

15. 下列资产负债表项目,需要根据相关总账所属明细账户的期末余额分析填列的是(　　)。

A. 预付账款　　　　　　B. 存货　　　　　　　C. 长期借款　　　　　D. 长期股权投资

16. "预收账款"科目明细账中若有贷方余额,应将其计入资产负债表中的(　　)项目。

A. 应收账款　　　　　　B. 预收款项　　　　　C. 预付款项　　　　　D. 其他应收款

17.企业期末结账后,"无形资产"科目的余额为 100 万元,"累计摊销"科目的余额为 20 万元,"无形资产减值准备"的余额为 10 万元,资产负债表的"无形资产"项目的金额为(　　)万元。

A.100　　　　　　　　B.80　　　　　　　　C.70　　　　　　　　D.90

18.下列各资产负债表项目中,应根据有关科目余额减去其备抵科目余额后的净额填列的项目是(　　)。

A.应付账款　　　　　B.预收款项　　　　　C.货币资金　　　　　D.长期股权投资

19.A 企业"应付账款"科目月末贷方余额 20 000 元,其中:"应付甲公司账款"明细科目贷方余额 30 000 元,"应付乙公司账款"明细科目借方余额 10 000 元;"预付账款"科目月末贷方余额 30 000 元,其中:"预付丙企业账款"明细科目贷方余额 40 000 元,"预付丁企业账款"明细科目借方余额 10 000 元。该企业月末资产负债表中"预付账款"和"应付账款"项目的金额分别为(　　)元。

A.20 000,70 000　　　　　　　　　B.30 000,20 000

C.−30 000,−20 000　　　　　　　　D.−20 000,−70 000

20.下列各项中,属于"经营活动产生的现金流量"项目的是(　　)。

A.以现金购买办公用品　　　　　　　B.支付在建工程人员工资

C.固定资产的购置与处置　　　　　　D.转让股票投资取得的收入

(二)多项选择题

1.下列各项中,在资产负债表中的货币资金项目中加以反映的有(　　)。

A.外埠存款　　　　　　　　　　　　B.银行存款

C.银行汇票存款　　　　　　　　　　D.库存现金

2.资产负债表中的应付账款项目应根据(　　)填列。

A.应付账款所属明细账借方余额合计

B.应付账款总账余额

C.预付账款所属明细账贷方余额合计

D.应付账款所属明细账贷方余额合计

3.下列各项中,属于现金流量表中现金及现金等价物的有(　　)。

A.银行汇票存款　　　　　　　　B.银行存款

C.3 个月内到期的债券投资　　　D.企业持有的可以随时出售的上市公司的股票

4.下列账户中可能影响资产负债表"应收账款"项目金额的有(　　)。

A.应收账款　　　B.预收账款　　　C.预付账款　　　D.坏账准备

5.下列各项中,不在资产负债表上单独列示的有(　　)。

A.在建工程　　　B.累计折旧　　　C.坏账准备　　　D.库存股

6.现金流量表中的"支付给职工以及为职工支付的现金"项目包括(　　)。

A.支付的在建工程人员的职工薪酬　　　B.支付的生产工人的职工薪酬

C.支付给退休人员的退休金　　　　　　D.支付的行政管理人员的职工薪酬

7.下列各项中,一般工业企业应在资产负债表存货项目中反映的有(　　)。

A.工程物资　　　B.发出商品　　　C.生产成本　　　D.委托代销商品

8.下列各项中,可以通过资产负债表反映的有(　　)。

A. 某一时点的财务状况　　　　　　　　　　B. 某一时点的偿债能力

C. 某一期间的经营成果　　　　　　　　　　D. 某一期间的获利能力

9. 下列各项中,对资产负债表的作用描述正确的有(　　)。

A. 通过编制资产负债表可以反映企业资产的构成及其状况

B. 通过编制资产负债表可以分析企业的偿债能力

C. 通过编制资产负债表可以分析企业的获利能力

D. 通过编制资产负债表可以反映企业所有者权益的情况

10. 资产负债表中的"应收账款"项目应根据(　　)计算填列。

A. 应收账款所属明细账借方余额合计

B. 预收账款所属明细账借方余额合计

C. 按应收账款余额一定比例计提的坏账准备科目的贷方余额

D. 应收账款总账科目借方余额

11. 下列各项中,属于现金流量表中投资活动产生的现金流量的有(　　)。

A. 购建固定资产支付的现金

B. 确认被投资单位宣告分配的现金股利

C. 购买三个月内到期的国库券支付的现金

D. 收到对方以银行存款支付的债券投资的利息

12. 下列各资产负债表项目中,应根据明细科目余额分析填列的有(　　)。

A. 长期借款　　　　　　B. 预收款项　　　　　　C. 应付职工薪酬　　　　　　D. 应付账款

13. 资产负债表中的"存货"项目,包括(　　)账户的期末余额。

A. 原材料　　　　　　B. 在途物资　　　　　　C. 库存商品　　　　　　D. 生产成本

14. 资产负债表可以提供的信息有(　　)。

A. 流动资产实有情况　　　　　　　　　　B. 非流动资产实有情况

C. 流动负债的信息　　　　　　　　　　　D. 长期负债的信息

15. 现金流量表中的现金不仅包括"库存现金"账户核算的内容,还包括(　　)。

A. 银行汇票存款　　　　B. 银行存款　　　　C. 银行本票存款　　　　D. 在途货币资金

16. 资产负债表的数据来源,可以通过(　　)方式取得。

A. 根据几个总账账户期末余额合计数填列

B. 根据明细账户的期末余额填列

C. 根据上年合计数和本年合计数填列

D. 根据总账和明细账的期末余额分析计算填列

17. 企业对外报送的会计报表主要有(　　)。

A. 资产负债表　　　　　　　　　　　　　B. 所有者权益变动表

C. 现金流量表　　　　　　　　　　　　　D. 利润表

18. 在编制资产负债表时,以下可以直接根据总分类账户期末余额填列的有(　　)。

A. 应收票据　　　　　　B. 应付职工薪酬　　　　C. 应付账款　　　　　　D. 短期借款

19. 资产负债表左方的流动资产项目包括(　　)。

A. 货币资金　　　　　　B. 交易性金融资产　　　　C. 应收账款和预付账款

D. 存货　　　　　　　　E. 其他应付款

20.《企业会计准则》将现金流量划分为（　　　　）三大类。

A. 经营活动产生的现金流量　　　　　　B. 投资活动产生的现金流量

C. 筹资活动产生的现金流量　　　　　　D. 现金净流量

（三）判断题

1. 资产负债表中"交易性金融资产""应收票据"项目应直接根据该科目的总账余额填列。

（　　）

2. "应付职工薪酬"项目，反映企业根据有关规定应付给职工的工资、职工福利、社会保险费、住房公积金、工会经费、职工教育经费，但不包括非货币性福利、辞退福利等薪酬。（　　）

3. 利润表中"税金及附加"项目不包括增值税、教育费附加和印花税。（　　）

4. 资产负债表中"应付账款""预付款项"项目应直接根据该科目的总账余额填列。（　　）

5. 发行债券收到的现金属于筹资活动产生的现金流量。（　　）

6. 资产负债表中的"无形资产"项目是根据"无形资产"科目的余额减去"累计摊销"科目余额再减去"无形资产减值准备"科目的余额计算填列的。（　　）

7. 利润表中"税金及附加"项目不包括印花税。（　　）

8. 利润表中的营业成本根据"主营业务成本"科目的当期发生额加上"其他业务成本"科目的当期发生额计算填列。（　　）

9. 会计报表提供的信息仅对外部的投资者和债权人有用。（　　）

10. 资产负债表中的"无形资产"项目应该根据"无形资产"科目的期末余额减去"无形资产减值准备""累计摊销"科目的余额填列。（　　）

11. 资产负债表中"长期借款"项目应根据"长期借款"科目的余额直接填列。（　　）

12. 利润表中，"税金及附加"项目应根据其科目的当期发生额填列。（　　）

13. 资产负债表是反映一定时期企业经营成果的会计报表。（　　）

14. 现金流量表是反映一定时期内企业财务状况变动情况的会计报表。（　　）

15. 按照会计报表编制的时间不同，可将其分为定期会计报表和不定期会计报表，其中定期会计报表又可分为年度会计报表和月份会计报表两类。（　　）

16. 资产负债表是依据"资产＝负债＋所有者权益"这一会计等式的基本原理设置的。

（　　）

17. "预付款项"项目，反映企业预付给供应单位的款项，如"预付账款"科目所属有关明细科目期末有贷方余额的，应在本表"应付账款"项目内填列。（　　）

18. 利润表中的所有项目都可以根据账户的发生额分析填列，如销售费用、税金及附加、管理费用等。（　　）

19. 编制现金流量表的主要目的是为报表使用者提供企业一定会计期间内现金流入和流出的有关信息，揭示企业的偿债能力和变现能力。（　　）

20. 所有者权益变动表是指反映所有者权益的各组成部分当期的增减变动情况的会计报表。（　　）

延伸阅读 1:《企业会计准则第 30 号
——财务报表列报》

延伸阅读 2:《企业会计准则第 31 号
——现金流量表》

延伸阅读 3:《企业会计准则第 32 号
——中期财务报告》

延伸阅读 4:《企业会计准则第 33 号
——合并财务报表》

延伸阅读 5:《企业会计准则第 35 号
——分部报告》

延伸阅读 6:《企业会计准则第 37 号
——金融工具列报》

延伸阅读 7:《企业会计准则第 41 号
——在其他主体中权益的披露》

单元八　管理会计档案

会计档案是单位内最重要的档案之一，必须严格管理保管。单位应当加强会计档案管理工作，建立和完善会计档案的收集、整理、保管、利用和鉴定销毁等管理制度，采取可靠的安全防护技术和措施，保证会计档案的真实、完整、可用、安全。

财政部、国家档案局对《会计档案管理办法》进行了修订，自 2016 年 1 月 1 日起施行。

任务一　会计档案的归档保管

【任务布置】

会计档案是宇辰有限责任公司最重要的档案之一，公司对会计档案整理、归档、保管和销毁制定了详细的管理制度。

请问：会计档案包括哪些内容？会计档案保管期限是如何规定的？

【知识准备】

会计档案是指单位在进行会计核算等过程中接收或形成的，记录和反映单位经济业务事项的，具有保存价值的文字、图表等各种形式的会计资料，包括通过计算机等电子设备形成、传输和存储的电子会计档案。

谈一谈你对会计档案作用的理解。

一、会计档案的构成

会计档案包括会计凭证、会计账簿、会计报表和其他会计核算资料等四个类别。

(1)会计凭证类,包括原始凭证、记账凭证。

(2)会计账簿类,包括总账、明细账、日记账、固定资产卡片及其他辅助性账簿。

(3)财务报告类,包括月度、季度、半年度、年度财务会计报告。

(4)其他会计资料,包括银行存款余额调节表、银行对账单、纳税申报表、会计档案移交清册、会计档案保管清册、会计档案销毁清册、会计档案鉴定意见书及其他具有保存价值的会计资料。

预算、计划、制度等文件材料是否属于会计档案?

二、会计档案的整理、装订

(一)会计凭证的整理、装订

会计凭证填写完成后要按月装订成册,在装订时要整齐结实、规范美观。

1.会计凭证的粘贴要求

在填制完成记账凭证后,要及时将原始凭证与对应的记账凭证粘贴好,粘贴时要整齐、干净,外形美观。具体做法是:

(1)所有票据一般使用胶棒、胶水等,在凭证粘贴单上粘牢左方的票头,把纸张大小相同、票面金额相同的发票粘在一起,纸张小的多张发票,从右至左粘贴到粘贴单上,两张票据不完全重合,便于翻找核对金额。

(2)对于纸张面积大于记账凭证的原始凭证,可按记账凭证的面积尺寸,先自右向左,再自下向上两次折叠。

(3)对于纸张面积过小的原始凭证,一般不能直接装订,可先按一定次序和类别排列,粘在凭证粘贴单上。小票应分张排列,同类同金额的单据尽量粘在一起,在一旁注明张数和合计金额。如果是板状票证,可以将票面票底轻轻撕开,厚纸板弃之不用。

(4)原始凭证附在记账凭证后的顺序应与记账凭证所记载的内容顺序一致,不应按原始凭证的面积大小来排序。

经过粘贴整理后的会计凭证,要及时进行汇总装订,防止丢失。

到网络中搜索凭证粘贴方法,看一看规范的凭证粘贴是什么样式的?

2.会计凭证装订前的检查

会计凭证装订前,要进行细致的检查,防止缺项漏项,保证会计凭证的完整齐全。凭证装订人员主要进行以下几个方面的检查:

(1)检查会计凭证及其附件是否齐全,编号从小到大是否连续,确保无误。

(2)记账凭证上有关人员(如财务主管、复核、记账、制单等)的印章是否齐全。

(3)每张科目汇总表与所附记账凭证要装订在一起,不准跨月装订。

(4)原始凭证及其附件的面积如果大于记账凭证,应以记账凭证为标准进行折叠,便于翻阅。

(5)凡是有汇总原始凭证的,其所附的原始凭证均属附件,数量过多的原始凭证可以单独装订保管(不包括发票),在封面上注明记账凭证日期、编号、种类,同时在记账凭证上注明原始凭证名称、编号及"附件另订"。

3.会计凭证装订

会计凭证的装订是指把定期整理完毕的会计凭证按照编号顺序,外加封面、封底,装订成册。在封面上,应写明单位名称、年度、月份、专用记账凭证的种类、起讫日期、起讫号数,以及记账凭证的起止页数及张数,并在骑缝处加盖单位财务专用章及会计主管的骑缝图章。记账凭证封面格式如图 8-1 所示。

	年　　　月份	
单位名称		
册数	第　　　册　本月共　　　册	
起讫编号	自第　　号至第　　号止共计　　　张	
起讫日期	自　年　月　日至　　年　月　日	
主管会计	装订	

图 8-1　记账凭证封面

下面以三针引线装订法为例说明凭证装订方法。

(1)把相关凭证整理整齐,记账凭证封面折叠放在待装订的记账凭证上面,以凭证的右侧为标准对齐,方向与凭证方向一致,用夹子夹紧。如图 8-2 所示。

图 8-2　三针引线装订法步骤(一)

(2)在凭证左边装订线位置上用装订机分布均匀地打上三个针眼。如图 8-3 所示。

图 8-3　三针引线装订法步骤(二)

(3)用"三针引线法"装订。装订凭证应使用棉线,两头通过中孔拉紧,实行三眼一线在凭证的背面打结,结扣应是活的,线绳最好在凭证中端系上并放在凭证封皮的里面。如图 8-4 所示。

图 8-4 三针引线装订法步骤(三)

(4)把封面向后折叠,将背面的线绳扣粘牢。如图 8-5 所示。

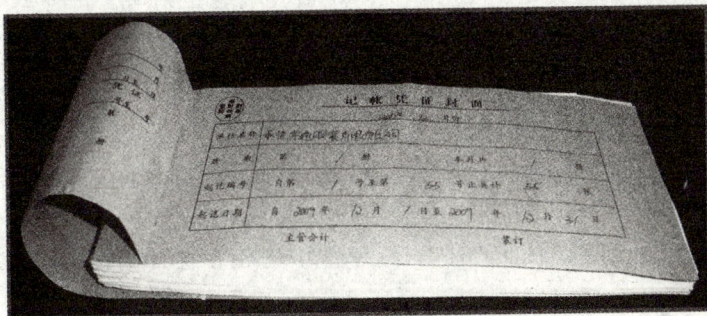

图 8-5 三针引线装订法步骤(四)

(5)装订成册后,在凭证的脊背上面填写年、月、凭证号、目录号、保管期限等项目,封面上要注明单位名称、年度、月份和起止日期、凭证种类、起止号码等,要在骑缝处加盖单位财务章及会计人员小印章。如图 8-6 所示。

图 8-6 三针引线装订法步骤(五)

(6)装订好的凭证。如图 8-7 所示。

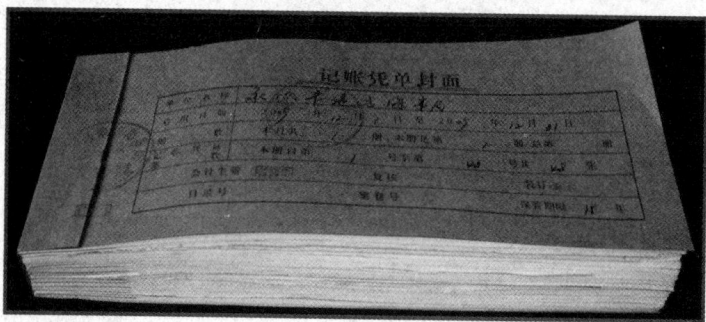

图 8-7　三针引线装订法步骤(六)

(二)账簿的整理、装订

年度结账后,除跨年使用的账簿外,其他账簿应按时整理立卷。基本要求如下:

(1)账簿装订前,首先按账簿启用表的使用页数核对各个账户是否相符,账页数是否齐全,序号排列是否连续。

(2)活页账簿装订要求如下:

①保留已使用过的账页,将账页数填写齐全,去除空白页和撤掉账夹,用质地好的纸张做封面、封底,装订成册。

②多栏式活页账、三栏式活页账、数量金额式活页账等不得混装,应按同类业务、同类账页装订在一起。

③在本账的封面上填写好账目的种类,编好卷号,然后由会计主管人员和装订人(经办人)签章。

(3)装订时,按会计账簿封面、账簿启用表、账户目录、该账簿按页数顺序排列的账页、会计账簿装订封底的顺序装订。将活页账簿沿左边的装订孔用棉线系好,在封面上注明单位名称、账簿种类、装订人以及装订日期。

(4)账簿装订后的其他要求如下:

①会计账簿应牢固、平整,不得有折角、缺角、错页、掉页、加空白纸的现象。

②会计账簿的封口要严密,封口处要加盖有关印章。

③封面应齐全、平整,并注明所属年度及账簿名称、编号,编号为一年一编,编号顺序为总账、现金日记账、银行存款日记账、各种明细分类账。

④会计账簿按保管期限分别编制卷号,如现金日记账全年按顺序编制卷号;总账、各类明细账、辅助账全年按顺序编制卷号。

(三)财务报表的整理、装订

会计报表编报完成以后,留存的报表按月、季装订成册谨防丢失,会计报表的装订顺序为会计报表封面、会计报表编制说明、按标号顺序排列的各种会计报表、会计报表的封底。报表右上角应该编页号,采用三孔一线方式装订。财务报告封面样式如图 8-8 所示。

```
┌─────────────────────────────────────────────────┐
│              财 务 报 告 封 面                    │
│                                                 │
│    单位名称：                                     │
│    报告名称：    1-3 月季报                        │
│    年　　度：    2016 年                           │
│    本报告共    张自第    页起至第    页止           │
│    负责人：      经管人：        保管期限：        │
│    全宗号：      目录号：        案卷号：          │
└─────────────────────────────────────────────────┘
```

图 8-8　财务报告封面

三、会计档案的归档

(一)会计档案归档要求

单位的会计机构或会计人员所属机构(以下统称单位会计管理机构)按照归档范围和归档要求,负责定期将应当归档的会计资料负责整理立卷,装订成册,加具封面、编号,编制会计档案保管清册。

(二)会计档案保管、移交要求

当年形成的会计档案,在会计年度终了后,可由单位会计管理机构临时保管一年,再移交单位档案管理机构保管。未设立档案机构的,应当在会计机构内部指定专人保管。出纳人员不得兼管会计档案。因工作需要确需推迟移交的,应当经单位档案管理机构同意。单位会计管理机构临时保管会计档案最长不超过三年。临时保管期间,会计档案的保管应当符合国家档案管理的有关规定。

单位会计管理机构在办理会计档案移交时,应当编制会计档案移交清册,并按照国家档案管理的有关规定办理移交手续。纸质会计档案移交时应当保持原卷的封装。电子会计档案移交时应当将电子会计档案及其元数据一并移交,且文件格式应当符合国家档案管理的有关规定。特殊格式的电子会计档案应当与其读取平台一并移交。单位档案管理机构接收电子会计档案时,应当对电子会计档案的准确性、完整性、可用性、安全性进行检测,符合要求的才能接收。

单位应当严格按照相关制度利用会计档案,在进行会计档案查阅、复制、借出时履行登记手续,严禁篡改和损坏。

❓会计档案归档编号时需要遵循一定的规则,你知道如何分类编号吗?

(三)保存电子会计档案要求

企事业单位内部形成的属于归档范围的电子会计资料在符合一定条件时可以仅以电子形式保存,形成电子会计档案。具体条件如下:

(1)形成的电子会计资料来源真实有效,由计算机等电子设备形成和传输;

(2)使用的会计核算系统能够准确、完整、有效接收和读取电子会计资料,能够输出符合国家标准归档格式的会计凭证、会计账簿、财务会计报表等会计资料,设定了经办、审核、审批等必要的审签程序;

(3)使用的电子档案管理系统能够有效接收、管理、利用电子会计档案,符合电子档案的长期保管要求,并建立了电子会计档案与相关联的其他纸质会计档案的检索关系;

(4)采取有效措施,防止电子会计档案被篡改;

(5)建立电子会计档案备份制度,能够有效防范自然灾害、意外事故和人为破坏的影响;

(6)形成的电子会计资料不属于具有永久保存价值或者其他重要保存价值的会计档案。

满足上面六个规定条件,单位从外部接收的电子会计资料附有符合《中华人民共和国电子签名法》规定的电子签名的,可仅以电子形式归档保存,形成电子会计档案。

(四)会计档案的保管期限

会计档案的保管期限分为永久、定期两类。定期保管期限一般分为 10 年和 30 年。会计档案的保管期限,从会计年度终了后的第一天算起。

目前企业会计档案的保管期限如表 8-1 所示。

表 8-1　企业会计档案保管期限表

序　号	档案名称	保管期限	备注
一	会计凭证		
1	原始凭证	30 年	
2	记账凭证	30 年	
二	会计账簿		
3	总账	30 年	
4	明细账	30 年	
5	日记账	30 年	
6	固定资产卡片		固定资产报废清理后保管 5 年
7	其他辅助性账簿	30 年	
三	财务会计报告		
8	月度、季度、半年度财务会计报告	10 年	
9	年度财务会计报告	永久	
四	其他会计资料		
10	银行存款余额调节表	10 年	
11	银行对账单	10 年	
12	纳税申报表	10 年	
13	会计档案移交清册	30 年	
14	会计档案保管清册	永久	
15	会计档案销毁清册	永久	
16	会计档案鉴定意见书	永久	

你能否整理一下上述会计档案的保管期限,以便于记忆? 会计档案保管期限是会计从业资格证考试的考点之一。

【任务实施】

1.会计档案包括会计凭证、会计账簿、会计报表和其他会计核算资料等四个类别。会计凭证类,包括原始凭证、记账凭证。会计账簿类,包括总账、明细账、日记账、固定资产卡片及其他辅助性账簿。财务报告类,包括月度、季度、半年度、年度财务会计报告。其他会计资料,包括银行存款余额调节表、银行对账单、纳税申报表、会计档案移交清册、会计档案保管清册、会计档案销毁清册、会计档案鉴定意见书及其他具有保存价值的会计资料。

2.会计档案的保管期限

会计档案的保管期限见表8-1。

任务二　会计档案的借阅和销毁

【任务布置】

宇辰有限责任公司会计档案保管制度有如下规定："凡本单位人员调阅会计档案,要经会计主管人员同意;外单位人员调阅会计档案,要有介绍信,经会计主管人员或单位领导人批准。批准后要办理详细借阅手续。""保管期限届满的会计档案按规定销毁。"

你认为会计档案借阅和销毁应该有何规定?

【知识准备】

会计档案是单位内最重要的档案之一,必须严格管理。单位应当加强会计档案管理工作,建立和完善会计档案的收集、整理、保管、利用和鉴定销毁等管理制度,采取可靠的安全防护技术和措施,保证会计档案的真实、完整、可用、安全。

一、会计档案的借阅要求

单位保存的会计档案一般不得对外借出。确因工作需要且根据国家有关规定必须借出的,应当严格按照规定办理相关手续。会计档案借用单位应当妥善保管和利用借入的会计档案,确保借入会计档案的安全完整,并在规定时间内归还。

　单位的会计档案及其复制件需要携带、寄运或者传输至境外的,应当如何办理?

二、会计档案的销毁程序

单位应当定期对已到保管期限的会计档案进行鉴定,并形成会计档案鉴定意见书。经鉴定,仍需继续保存的会计档案,应当重新划定保管期限;对保管期满,确无保存价值的会计档案,可以销毁。

经鉴定可以销毁的会计档案,应当按照以下程序销毁:

(1)单位档案管理机构编制会计档案销毁清册,列明拟销毁会计档案的名称、卷号、册数、起止年度、档案编号、应保管期限、已保管期限和销毁时间等内容。

(2)单位负责人、档案管理机构负责人、会计管理机构负责人、档案管理机构经办人、会计管理机构经办人在会计档案销毁清册上签署意见。

(3)单位档案管理机构负责组织会计档案销毁工作,并与会计管理机构共同派人员监销。监销人在会计档案销毁前,应当按照会计档案销毁清册所列内容进行清点核对;在会计档案销毁后,应当在会计档案销毁清册上签名或盖章。

　　(4)电子会计档案的销毁还应当符合国家有关电子档案的规定,并由单位档案管理机构、会计管理机构和信息系统管理机构共同派人员监销。

　　应当指出的是,保管期满但未结清的债权债务会计凭证和涉及其他未了事项的会计凭证不得销毁,纸质会计档案应当单独抽出立卷,电子会计档案单独转存,保管到未了事项完结时为止。单独抽出立卷或转存的会计档案,应当在会计档案鉴定意见书、会计档案销毁清册和会计档案保管清册中列明。

❓单位之间合并或单位分立的,原会计档案应如何保管?

【任务实施】

　　单位保存的会计档案一般不得对外借出。确因工作需要且根据国家有关规定必须借出的,应当严格按照规定办理相关手续。会计档案借用单位应当妥善保管和利用借入的会计档案,确保借入会计档案的安全完整,并在规定时间内归还。

　　单位应当定期对已到保管期限的会计档案进行鉴定,并形成会计档案鉴定意见书。经鉴定,仍需继续保存的会计档案,应当重新划定保管期限;对保管期满,确无保存价值的会计档案,要按照有关规定,报经上级主管部门批准后,可以销毁,单位领导和财会部门共同派人员监销,并在销毁清册上签名或盖章。

单元小结

　　• 会计档案是指单位在进行会计核算等过程中接收或形成的,记录和反映单位经济业务事项的,具有保存价值的文字、图表等各种形式的会计资料,包括通过计算机等电子设备形成、传输和存储的电子会计档案。

　　• 会计档案包括会计凭证、会计账簿、会计报表和其他会计核算资料等四个类别。

　　• 单位的会计机构或会计人员所属机构按照归档范围和归档要求,负责定期将应当归档的会计资料负责整理立卷,装订成册,加具封面、编号,编制会计档案保管清册。

　　• 当年形成的会计档案,在会计年度终了后,可由单位会计管理机构临时保管一年,再移交单位档案管理机构保管。未设立档案机构的,应当在会计机构内部指定专人保管。出纳人员不得兼管会计档案。

　　• 单位会计管理机构在办理会计档案移交时,应当编制会计档案移交清册,并按照国家档案管理的有关规定办理移交手续。

　　• 企事业单位内部形成的属于归档范围的电子会计资料在符合一定条件时可以仅以电子形式保存,形成电子会计档案。

　　• 会计档案的保管期限分为永久、定期两类。定期保管期限一般分为 10 年和 30 年。会计档案的保管期限,从会计年度终了后的第一天算起。

　　• 单位保存的会计档案一般不得对外借出。确因工作需要且根据国家有关规定必须借出的,应当严格按照规定办理相关手续。

　　• 单位应当定期对已到保管期限的会计档案进行鉴定,并形成会计档案鉴定意见书。经鉴定,仍需继续保存的会计档案,应当重新划定保管期限;对保管期满,确无保存价值的会计档案，可以销毁。

复习思考题

一、思考题

1. 会计档案包括哪些内容？

2. 会计档案如何整理、装订？

3. 会计档案保管有何规定？

4. 会计档案移交时需要办理哪些手续？

5. 会计档案保管期限是如何规定的？

6. 会计档案借阅和销毁有何规定？

二、练习题

填写企业会计档案保管期限表（见表 8-2）。

表 8-2　企业会计档案保管期限

序　号	档案名称	保管期限
一	会计凭证	
1	原始凭证	
2	记账凭证	
二	会计账簿	
3	总账	
4	明细账	
5	日记账	
6	固定资产卡片	
7	其他辅助性账簿	
三	财务会计报告	
8	月度、季度、半年度财务会计报告	
9	年度财务会计报告	
四	其他会计资料	
10	银行存款余额调节表	
11	银行对账单	
12	纳税申报表	
13	会计档案移交清册	
14	会计档案保管清册	
15	会计档案销毁清册	
16	会计档案鉴定意见书	

三、理论测试题

(一)单选题

1. 以下内容不属于会计档案的是(　　)。

A. 现金日记账　　　　　B. 总账　　　　　　C. 购销合同　　　　　D. 购货发票

2. 各单位每年形成的会计档案,都应由本单位(　　)负责整理立卷,装订成册,编制会计档案保管清册。

A. 财务会计部门　　　　B. 档案部门　　　　C. 人事部门　　　　　D. 指定专人

3. 下列关于财务会计报告这一会计档案整理的描述,正确的选项是(　　)。

A. 按年度将年报、季报、月报装订在一起

B. 年报、季报、月报分开装订,每年的年报立为一卷

C. 将若干年的年报按时间顺序装订在一起立为一卷

D. 会计年报附注不属于会计档案,不需要装订

4. 按照《会计档案管理办法》的规定,原始凭证的保管期限是(　　)。

A. 三年　　　　　　　　B. 十五年　　　　　C. 三十年　　　　　　D. 永久

5. 银行存款日记账的保管期限是(　　)。

A. 三年　　　　　　　　B. 二十五年　　　　C. 三十年　　　　　　D. 永久

6. 企业年度财务会计报告的保管期限是(　　)。

A. 三年　　　　　　　　B. 五年　　　　　　C. 十五年　　　　　　D. 永久

7. 会计档案保管期限分为永久和定期两类。定期保管会计档案最长期限是(　　)。

A. 五年　　　　　　　　B. 十五年　　　　　C. 二十五年　　　　　D. 三十年

8. 会计档案是指记录和反映经济业务事项的重要历史资料和证据,一般包括(　　)。

A. 会计凭证　　　　　　B. 财务预算草案　　C. 会计制度　　　　　D. 财务计划

9. 档案部门接收保管的会计档案需要拆封重新整理时,正确的做法是(　　)。

A. 由原封装人员拆封整理

B. 由原财务会计部门拆封整理

C. 由档案部门拆封整理

D. 由档案部门会同原财务会计部门和经办人员共同拆封整理

10. 会计档案保管期满,应由档案管理机构指派人员会同(　　)监督销毁。

A. 单位负责人　　　　　B. 总会计师　　　　C. 会计主管　　　　　D. 会计机构派员

(二)多选题

1. 保管期限为 30 年的会计档案包括(　　)。

A. 总账　　　　　　　　B. 明细账　　　　　C. 现金日记账　　　　D. 银行存款日记账

2. 会计档案保管期限为 10 年的有(　　)。

A. 年度财务会计报告　　　　　　　　　　　B. 季度财务会计报告

C. 月度财务会计报告　　　　　　　　　　　D. 纳税申报表

3. 会计档案中其他会计资料包括(　　)。

A. 银行余额调节表　　　　　　　　　　　　B. 银行对账单

C.会计档案移交清册　　　　　　　　　D.会计档案保管清册

4.会计档案(　　)要永久保管。

A.日记账　　　　　　　　　　　　　B.会计档案保管清册

C.会计档案销毁清册　　　　　　　　D.年度财务报告

5.保管10年的会计档案包括(　　)。

A.银行存款对账单　　　　　　　　　B.银行存款余额调节表

C.明细账　　　　　　　　　　　　　D.辅助账簿

6.下列属于定期保管会计档案期限的是(　　)。

A.三年　　　　　　B.十年　　　　　C.二十五年　　　　　D.三十年

7.销毁会计档案的正确做法是(　　)。

A.会计部门提出销毁意见

B.档案管理部门对拟销毁会计档案进行鉴定

C.销毁清册必须经单位负责人签署意见

D.档案机构和会计机构共同派员监督

8.为有效利用会计档案,调阅会计档案的人通过履行相应手续后可以(　　)。

A.抄录会计档案　　　　　　　　　　B.抽调部分会计档案

C.复制会计档案　　　　　　　　　　D.在档案上划线做重点标注

9.会计档案保管期满,应由(　　)监督销毁。

A.单位负责人　　　　　　　　　　　B.总会计师

C.档案管理机构派员　　　　　　　　D.会计机构派员

10.下列各项中属于会计档案的有(　　)。

A.银行对账单　　　　　　　　　　　B.银行存款余额调节表

C.会计档案保管清册　　　　　　　　D.会计档案销毁清册

(三)判断题

1.会计档案包括会计凭证、会计账簿、会计报表和其他会计资料,也包括电子会计档案。
(　　)

2.我国最新修订后的《会计档案管理办法》,自2015年1月1日起施行。　　　(　　)

3.会计账簿类包括总账、明细账、日记账、固定资产卡片及其他辅助性账簿。　(　　)

4.财务会计报告,就是指月度和年度财务会计报告。　　　　　　　　　　　(　　)

5.单位会计管理机构临时保管会计档案最长不超过三年。　　　　　　　　　(　　)

6.单位负责人、档案管理机构负责人、会计管理机构负责人、档案管理机构经办人、会计管理机构经办人在会计档案销毁清册上签署意见。　　　　　　　　　　　　　　(　　)

7.库存现金日记账和银行存款日记账保管期限为10年。　　　　　　　　　(　　)

8.定期保管期限分为3年、5年、7年、10年4种。　　　　　　　　　　　　(　　)

9.销毁会计档案时,应当由档案机构和会计机构共同派员监销。　　　　　　(　　)

10.对于保管期满但未结清的债权、债务的原始凭证和涉及其他未了事项的原始凭证保管期满也要及时销毁。　　　　　　　　　　　　　　　　　　　　　　　　(　　)

延伸阅读1：

《会计档案管理办法》

延伸阅读2：

《会计凭证装订方法图解》

习题参考答案

参考文献

[1]中国注册会计师协会.会计[M].北京:中国财政经济出版社,2017.

[2]褚颖.会计基础[M].北京:中国农业出版社,2014.

[3]中华人民共和国财政部.会计基础工作规范[S].1996.

[4]中华人民共和国财政部.会计法[S].2000.

[5]财政部会计资格评价中心.实级会计实务[M].北京:中国财政出版社,2017.

[6]何德显.基础会计技能实训手册[M].北京:电子工业出版社,2013.

责任编辑：王建洪

封面设计：浥林设计

互联网+高等教育精品课程"十三五"规划教材（财经类）

ISBN 978-7-5605-9893-2

9 787560 598932 >

西安交通大学出版社
天猫官方旗舰店

定价：39.80元